国家社科基金
后期资助项目

文化遗产活化研究

贺小荣 著

文化艺术出版社
Culture and Art Publishing House

图书在版编目（CIP）数据

文化遗产活化研究 / 贺小荣著. -- 北京：文化艺术出版社, 2024. 10. -- ISBN 978-7-5039-7722-0

Ⅰ.F592

中国国家版本馆 CIP 数据核字第 2024BM8738 号

文化遗产活化研究

著　　者	贺小荣
责任编辑	赵吉平
责任校对	董　斌
书籍设计	姚雪媛
出版发行	文化藝術出版社
地　　址	北京市东城区东四八条52号　（100700）
网　　址	www.caaph.com
电子邮箱	s@caaph.com
电　　话	（010）84057666（总编室）　84057667（办公室） 　　　　 84057696—84057699（发行部）
传　　真	（010）84057660（总编室）　84057670（办公室） 　　　　 84057690（发行部）
经　　销	新华书店
印　　刷	国英印务有限公司
版　　次	2024年10月第1版
印　　次	2024年10月第1次印刷
开　　本	710毫米×1000毫米　1/16
印　　张	18
字　　数	300千字
书　　号	ISBN 978-7-5039-7722-0
定　　价	78.00元

版权所有，侵权必究。如有印装错误，随时调换。

国家社科基金后期资助项目
出版说明

后期资助项目是国家社科基金设立的一类重要项目,旨在鼓励广大社科研究者潜心治学,支持基础研究多出优秀成果。它是经过严格评审,从接近完成的科研成果中遴选立项的。为扩大后期资助项目的影响,更好地推动学术发展,促进成果转化,全国哲学社会科学工作办公室按照"统一设计、统一标识、统一版式、形成系列"的总体要求,组织出版国家社科基金后期资助项目成果。

全国哲学社会科学工作办公室

前　言

党的十八大以来，习近平总书记多次发表重要讲话，强调传承和弘扬中华优秀传统文化的重要性。他指出，要让收藏在博物馆里的文物、陈列在广阔大地上的遗产和书写在古籍中的文字都"活起来"，使其成为中华文化传承的重要组成部分。通过重新审视和挖掘文化遗产，实现中华优秀传统文化的创新性发展和创造性转化，释放其内在的物质、精神和制度性价值，使文化遗产从典籍、考古、博物馆中走出来，走向人民大众，走向历史。这样，我们才能续写中华优秀传统文化全面复兴的辉煌篇章。

每个国家和城市都有着自身的历史底蕴与文化魅力。通过保护和利用文化遗产，可以唤醒历史记忆、承继文化血脉、繁衍文化基因，从而建立起具有强大生命力的文化自信。如果一个国家的历史被遗忘，那么这个民族的未来也会迷茫。失去文化记忆，人民将如无本之木，其行为习惯与思维方式将缺乏厚重的文化底蕴，变得肤浅和单薄。如今越来越多的国家重视起文化遗产保护与利用工作，并在世界范围内进行"文化活化"，即让文化遗产走进人们的日常生活，通过组织文化体验活动、利用数字技术多维展现文化遗产、创新文化产业发展模式等方式加强当代人与历史文化的对话互动，实现文化遗产的活化利用。通过观察不同国家和地区进行文化遗产"活化"保护的实践，我们可以发现，保持历史文化的活性，文化遗产就能拥有无尽的生命力，"活化"保护的渠道越广泛，文化遗产保护的成效就越显著，人们的情感依赖、文化认同和心灵归属感也会更加深刻。文化遗产"活化"的积极意义正在于此。

如今，文化遗产的多重价值被日益认同，适度的文化遗产活化利用是时代需求。在文化遗产活化利用过程中，既要延续传统方式进行保护与传承，同时也要借助新型技术手段拓展开发与传播的"活态"形式，深入挖掘、阐述、承继与重建其中的物质与精神价值。探究文化遗产活化的价值取向，关键在于如何将现代元素融入传统价值体系，从而实现市场价值与文化自觉的和谐共生，并在此基础上重建兼具工具理性和价值理性的统一体。为了让文化遗产"活"起来，我们可以通过旅游等活化方式传播遗产中的特色文化符号，在突出其文化价值的同时，扩大其社会影响。时代赋予文化遗产新的内涵，只有将文化遗产与现代生活的充分融合，才能熔铸文化遗产可持续发展的新的"活态"模式，激活文化基因。长此以往，文化遗产才能在时代洪流中历久弥新，保留其真正底色。

  文化遗产要焕发活力，只是简单地将其作为珍贵的物品保存起来是远远不够的。更关键的是，要扎根群众，深植文化基因，发掘文化内涵，通过文化传承与保护，满足人民日益增长的美好生活需要。换言之，文化遗产不是某个群体特有的物品，而是人类共同的文化瑰宝，只有更新其保护、开发、传承模式，选择群众喜闻乐见的方式手段进行传播，并鼓励民众积极参与信息分享，才能为文化遗产注入持久生命力，使其历经风吹雨打仍能保持活力。由此可知，保护文化遗产并不排斥对其进行适当活化利用。相反，适当的活化利用是保护文化遗产的最佳方式。在物质文化日益丰富、精神需求不断增长的后工业时代，科学利用文化遗产，无疑是对文化遗产最积极的保护。同时，我们也要认识到，保护始终是第一位的。只有在保护的基础上，才能实现文化遗产活化利用的目标。

  旅游既能够满足游客物质消费需要，也能够为其带来精神满足，两者相辅相成，在居民日常生活中扮演着重要角色。旅游业不仅是经济产业，更是文化交流与文明展示的重要平台。发展优质旅游的过程，也是提高社会文明素养的过程，旅游业发展对精神文明建设具有重要意义。习近平总书记强调，"文化产业和旅游产业密不可分，要坚持以文塑旅、以旅彰文，推动文化和旅游融合发展"。文化与旅游的融合是文化遗产活化的重要路径。

  党的二十大报告强调，要"推进文化自信自强，铸就社会主义文化新辉煌""传承中华优秀传统文化，满足人民日益增长的精神文化需求"。由此可知，文化遗产的重要性及其活化的紧迫性更为凸显。"文运同国运相牵，文脉同国脉相连。"在文化遗产活态保护问题上，既要有共识，更要有行动。只有怀揣着对历史文化遗产的尊崇之情、敬畏之心和推动文化遗产保护的殷切之念，加强文化遗产资源的科学保护、活化利用和传承创新，立足中华民族伟大历史实践和当代实践，以守正创新的正气和锐气，赓续历史文脉，才能守住历史文化的根与魂，让古老的文化遗产焕发出新的生机和活力！

目 录

第一章 文化遗产活化的基本内涵...................................1
   第一节 文化遗产的概念..1
   第二节 遗产活化的内涵..4

第二章 文化遗产活化的发展脉络...................................10
   第一节 文化遗产活化的演化过程................................10
   第二节 文化遗产活化的发展历程................................16
   第三节 文化遗产旅游开发与可持续发展........................26

第三章 文化遗产活化的理论阐析...................................29
   第一节 文化遗产活化的理论综述................................29
   第二节 文化遗产活化的理论基础................................48

第四章 文化遗产活化的常见模态...................................59
   第一节 文化遗产活化的主要动因................................60
   第二节 文化遗产活化的常见类型................................63
   第三节 文化遗产活化的运作方式................................67
   第四节 文化遗产活化的主要路径................................68
   第五节 几点思考..79

第五章 文化遗产活化的伦理审视...................................83
   第一节 文化遗产活化的主要问题................................84

        第二节　文化遗产活化的伦理向度..................................90
        第三节　非物质文化遗产活化的道德价值........................93
        第四节　文化遗产活化的伦理价值透视............................97

第六章　文化遗产活化的评价标准..101
        第一节　文化与可持续发展..101
        第二节　文化资本和文化遗产..104
        第三节　文化遗产活化利用的评估维度............................107

第七章　文化遗产活化的绩效评价..132
        第一节　历史名城文化遗产旅游活化的绩效评价：以凤凰
                古城为例..132
        第二节　非物质文化遗产活化的绩效评价：以永州"江永
                女书"为例..141
        第三节　工业遗产类文化遗产活化的绩效评价................154
        第四节　古村落文化遗产活化的绩效评价
                ——以湖南张谷英村和陕西袁家村为例..............166

第八章　文化遗产活化的潜力评估..194
        第一节　工业建筑类遗产活化的潜力评估........................194
        第二节　小型文化遗产类景点的旅游潜力评估................203

第九章　文化遗产活化的治理模式..214
        第一节　国内的文化遗产活化治理模式............................214
        第二节　国外的文化遗产活化治理模式............................217

第十章 文化遗产活化的未来构想 ... 235
第一节 遗产的"未来"简史 ... 235
第二节 文化遗产活化的"未来"构建 ... 243
第三节 文化遗产活化的"未来"设计 ... 247

中文文献 ... 257
外文文献 ... 264

第一章 文化遗产活化的基本内涵

文化遗产是人类悠久历史的见证，是民族智慧的结晶与民族精神的象征。保护好、传承好、利用好、发展好文化遗产是活化工作的重中之重。从早期的自由发展或依靠自觉意识进行的保护活动，到全球范围内文化遗产保护的协作联动，再到围绕有形和无形文化遗产形成的科学保护利用体系，人类对文化遗产的认识与管理，经历了漫长曲折而又逐渐深化的过程。在这一过程中，遗产价值被日益得到重视，人类社会对这一问题也逐渐形成一致看法。更重要的是，民众观念也随之发生相应改变。人们逐渐摒弃以一种文明取代另一种文明的简单、线性的价值取向，而是以一种出于文化包容的全球视野，尊重和理解不同时空范围内的不同民族及其文化，其中也包括对自身文明的尊重。随着政治、经济、文化的日益繁荣，文化遗产保护和利用也应与时俱进。文化遗产活化作为一种新兴的文化遗产保护思想，具有一定前瞻性和可持续性，对文化遗产在保护和利用过程中实现可持续发展具有重要意义。

第一节 文化遗产的概念

一、国外的文化遗产概念

英文"遗产"（heritage）一词，意为"父辈遗留的财产"。其词义在几个世纪的发展过程中并未发生显著变化。自20世纪下半叶起，其内涵被解释为"祖先留给全人类的共同文化财富"。同时，其外延也发生相应扩展，由狭义的物质财富转变为广义的包含"有形文化遗产""无形文化遗产"和"自然遗产"等在内的"看得见的"和"看不见的"各类遗产的总和。

"遗产"新内涵的应用始于美国。白宫在1965年举行的会议中首次提出设立"世界遗产信托基金"，强调加强国际合作是保护自然风景区和历史遗址的有效手段。1969年，这一理念被写入美国《国家环境政策法》。该法案认为，人类在保护自然环境的同时，不能忽视人文环境的重要性，国民应树立保护国家重要遗产资源尤其是文化遗产的意识。1972年，联合国发布的历史性文件《人类环境宣言》和《人类环境行动计划》再次强调了人类与环境的关系以及采取环保行动的必要性，由此促成了《保护世界文化和自然遗产公约》的颁布，即联合国教科文组织于1972年11月16日通过的《保护世界文化和自然遗产公约》（以下简称"世界遗产公约"）。该公约对"文化遗产"概念给出明确定义："文物：从历史、艺术或科学角度看具有突出的普遍价值的建筑物、碑雕和碑画，具有考古性质成分或结构、铭文、窟洞以及联合体；建筑群：从历史、艺术或科学角度看在建筑式样、分布均匀或与环境景色结合方面，具有突出的普遍价值的单立或连接的建筑群；遗址：从历史、审美、人种学或人类学角度看具有突出的普遍价值的人类工程或自然与人联合工程以及考古地址等地方。"这一公约从历史、艺术或科学角度肯定文化遗产价值，使得"自然遗产""文化遗产"以及"世界遗产"等词汇在国际交流中迅速传播，并引起广泛关注。

二、国内的文化遗产概念

中国自1985年加入《保护世界文化和自然遗产公约》起，文化遗产事业得到了快速发展。2004年，苏州举办世界遗产大会；2008年至今，国家文物局每年委托国务院发展研究中心文化遗产课题组，以《中国文化遗产事业发展报告》蓝皮书的形式发布不同主题，反映当年文化遗产事业的发展状况；2018年，中华人民共和国文化和旅游部的建立等一系列举措使"文化遗产"备受关注。随着这一话题的关注度不断提高，相应的研究机构和从业人员快速增加，大量论文、论著开始关注文化遗产，学界和业界围绕"文化遗产"展开了各种研究。

于海广、王巨山在《中国文化遗产保护概论》一书中提到，文化遗产指的是在人类社会演进过程中，由人类创造或利用自然所形成的各种精神和物质财富的总称。因地域差异（如沿海和内陆）、环境变化（如热带与寒带）以及民族特色（各民族的独特习俗），文化遗产的种类繁多且各具特点。文化遗产是人类历史进程的最佳写照，为历史科学研究提供了重要依据，同时也是人类社会可持续发展的宝贵资源。对于中国而言，文化遗产过去常被称为传统文化，物质文化遗产为其主要部分，精神文化遗产则主要存在于民间文化、民俗文化和民间艺术中。[1]

苑利对文化遗产和文化遗产学进行深入解读，系统梳理了文化遗产概念的演变历程，并分析了学界对此的多种解释。他从学术角度提出文化遗产是人类社会继承的由前人创造的各种优秀文化及文化产物的总和，有着重要的历史、艺术、科学和纪念价值。文化遗产是人类社会的宝贵财富，能够丰富人生阅历，增强文化积淀，使我们更加聪明睿智，并激活我们的情感记忆。[2]

综上所述，本书认为文化遗产是一种失落后不可再生的宝贵资源，是某个民族、国家或群体在漫长历史过程中创造的各类精神财富和物质财富的总和。这些精神财富和物质财富世代相承，形成了该民族、国家或群体不同于其他民族、国家或群体的独特文化标志。文化遗产记录着人类文明发展的兴衰演替，是中华民族集体智慧的结晶，是中华文化的精髓所在，也是维系民族情感、传承文化基因与维持国家稳定的重要文化基石。

根据存在形式，文化遗产可以分为物质文化遗产和非物质文化遗产。物质文化遗产，即通常意义上的有形文化遗产，泛指历史、艺术和科学价值高的文物。非物质文化遗产，即无形文化遗产，是指流传在群众生活中，并且代代相传，以非物质形态存在的传统文化。物质文化遗产包含古建筑、古民居、古遗址、古桥梁、古墓葬、石窟寺、石刻、壁画以及近现代重要史迹等具有突出历史价值的不可移动文物，以及各个历史时代的重要实物、艺术品、文献、手稿、图书资料等可移动文物，还包括在建筑式样、分布均匀或与环境景色结合等方面具有重要历史价值的名城（街区、村镇）等。非物质文化遗产则包括口头传说和表述，即非物质文化遗产媒介的语言；表演艺术；社会风俗、礼仪、节庆；有关自然界和宇宙的知识及实践；传统的手工艺技能等。自2006年起，每年6月的第二个星期六被定为"中国文化遗产日"。

---

[1] 参见于海广、王巨山主编《中国文化遗产保护概论》，山东大学出版社2008年版，第4页。
[2] 参见苑利《文化遗产与文化遗产学解读》，《江西社会科学》2005年第3期。

第二节 遗产活化的内涵

一、活化的概念

"活化"一词作为术语,在自然科学领域用以说明粒子(原子或离子)通过相互作用获得外部能量后,电子从较低能级转移为较高能级的过程。在《辞海》中,它被描述为一种过程,即物质从外界获得能量,从低能量的反应物转化为高能量的活化复合体,然后由活化复合体释放出能量,形成最终生成物。此外,"活化"概念在生物学和医学等领域也得到广泛应用,人们用其描述某种物质从无活性状态转变为具有活性状态的过程,例如分子活化、细胞活化等。

二、遗产活化的几种典型定义

遗产活化概念最早出现在20世纪90年代,由台湾同胞提出。在当时的特殊背景下,为了找到既保存历史遗产又能妥善解决因转型而产生的民生问题的方法,他们将"活化"概念应用于文化遗产保护领域,[1]此后非物质文化遗产活化问题的讨论被逐渐提上日程。[2]

喻学才教授认为,遗产只有不断开发利用才能保持其活性,遗产活化不仅与遗产保护和继承密切相关,还体现在旅游发展的业态创新上。所谓遗产活化,在一定程度上可以将其理解为遗产旅游,即在保留遗产原本特性的基础上,将其开发为旅游产品,从而促进其保护与传承的过程。基于这一特性,喻学才教授提出了遗产分层思想,根据保存完整程度与资源禀赋差异,将历史文化遗产划分为五个层次:保存完好的、保存基本完好的、破坏殆尽的、仅存遗址的、仅存文献记载的。[3]他强调,针对每个层次的遗产,需采取不同的保护措施与活化路径,从而保持其生命力。

张映秋等学者主张,在保障遗产真实性与完整性,且不影响遗产保护与传承的基础上,可以通过文化旅游方式对文化遗产进行"活态"利用。即让静态的遗产动起来,通过开发文化产品来展示遗产所蕴含的文

---

[1] 参见陈信安《台湾传统街屋再利用之工程营建课题》,《朝阳学报》总第4期(1999年)。

[2] 参见洪孟启《文化资产保存的世界潮流——从有形到无形》,《美育》总第154期(2006年)。

[3] 参见喻学才《遗产活化论》,《旅游学刊》2010年第4期。

化符号。遗产活化强调遗产地文化的动态展示，要避免静态开发和孤立的点状开发，鼓励与周围环境和文化资源有效结合，体现文化活力，赋予文化生命力，从而获得长期经济效益，寻找文化遗产地旅游发展的长远之计。与此同时，遗产活化不是简单地拆除旧城和修建新城，文物保护"微循环"才是其题中要义。通过更新建筑外观，对其商业和观赏功能进行更深层次的改造，有利于提高公众参与度，让静态的文物在人民的生活中动起来。因此，活化遗产不仅是表面的修缮改造，更重要的是让后代传承文化遗产所代表的文化遗存和价值。人的生活是文化遗产特别是非物质文化遗产的灵魂，能够为景观赋予特定的文化内涵，遗产活化需要公众的广泛参与。[1]

王元教授将"活化"概念应用于海南黎族地区文化遗产研究，他强调要以文化遗产为基础，通过发挥创新性思维，打造文化产业集聚区，拓展文化遗产新用途，使其在当代社会中焕发新生，从而服务现代社会，赋能区域发展。一方面，在民族文化遗产集聚区，通过转变发展理念、激发文化创意、调整产业结构，可以拓展产业发展模式，开发多元文化产品，促进文化产业及相关产业协调发展，从而激发地方经济活力。另一方面，文化产业发展可以反哺民族文化遗产，文化产业发展在带来经济收益的同时，为文化遗产保护与传承提供物质保障，有利于延长民族文化遗产生命线，从而促进文化遗产资源循环可持续，助力区域高质量发展。通过保留民族文化遗产的既有文化形态，并不断对其进行内容深化，可以使静态的文化遗产融入动态的社会发展中，从而在活化保护与发展中创造出新的价值，丰富人民文化生活，弘扬民族文化，提振民族经济。[2]

林德荣教授和郭晓琳教授着眼于文化遗产与日常生活的内在联系，从学术角度提出，遗产源于生活并应回归生活。他们强调，旅游是文化遗产活化的有效途径，也是新时代中国文化遗产保护与传承的主要方式。过去，文化遗产保护与传承仅关注政府和市场的作用，但是政府和市场的力量是有限的，这也就限制了文化遗产保护与传承的扩展范围。因此，需要引入新的力量来保证文化遗产的持续性保护与传承，而这个力量就是人民群众的生活逻辑和社会力量。他们认为，现实社会是文化发展的素材库，文化遗产是民众生活智慧的结晶，其传承与保护自然离不开民众的参与。

---

[1] 参见张映秋、李静文《基于遗产活化对丽江古城的剖析》，《旅游纵览（下半月）》2014年第11期。

[2] 参见王元《文化产业视角下民族文化遗产的活化保护与发展——基于海南黎族地区的探讨》，《中华文化论坛》2013年第6期。

文化遗产在传承与发展过程中既要回顾历史，也要关注当下，为文化遗产注入现代元素，才能使其更加适应现代节奏。文化遗产不仅仅是政府和市场所关乎的事，更多地应回归百姓日常生活，采用富有生活气息的呈现方式保护和传承文化遗产，这是时代的号召，也是民众的心声。将生活逻辑有效融入文化遗产的发展过程中，通过市场利润保障文化遗产持续运作，通过旅游开发促进文化遗产活化，逐步拓展文化旅游和户外教育等新的文化遗产保护传承模式，这或许才是新时代背景下文化遗产能够永葆底色的正确道路。通过将文化遗产所蕴含的独特智慧、人本理念和生活方式引入人们的当前生活之中，我们能够开辟出一条可持续的文化传承之路。[①]

黄滋院长认为，在进行遗产活化利用时，应基于遗产内在价值，以保护其价值内核为基础，选择与之相适配的利用方式和开发手段。应充分考虑其自身物质特征，如建筑结构和空间特征，同时还应尊重遗产的文化特征，如村落宗族文化等。此外，遗产活化利用应适应周边区域的社会和经济发展状况，将其融入区域发展规划，使之成为区域发展的新动能。对传统村落而言，需探寻适宜的利用途径，如保护环境风貌和乡土特征、活态传承历史文化基因和传统技艺、培育特色产业以及促进人居环境空间形态与自然的和谐统一等。

吴必虎教授基于文化遗产的地理原址性、特许经营、历史场景的活化呈现等视角讨论文化遗产的立法、规划、管理等顶层设计问题。他提出，遗产活化不能故步自封，不是关起门来保护、"福尔马林"式保护，这既没有技术含量也无法实现遗产世代相传的目标，而是需要通过综合利用来实现保护。旅游发展对文化遗产活化利用的影响涉及主体众多，不仅仅是几个相关部门的职责，更需要大家共同努力。习近平总书记也多次强调，要让文物"说话"，聆听历史的声音，通过适当方式促进文化遗产保护创新，从而实现中华传统文化的创造性转化与创新性发展。其中，旅游活化是最有效、传播面最广、综合效益最明显的方式。[②]

杭侃教授认为，文化遗产活化不仅能够促进经济增长，同时对文化传播与文化振兴具有重要意义。他从活化特征、发展现状与改进措施等层面，分别对呈现博物馆的可移动文物、不可移动文物保护地的考古遗址公园和地面上保存的古代建筑这三种保存形式的物质文化遗产进行了系统分

---

① 参见林德荣、郭晓琳《让遗产回归生活：新时代文化遗产旅游活化之路》，《旅游学刊》2018年第9期。
② 参见吴必虎、王梦婷《遗产活化、原址价值与呈现方式》，《旅游学刊》2018年第9期。

析。他强调，在保护文化遗产资源本体基础上，可以拓展多种利用方式，实现文化"活态"传承，并从物质文化遗产视角出发，提出如下建议：第一，博物馆应深入探讨文物本体的价值内涵，将博物馆的资源巧妙利用，将其转变为国民素质教育的重要媒介。第二，充分考虑中国考古遗址特性及其公园属性，在遗址本体能够得到有效保护前提下，利用不同方式对遗址进行展示，推广介绍每个考古遗址公园的主题。第三，针对地面留存种类丰富的古代建筑，可规划不同的文化线路，将独立的古代建筑置于不同的文化线路下予以阐释和展示。杭侃教授还倡导将文化遗产作为重要战略资源，通过旅游活化方式，让文化遗产走进人民日常生活，从而深化文化自信、传承文化基因、促进中国文化复兴。[①]

总而言之，遗产活化的研究对象由点状建筑逐渐发展为面状街区、城镇，主体由有形文化遗产拓展到无形文化遗产再到二者兼具的类型。已有文献多关注历史建筑、工业遗产、街区古镇、非物质文化遗产等，深入探讨我国内地及港台地区或国外的活化案例、历程经验、规划总结、典型模式与历史事件活态解说等内容。不同主体根据自身情况选择相应的活态传承模式，例如，旅游基础较好的区域通过开展遗产旅游促进经济发展；部分地区将社区进行重组，并实现街区改造提升；工业遗产所在地将其综合功能进行拓展；通过现场演出等形式开展教育性质的史实重演解说等。

三、遗产活化的内容

遗产活化包括两个方面的内容，即遗产本体活化与观赏者活动活化。

遗产本体活化指在保证文化遗产资源本体不受侵害前提下，将遗产资源开发为具有一定经济价值的文化产品的过程。遗产活化特别强调注重遗产的原真性保护。遗产原真性一般分为不同等级，包括载体保存完好的、载体保存基本完好的、载体保存残缺严重的甚至载体保存为零的等类型。针对不同类型的文化遗产，往往根据其保存状况，采取不同的活化方式以达到最佳效果。

对于遗产本体的活化，增强遗产可视性尤为关键。对于载体保存完好的遗产，可以原始样貌进行展示陈列；对于载体保存基本完好的遗产，可以在稍加技术修复基础上对公众开放。而对于载体保存残缺严重甚至载体保存为零的遗产，要实现活化利用则操作起来的难度系数较大。不同国家地区的人们有着不同的看法，欧洲人比较重视载体原真性的保护，他们倡

---

① 参见杭侃《文化遗产资源旅游活化与中国文化复兴》，《旅游学刊》2018年第9期。

导像镶牙那样保存文物。中国则与之相反，更加关注遗产本身的历史真实性。在中国人看来，世界上没有永远保持原貌的载体。一万年以后，城墙还是会垮的。因此，在中国传统观念看来，建筑类等遗产如果遭到损坏，可以进行适当的重修、重建，但其建筑灵魂必须保留。在遗产本体活化方面，常见做法是复建原建筑，或通过建造博物馆或博览馆的方式对其进行保存，要保证建筑式样与实物陈列保持原有形态，以便给游客留下充分的思考空间。

随着科技的日新月异，计算机技术、人工智能技术应用为遗产活化提供新思路。在财力充足的情况下，可以借助3D、4D技术，利用AR、VR等数字设施，将以往的历史信息进行可视化、情景化呈现，让游客切身感受遗产本身所蕴含的魅力与价值。此外，还可以建立相关主题的剧院、影院或游乐场所，在设置文物展示陈列区的同时，增加游乐体验区，将娱乐元素引入遗产保护领域，使厚重的历史在游客面前变得鲜活起来，从而激发其保护意识。由此可知，观赏者活动活化的重要内容是遗产载体的娱乐化建设，通过提供热情周到、细致专业的相关服务可以吸引游客驻足，从而呼吁公众增强遗产保护意识。

四、遗产活化的范式

遗产活化的形式多样，主要分为以下三种类型。一是客观主义的活化模式，即静态博物馆模式，如长城、故宫和颐和园等。这些遗产的客观主义原真性保存较为完整，其本体对历史文化传播具有重要作用，不需要过多"修饰、加工"，因此，保留其原始样态的工作尤为重要。二是建构主义，即实景再现模式，主要应用于历史场景的活化重现。它主要通过某种视觉方式将文化遗产的建构主义原真性充分实现，能够有效扩大文化遗产传播的效率和广度。例如，西安唐大明宫采用的框架展示方式和唐洛阳城定鼎门保护罩再现方式等。三是述行主义，即舞台化表现模式，通过舞台化的述行呈现方式将历史与艺术充分融合[1]，如开封在北宋汴梁地方性基础上建设的清明上河园，杭州在南宋都城文脉基础上开发的《宋城千古情》等。

在进行文化遗产活化时，面对不同的载体往往采取不同的活化方式，需注意以下四点：尊重文化遗产的本土性，注重文化传播与文脉延续；保

---

[1] 参见吴必虎、王梦婷《遗产活化、原址价值与呈现方式》，《旅游学刊》2018年第9期。

护和利用遗产生长空间；打造具有地方特色的文化主题以形成竞争优势；丰富文化遗产活态传承的推广形式，适当增加部分娱乐活动。其中，通过旅游，可以更好地展现不同地区在不同历史时期的历史场景，从而扩大其文化遗产的影响力，实现保护和利用的目标。经过活化处理的遗产在一定程度上具备了旅游资源的属性与特征。需要注意的是，如果遗产资源是国家保护的对象，那么在旅游发展过程中，既要保证旅游产品受到游客欢迎，同时也要保护好这些遗产本身。如果遗产资源不是由国家直接保护的对象，虽然没有强制保护规定，但也需兼顾遗产保护原则与游客偏好。今天许多成功的遗产活化项目，在经过一段时间后，均有可能成为未来的遗产。由此可知，遗产活化的重要呈现形式是遗产旅游化。

总而言之，遗产活化不同于以往的静态保护模式，这一理念与遗产保护并不相斥，而是在明确遗产资源禀赋的基础上，通过创造性转化、创新性发展，充分挖掘文化遗产的综合价值和地方特色，增强遗产的社会服务效能，是一种新型的保护手段与发展理念。

第二章　文化遗产活化的发展脉络

文化遗产活化是指通过一种"活"的方式，将文化遗产资源中所蕴含的经济价值、文化价值、生态价值、审美价值和科研价值提炼并展示出来，使其既可供利用，又不影响其保护和传承，同时还可将其中优秀的传统文化融入百姓的生活中，达到优秀传统文化继承和发展的效果。[①] 遗产活化论的提出和发展，绝非学者们的一时冲动和一时兴起，而是为解决长期以来在旅游业发展和遗产保护中，旅游资源开发和遗产保护一直被看作一对客观存在的矛盾而做出新的探索，寻求解决措施的结果，其同时关注到文化遗产资源的保护和旅游业创新性发展两个方面。

第一节　文化遗产活化的演化过程

"文化遗产不是一个国家、一个民族所独有的，而是人类共同的遗产。"[②] 联合国教科文组织通过《保护世界文化和自然遗产公约》，强调尊重和保护世界自然、文化遗产，鼓励国家间交流合作。我国在20世纪80年代引入了文化遗产这一概念，并在实际工作中加以应用；1985年，我国加入《保护世界文化和自然遗产公约》，1999年入选世界遗产委员会；1987年实现世界遗产零的突破。虽然初期只有六项世界遗产受到保护，但这对文物保护界产生了深远的影响。[③] 例如，过去保护长城的方法是每隔一段时间公布一些新的保护点段，但世界遗产委员会主张必须完整保护跨越15个省市自治区的长城，保护工作量因此面临极大的挑战。以往文物保护主要关注单个的点或面，如一座桥、一座塔、一个古建筑群、一个保护历史街区乃至历史城市；现在文化遗产保护的格局更开阔，主张包括

---

① 参见吴必虎《中国旅游发展笔谈——文化遗产旅游活化与传统文化复兴》，《旅游学刊》2018年第9期。
② 单霁翔：《让文化遗产活起来》，2019年5月17日，中国经济网（https://baijiahao.baidu.com/s？id=1633738957327580195&wfr=spider&for=pc）。
③ 参见单霁翔《让文化遗产活起来》，2019年5月17日，中国经济网（https://baijiahao.baidu.com/s？id=1633738957327580195&wfr=spider&for=pc）。

文明交流、商贸往来在内的文化线路也需要精心保护。过去文物保护主要针对古代文物，后来逐渐重视起近代文物的保护，再后来对时间上的限制逐渐放宽，以前是1911年前的可以作为保护对象，后来是50年前的。过去很多人将博物馆中的文物、祖国大地上的文化遗产看作与现代社会脱节且不具有生命力的物质存在，是被观赏、研究的对象；现在人们逐渐意识到，文化遗产保护不应只是少数专业工作者的责任，社会公众也应参与进来，实现保护与利用的双赢。可见，我们已经走向了更广义的文化遗产保护，视野拓宽了，理念也得到了更新。文化遗产"活起来"的实践告诉我们，只有通过适当的途径让文化遗产发挥作用，动员社会大众积极参与，才能赋予其持久的生命力。保护文化遗产并不是将其完全封闭，而是要合理利用。历史文化遗产是先辈留下的宝贵财富，合理保存、适度开发是对它最好的保护。当然，保护始终是首要任务，只有在保护的前提下才能进行合理的活化利用。

一切历史都是当代史。文化遗产是古代文明的见证者，也是文明延续的重要载体，寄托着对中华文化的精神认同，是中华民族增强文化自信的关键支撑，也是推动中外交流互鉴的文化瑰宝。复兴优秀传统文化，增强文化自信，都离不开文化遗产的合理活化、当代利用。1949年以后，我国文化遗产活化利用的实践和理念大致经历了从"保护文物"到"保护文化遗产"再到"保护文化遗产尊严"的转变，其发展历程可以分为三个阶段。

一、抢救型活化阶段（1949—1978）

1952年，《文物参考资料》刊发我国著名化学教育家俞同奎教授的《略谈我国古建筑的保存问题》一文。文中，俞教授阐述了对我国"一千多年前的石阙、石窟、石柱、石塔、石桥"，以及木构建筑的保存方法和意见，认为不让古建筑"毁灭"、采用科学方法保存遗产的完整性是第一位的任务。这是目前可以查证的最早的关于文化遗产活化的研究性文章。可以看出，这一时期的文化遗产活化理念是遵循着"保护第一、利用第二"的原则，以抢救文物的物理性存在为首要目的和主要特征。

自新中国成立以来，快速的城市化造成大量具有历史文化价值的文化遗产遭受重创，对文化遗产的保存造成了威胁。因此，抢救性的文化遗产保护和活化成为当时文物工作的主要目标。这一时期，以郑振铎为代表的一批文物专家就文化遗产活化提出了一系列有着鲜明时代特征和深远指导价值的实践指引和利用理念：

其一，为人民服务的文化遗产活化。文化遗产是一个国家和民族共同的财富。通过为人民服务，增强民众对文化遗产保护的认同感和责任感，满足人们的精神文化需求，增强社会凝聚力。一些学者主张，自新中国成立以来，文化遗产保护应秉持为人民服务的理念，将文化遗产保护融入人民群众的日常生活实践。[1]

其二，因地制宜的文化遗产活化。如何对不同类型、不同地区的文化遗产进行保护呢？一些学者主张，应重点关注核心区域的文化遗产保护，因为其一旦遭到破坏，损失将无法弥补。同时，复制古典文学作品和古书籍遗产既要符合时代需要，也要体现区域特色。此外，在对少数民族地区的文化遗产进行保护的过程中，应充分考虑当地的经济基础和民俗风情。

其三，物质和非物质文化遗产并重的活化。物质文化遗产和非物质文化遗产共同构成了多元文化遗产，当前对其的保护都十分重要。有学者提出，要注重对非物质文化遗产传承人的培养，不能眼睁睁看着祖辈创造的遗产快速消亡。[2] 同时，有学者提出非物质文化遗产保护需要"推陈出新"。可建设非物质文化遗产博物馆或小型陈列室，将前人优秀作品展示出来，方便群众和研究人员交流欣赏。

其四，可持续发展的文化遗产活化理念。部分学者提出，新时代文博事业要协调好短期发展和长远规划，有计划地发掘保护古墓葬和古遗址类文化遗产。对于文化遗产的保护，应该从多方面统筹考虑，加强与旅游业、建筑业、文创产业等的交流合作。同时，鼓励其他系统积极筹办博物馆。文化部设立专项资金，为科学院和各个产业提供专业指导。争取将博物馆的科学研究规划纳入地方科学研究规划中。[3]

二、经济型活化阶段（1978—2018）

自改革开放以来，在以经济建设为中心的理念指导下，全国人民对经济发展的热情高涨，文化遗产活化也得到了进一步重视。经过多年努力，一大批具有重要历史、文化、艺术价值的文化遗产被列入国家或地方文化遗产名录，对其进行适度开发能够有效延续文化遗产的生命力。然而，文化遗产并不仅有经济价值，很多地方只将其作为获得经济效益的手段，对文化遗产资源进行大规模开发，对背后的文化价值缺乏应有的重视，往往

---

[1] 参见郑振铎《让古人为今人服务》，《人民日报》1958年3月18日。
[2] 参见郑尔康《我的父亲郑振铎》，团结出版社2006年版，第207页。
[3] 参见郑振铎《郑振铎全集》第14卷，花山文艺出版社1998年版，第532—537页。

会破坏遗产的自然面貌，造成对文化遗产不可修复的破坏。在这一时期，主要遵循保护和利用并重的原则，将文化遗产融入生产生活以促进社会经济发展。主要的活化实践和理念有：

其一，遗产与产业融合的活化理念。有学者指出，地方政府和文物保护单位应该共同承担起旅游驱动文化遗产活化的社会责任。[①]在国际上，有许多世界文化遗产与产业融合的活化案例，例如意大利的那不勒斯的圣基亚拉历史综合体（Santa Chiara），既可用于考古，也可举行会议活动；瑞士卢加诺的莫尔科特古堡（Morcote Castle）既能召开露天音乐会，也能召开国际学术会议。文化遗产资源与经济产业融合的活化方式有多种，包括静态博物馆、实景再现和舞台化表现等多种模式。在静态博物馆模式中，例如长城和故宫有较强的原真性和完整性，保护比活化更重要。在实景再现模式中，如西安唐大明宫和唐洛阳城定鼎门等，采用框架展示和再现方式进行历史场景活化，通过建构主义原真性增加视觉形式的呈现，提高文化遗产传播的效率和广度。在舞台化表现模式中，如开封的清明上河园、杭州的《宋城千古情》以及张家界的实景舞台剧《天门狐仙》等，以舞台化的述行呈现方式来活化物质和非物质文化遗产。

其二，遗产走进生活的活化理念。文化遗产需要活态传承。将文化遗产融入人民生活，人民群众是文化遗产的未来和希望。国际上有很多世界文化遗产融入生活的活化案例，如英国爱丁堡的历史建筑中开设的餐厅和土耳其棉花堡的温泉浴场等。在我国，也有许多类似案例，如苏州昆曲表演者走进园林进行实景演出，以及将民族刺绣制作成旅游商品等。这些文化遗产融入日常生活的方式有助于提升当地居民的文化自信心和游客的文化体验感。[②]因此，应让文化遗产走近普通公众，让更多游客参与到文化活动中，更好地满足人民群众精神文化需求，带动广大人民参与到共享保护文化遗产的事业中。

其三，科技赋能的遗产活化理念。在信息化时代，应充分利用新兴技术来保护、活化文化遗产。影像手段、数字技术，可以实现远距离、超时空、破次元传播，是文化遗产活化的重要科技手段。运用高科技的全息投影技术可以将古画变成让人宛如画中游的多维立体互动项目。比如，《清明上河图》沉浸式体验，让平常只能在画中看到的景象通过全息投影技术

---

① 参见吴必虎、王梦婷《遗产活化、原址价值与呈现方式》，《旅游学刊》2018年第9期。
② 参见林德荣、郭晓琳《让遗产回归生活：新时代文化遗产旅游活化之路》，《旅游学刊》2018年第9期。

得到大屏的立体展现，让图中的人物和风景栩栩如生，形象展示北宋百姓的日常生活。甚至可以让参观者"坐"上一条大船，感受汴河两岸风光，让人宛如画中游，完成从现代到宋代的"穿越"之旅。同时，应用无人机倾斜摄影、激光扫描、三维建模等高科技手段，可以对不可移动的文化遗产进行三维数字化测绘建档，如福州为历史建筑量身定制保护图则，明确保护类别、范围、禁止使用功能等，并提出保护性建议及要求，使福州古厝的保护活化实现"有规可依、精确施策"。此外，还可以利用数字技术开发文化遗产衍生品，延长产业链条，如将口头流传的时令故事衍生为戏剧、影视、音乐、舞蹈、绘画等大众喜闻乐见的呈现形式，易于人们记忆与理解。

三、传承型活化阶段（2018年至今）

2018年3月19日，十三届全国人大一次会议批准将文化部、国家旅游局合并为文化和旅游部。2018年4月8日，中国文化和旅游部正式挂牌成立。本次合并，完成了给旅游"松绑"，为文化"赋能"。科技为文化、旅游赋能，是手段也是趋势。从智慧旅游到智慧文旅，文化是灵魂，也是成败的关键。智慧的核心理念是智能化、数据化，最终目的是以人为本，除了实现商业上的成功、经济价值的提升，最根本的还是推动文旅融合、增强文化自信。自此，文化遗产活化进入了传承型活化阶段。

过去文化保护多关注对物质文化遗产的保护；现在，保护非物质文化遗产也受到极大重视。从文物到文化遗产，文物保护之路越走越宽。在这个过程中，有两个观念发生重要变化：一是世代传承性，二是公众参与性。世代传承性告诉我们什么才是最重要的。我们一直在争论，保护重要还是利用重要，今天我们知道保护不是目的，利用也不是目的，真正的目的是传承，把祖先创造的灿烂文化，经过我们的手传承给子孙后代，子孙后代同样有权利来保护它们、享用它们，这才是真正的目的。公众参与性则是文化遗产已进入社会生活的方方面面，它是一个民族的宝贵财富，社会公众都应该参与到保护事业中，相关部门要把更多知情权、参与权、监督权、受益权交给民众，共同保护文物。①

文化遗产"活化"让文化遗产更加活跃，既可以创造就业机会，提高地区经济收入，促进经济发展，也能使文化遗产得到更好的保护，让人们

---

① 参见单霁翔《从故宫走过的路，看文化遗产的传承和保护》，2020年7月25日，凤凰网（https://ishare.ifeng.com/c/s/7yPzNqjJErX）。

更加了解和珍视文化遗产，同时能够让不同地区人民了解和欣赏彼此的文化遗产，促进文化的传承与交流。实现传承型活化需强调以下三方面。

其一，注重释放蕴含在文化遗产中的精神文化价值。通过活化文化遗产，让人们更加了解文化遗产所传递的精神和文化内涵，增强对自身文化的认同感和自豪感。发掘、研究和提炼文化遗产中的文化价值已成为重要的时代使命。在这个过程中，我们不仅要关注文化遗产的历史价值，还需要关注它们对于现代社会的意义和作用。例如，在杭州举办的一次传统竹制技艺沙龙活动中，一位四川竹簧艺术非遗传承人通过在一双筷子上雕刻出华表的方式，展现了他对传统文化的热爱和精湛技艺。这正是文化遗产所蕴含的工匠精神和创新精神，这些价值是永远不会褪色的。为了更好地传承优秀传统文化，我们需要挖掘和整理文化遗产中具有当代价值的文化基因和文化元素，并努力让它们"活起来"。只有这样，我们才能真正地让文化遗产融入当代社会，并为人们的生活增添色彩和深度。

其二，强调保护文化遗产尊严。具有生命活力的历程，我们便称之为有尊严。主要体现在：文化遗产保护要素，一要从单一型向自然、文化相结合转变；二要从静态遗产保护向动态遗产保护转变；三要从点、面向重大型和线性遗产转变；四要从古代文化遗产保护到囊括近现代的全历史文化遗产保护转变；五要从代表性文物保护向一般民间文化遗产转变。这些方面的转变将使文化遗产得到更全面、更科学、更合理的保护，从而体现文化遗产的尊严和价值。[1]

其三，勠力推动人类文化遗产的传播和共享。对文化遗产进行活态保护，旨在增进人类文化遗产的交流与共享。通过"活化"文化遗产，我们可以将遗产转变为"交流使者"，担当起文明交流的重要角色。这将有助于推动人类文化遗产的传播和共享，拓展世界文明交流的深度和广度，以更加生动、深刻的方式向全球展示中国的智慧和精神。同时，推动文化对话、保护文化多样性以及促进不同文明的交流互鉴，是文化遗产保护的更高目标和境界。[2]

历史文化遗产是不可再生、不可替代的宝贵资源，应始终将保护放在首位。在保护文化遗产的同时，要让它们活跃起来，实现保护好、利用好、发展好。保护、利用和传承应成为我国文化遗产保护工作的核心原则。优秀文化遗产与现代生活的有机融合，将重新塑造一种充满活力的文

---

[1] 参见《让文化遗产在新时期更加拥有尊严》，《光明日报》2010年3月22日。
[2] 参见《重构"活态"文化方式 "活化"文化遗产》，《联合日报》2020年11月10日。

化方式，并赋予文化遗产新的灵魂。只有科学保护、合理利用和传承创新文化遗产资源，我们才能守住历史文化的根源和精神，让古老文化遗产焕发出新的活力。

第二节　文化遗产活化的发展历程

旅游业作为一项"朝阳产业""幸福产业"，对区域经济增长具有巨大的推动作用。早期阶段，人们为了发展旅游业，在旅游资源开发过程中，存在着重经济效益、社会效益而轻生态效益的现象，随着"五位一体"总体布局的提出及旅游产业的发展，社会整体知识程度和认知水平逐渐发生改变，越来越认识到遗产保护与追求效益并不应存在矛盾，相反，二者应是一种相互促进的关系。近年来，随着国家的重视和引导，文化遗产活化问题受到了政府、学界和其他领域的广泛关注，《国家宝藏》《如果国宝会说话》等节目的热播，逐渐拉近了物质文化遗产与大众的距离。让文化遗产"活"起来，关键是要把保护放在第一位，在保护中发展，在保护中开发。[①] 中国历史悠久，文化底蕴深厚，截至2024年，中国申报通过的世界遗产已达59项，居世界前列。其中，世界文化遗产40项、世界自然遗产15项、世界文化与自然双重遗产4项。全国5A级景区中，世界文化遗产旅游的发展势头良好。回溯历史，我们发现，很多与文化遗产活化相关的研究和实践早在20世纪80年代就已经出现，虽然并没有出现"活化"的具体表述，但当时的古村落保护和文化遗产保护发展就是文化遗产活化的重要形式。根据遗产活化对象性质的差异，文化遗产活化大致经历了由点（建筑）到面（街区、村落、城镇），由有形（物质文化遗产）到无形（非物质文化遗产）再到兼顾有形与无形的发展变化。在已有文献研究中，对文化遗产活化的研究大致经历了对物质文化遗产（博物馆、文化遗址公园、古遗迹），历史建筑（历史街区、古城古镇古村落），工业遗产、民族和宗教文化遗产、线性文化遗产和非物质文化遗产活化的探讨六个阶段[②]，近期主要涉及文化遗产活化保护和可持续发展等方面的研究，虽然研究的角度、方面各不相同，但已形成了一条完整的文化遗产活化脉络。

[①] 参见吴必虎、王梦婷《遗产活化、原址价值与呈现方式》，《旅游学刊》2018年第9期。
[②] 参见谢冶凤、郭彦丹、张玉钧《论旅游导向型古村落活化途径》，《建筑与文化》2015年第8期。

一、物质文化遗产活化

物质文化遗产（Tangible Cultural Heritage），又称"有形文化遗产"，指具有历史、艺术和科学文化价值的遗址、遗迹、历史文物、历史建筑等。中国学者早期多关注博物馆、文物、遗址、遗迹等物质文化遗产，通过分析国外优秀博物馆或遗迹保护的案例，总结其经验，再运用到国内具体博物馆、文物、遗迹保护的实际问题之中，研究内容主要包括文物防尘、放光、防震、防尘等保护技术[①]、世界著名博物馆文物的管理、防护与馆藏（如奈良博物馆、波兰博物馆等）[②]，及遗址保护方面。最早关于博物馆文物的研究可以追溯到20世纪50年代，1957年，B.K.格尔达诺夫、惕冰发表《苏维埃政权初期的博物馆建设与文物保护工作》一文，提出苏联政府关于文物保护历程及措施，这是目前能检索到的最早的关于博物馆及文物保护的文件。而最早关于考古遗址的保护起源于19世纪初期的欧美国家，欧洲是近代考古学的发祥地，也是近代遗址保护的先驱者。随后，随着全球范围内对文化及文化遗产的重视，以博物馆和考古遗址为代表的物质文化遗产保护与活化逐渐在全球范围内发展起来。

（一）博物馆保护

国内早期学者对于博物馆活化的研究主要集中于对博物馆文物保护的研究，通过研究国外博物馆及其文物保护工作中的优秀案例，总结经验，并将其运用到中国本土博物馆保护中来，形成一套适合的保护办法。1990年，张行在分析我国遗址博物馆发展情况时提出，博物馆是吸引游客和旅游者最多的地方，而在众多种类博物馆中，遗址博物馆的吸引力位列首位，无论是博物馆还是遗址馆，均深受旅游者青睐。据统计，20世纪90年代北京故宫博物院每年的参观人数达200万人次，西安秦始皇陵兵马俑每年游客参观量达10万余人次，除此之外，北京周口店遗址、敦煌莫高窟等具有同等性质的博物馆、遗址也成为旅游热点。[③]1999年，关于四川岷山山系动植物博物馆文章的发表[④]，使国内学术界对于博物馆保护的研究增加了新的关注点，由此，关于生态博物馆保护的研究进入大众视野，此后，农业博物馆、工业博物馆、文化博物馆、民俗博物馆等相继进入大

---

① 参见郑求真《博物馆的文物保护》，《中国博物馆》1984年第1期。
② 参见王树艺《奈良博物馆的文物保护和研究》，《美术研究》1982年第3期。
③ 参见张行《遗址博物馆的发展与保护问题的探讨》，《中国博物馆》1990年第1期。
④ 参见欧阳维鋆、邓建新《岷山山系动植物博物馆落成剪彩唐家河国家级自然保护区成立20周年暨保护发展研讨会在毛香坝举行》，《野生动物》1999年第1期。

众视野,成为新一轮研究对象。近年来,随着旅游业的快速发展,博物馆旅游业引起了很多学者的关注,但与其他国家利用博物馆开展旅游活动所带来的社会效益、经济效益相比,我国博物馆旅游尚处于初级阶段,还存在一些问题。从博物馆旅游开发现状来看,杨丽等学者认为,我国博物馆资源丰富,开发强度大,改革开放以来,随着经济、科技及人民生活水平的提高,旅游者对于文化追求的增强,无疑为博物馆旅游带来契机,但由于定位的变化,部分博物馆在开发和规划中难免会出现不纯粹或单纯强调教育而忽略欣赏功能的问题。[①] 虽然我国旅游行业已将博物馆视为一项旅游资源,但同一些博物馆旅游成熟的发达国家相比,尚未将资源优势极大程度上转化为经济优势。[②] 从当前我国博物馆旅游存在的问题来看,有学者认为,一直以来制约我国博物馆旅游快速发展的原因主要体现在博物馆展示内容和手法陈旧、管理滞后、基础设施不完善、馆藏陈列单一、博物馆旅游资源不能最大限度转化为经济资源等方面。[③] 虽然我国博物馆资源丰富,但博物馆活化并不完全等同于管理[④],因此,未来中国在博物馆保护、博物馆旅游方面更应发挥好自身特色,同时要坚持博物馆的性质和任务,不断探索,大胆创新,做好文化遗产保护与活化发展的文章,促进博物馆事业蓬勃发展。[⑤]

(二)遗址遗迹保护开发

遗址遗迹是文化遗产的重要组成部分,当前,我国众多不可移动文物都处于遗址状态,遗址遗迹保护同样是早期文物保护界的重要课题。联合国《保护世界文化和自然遗产公约》认为遗产是指从历史、美学、人种学或人类学角度看,具有突出的普遍价值的人类工程或自然与人类的联合工程,遗迹考古遗址地带等。国内对于遗址遗迹的研究产生于20世纪90年代,起初主要侧重于对遗址遗迹定义及保护的研究,后随着研究的深入发展,逐渐加入对遗址遗迹保护利用形式及相关旅游发展的研究。

国外很多发达国家由于对遗址保护研究起步早,理论较为成熟,因此在遗产保护方面取得了很大成就,在遗址遗迹保护和利用方式上也形成

---

① 参见杨丽《我国博物馆特色旅游开发刍议》,《经济地理》2003年第1期。
② 参见于萍《对发展苏州博物馆旅游的思考》,《苏南科技开发》2005年第11期。
③ 参见胡湘菊《博物馆旅游发展瓶颈及对策初探》,《佛山科学技术学院学报(社会科学版)》2004年第5期。
④ 参见李瑛《我国博物馆旅游产品的开发现状及发展对策分析》,《人文地理》2004年第4期。
⑤ 参见倪晓波《博物馆旅游的开发和发展问题研究》,《武汉职业技术学院学报》2006年第3期。

了独立的风格和特色。欧洲是遗址遗迹保护最为成熟的地区，因近代考古学发展的先发优势，早在19世纪，欧洲的一些国家就已形成了比较完整的文物保护与展示思想，并具有自己的风格。德国遗址遗迹保护的主要方法是建立博物馆和遗址公园，例如柏林墙遗址、勃兰登堡门是柏林城的地标，勃兰登堡门的兴衰史是德意志民族兴衰史的缩影。从1990年至今，柏林政府就对柏林墙进行了不同层面的保护和开发，并建造艺术纪念碑和柏林墙历史展览。同时，对于古建筑遗址，最常见的保护方法是将其在原址上进行同比例复原，或就地建立博物馆、展览馆、微缩景观，保持原址原貌。法国对于遗址遗迹的保护不是采用重点古建筑修复，而是对重点历史城市内环境进行改善，将遗址融入居民生活中，实现遗址再利用。相比欧洲地区，亚洲地区对于遗址遗迹的保护起步较晚，20世纪六七十年代，亚洲才逐渐兴起对遗址保护的热潮，以日本为代表，大力投入建造史迹保护公园，如长野八幡原史迹公园等，同时也采用原址复原、展示的方式，对一些遗址、棺葬、墓冢等进行不同层面的展示。

国内对于遗址遗迹的研究可以追溯到20世纪80年代，虽然许多遗址的地面建筑已遭到破坏，一些历史环境不能得以再现，但其历史价值和研究价值仍不亚于其他文物古迹。我国对于遗址古迹的研究首先集中于制度与理论层面，1997年国务院首次明确"大遗址"的说法，2009年国家开始试行《国家考古遗址公园管理办法》为遗址公园的保护和发展提供了依据。从保护和利用方式方面看，逐渐由整体保护向局部保护，再到整体与局部相结合，主要方式有以下四种。一是建造遗址公园，如西安汉长城遗址公园，元大都城垣遗址公园等。将遗址遗迹建造成遗址公园是目前我国遗址保护中最普遍的一种方式，既可以将古遗址以全新方式呈现于公众，使遗址得到了保护，又为社会各界提供了一个良好的学习和休闲场所，并弘扬中华历史文化。二是遗产旅游景区，如明十三陵景区、龙山遗址文化旅游景区、垓下遗址景区、太原楼烦古国都城遗址等，由于一些遗址本身就处于景区中，或遗址周围自然环境优美，资源丰富，因此在对遗址进行保护的前提下，对具有重要历史意义或文化价值的遗址遗迹进行展示性开发，使其集历史、文化、自然、人文等因素于一体，形成极具文化特色的旅游景点景区。三是将遗址区建成森林公园，如五村遗址森林公园是新石器时代大汶口文化遗址，国家第七批全国重点文物保护单位，周围地势平坦，植被覆盖率高，将遗址保护与森林公园建设相结合，不仅丰富了遗址保护形式，还可改善环境。再如清赵王陵，赵王陵墓是将陵区保护与森林公园相结合，不仅改善了原本赵王陵所处荒山野岭的外部环境，更突出陵墓依山而建，气势恢宏之感。四是建设遗产展示区，如秦阿房宫、秦始皇陵兵马俑、马王堆汉墓等，前者采用露天保护展的方式，通过设置围栏、护栏、修固加固等方式将阿房宫与参观者隔开，后者采用保护棚的方式，通过调节空气中的温湿度，尽量保持棚内条件与陵墓条件一致，在实现遗址保护的同时也使文化遗址得以展示。[①]

二、近现代建筑活化

（一）传统村落

传统村落是华夏文明渊源有自的实证[②]，是中国历史的缩影，是中华文化的精髓，乡村历史文化遗产承载着中华文化精华，从研究传统村落文化出发，研究文化遗产相关问题，是从根本上研究中华文化，研究"根性文化"、乡村民俗。在传统村落中，其物质生活、社会生活和精神生活等均体现了丰富多彩的文化元素和文化内涵，具有深厚的文化底蕴。物质生活源于我国古代风土人情、建筑文化和农耕基础，其中建筑文化和饮食文化最为显著；社会生活体现了古代文化中的为人处世之道和传统村落的风土人情，尤其是在邻里相处、待人接物、庙会、祭祀等方面表现最为典型；精神生活则体现在传统村落的宗教礼仪、风俗习惯、节庆活动等方面，是我国古代特色非物质文化遗产传承和发展的重要内容和有机载体。

学术界对于传统村落的研究始于20世纪80年代，主要集中于传统村落保护层面。随着工业化、城镇化进程的加快，一些具有较高历史、文化和建筑研究价值的传统村落趋于衰落，传统村落消失的现象日益加剧，加强传统村落保护工作提上日程；2012年9月，为强调传统村落的文化价值及其传承重要性，经专家讨论决定，将以往"古村落"的提法改为"传统村落"；2012年12月，住房和城乡建设部将第一批共646个村落列入中国传统村落名录。2012—2016年间，国家又先后公布了第二批915个、第三批994个和第四批1598个传统村落列入中国传统村落名录，传统村落保护与发展工作已经成为全国重点工作之一，得到了全民参与、社会支持。

近几年，随着遗产活化热潮的兴起，学术界也重新关注到传统村落的保护和发展问题，实现传统村落活化发展成为新时代的新议题。有学者

[①] 参见朱海霞、权东计《大遗址保护与区域经济和谐发展的途径：建立大遗址文化产业集群》，《经济地理》2007年第5期。

[②] 参见《守护传统村落，留住乡土文明》，《光明日报》2019年7月9日。

提出旅游导向型传统村落活化方式，认为当前随着城乡经济快速发展，城市化进程加快，很多乡镇村落中心用地存在废弃和闲置现象，即村落"空心化"问题。通过发展传统村落旅游，加强村落建设，促进传统建筑保护和文化传承，以此解决村落"空心化"、有形遗产破坏和传统文化"断层"问题，增强传统村落发展活力。张行发、王庆生认为，优秀传统村落文化应该予以保护、开发和合理利用，遵循文化真实性的原则，对我国优秀村落文化予以全方位的保护和传承，使其得以延续，推动优秀传统文化发展。[1] 顾大治、王彬等以安徽绩溪县湖村为例，研究通过加强非物质文化的保护和传承来促进传统村落文化遗产保护的相关问题，在分析政府、企业和社区三者关系的基础上，构建出"人—村—遗"一体化的发展模式，对于我国传统村落文化遗产活化具有普遍适用性。[2] 随着村落保护的逐渐发展，2019年传统村落发展迎来了新的高峰，2017年国家提出实施乡村振兴战略，2019年中央一号文件正式提出乡村振兴战略的目标、内容与路径，为新时代传统村落保护和开发带来了新的动力。截至2019年6月21日，共有6819个村落被列入中国传统村落名录，并形成了从国家到省、市、县四级联动的保护体系，传统村落保护得到社会各界的大力支持，并逐步实现和旅游产业、文化产业的融合，乡村旅游、民俗文化旅游的发展，为传统村落注入了新的活力。中华民族文化的多样性在传统村落中得到了生动展现，传统民居建筑得到了最广泛和最有效的保护，同时传统村落的内在文化资源正在逐步转化为"文化资本"和"文化红利"。

（二）历史文化名城

历史文化名城指具有深厚文化底蕴，重大历史价值和革命意义的城市。1982年2月，《中华人民共和国文物保护法》正式提出"历史文化名城"概念，并公布首批24个国家历史文化名城名单，1986年和1994年先后公布了第二批和第三批国家历史文化名城，共99个；截至2018年5月2日，已有134座城市被列为国家历史文化名城，并受到重点保护。历史文化街区具有鲜明的时代特色，既是城市文化底蕴和城市特色的重要体现，也是城市发展文旅产业的重要资源。

王肇磊认为"文脉"活化要做到有形文化元素与无形文化元素共同体现，重塑文化脉络，重构街区历史文化空间，并以此为指导以武汉汉正

---

[1] 参见张行发、王庆生《基于遗产活化利用视角下的传统村落文化保护和传承研究》，《天津农业科学》，2018年第9期。

[2] 参见顾大治、王彬、黄雨萌、许晓迪《基于非物质文化遗产活化的传统村落保护与更新研究——以安徽绩溪县湖村为例》，《西部人居环境学刊》2018年第2期。

街为例对城市更新背景下文化遗产传承保护问题进行研究,从文化遗产活化路径的角度,为历史文化街区文化遗产活化的研究提供了新思路。[①] 周凯、高玮认为实现历史文化街区文化旅游活化,就要通过打造城市文化品牌,培育特色文化产业来加强对文化遗产的保护和开发,并以南京鼓楼区为例,提出提升街区品牌形象、健全街区综合管理机制的措施。[②]

北京"白塔寺老城区再生计划"就是文化街区活化的"活"的例子。白塔寺地处北京传统四合院聚居区,文化底蕴深厚,为促进其文化复兴,北京市从保护建筑和社区参与两方面入手,在政府的主导下,构建了"人口—社区—文化"的新模式,在保持原有风貌的前提下,对传统建筑进行系统性更新改造,带动区域文化的更新和再生。

三、工业遗产活化

工业遗产指为工业活动所建造的一切工业场地和设备设施以及其所有其他物质和非物质表现,具有特定的历史、科学、艺术、文化、经济和社会价值。工业遗产见证了工业活动对人类历史和今天所产生的深刻影响,是一个城市、一个国家逐步发展的有形写照,是城市特色、城市风格的见证,是人类不断进步革新的"史书"。对于工业遗产保护的研究可追溯到 20 世纪 50 年代,最早起源于工业革命起源地英国的"工业考古",随着工业考古学理论不断发展,有关学者结合工业遗产的实例,对工业遗产的保护与再利用做了一定探讨。但当时社会上工业遗产保护意识还很薄弱,没有形成系统的工业遗产保护体系。后来学者研究发现"保护"不是封闭,保护的同时要与社会经济发展相协调,在保护中利用,在保护中发展。逐步探究对工业遗产的保护途径以及管理与开发利用方式,并形成一系列工业遗产保护与旅游开发研究成果。20 世纪 70 年代,欧洲其他国家也逐渐兴起对工业遗产的研究。

从研究的区域来看,国外对于工业遗产的研究主要位于欧洲和美洲地区,亚洲地区也有所关注,但研究较晚。从研究内容看,国外对于工业遗产的研究主要集中在工业遗产的管理与利用(如德国鲁尔工业区)、工业遗产保护及工业遗产博物馆开发等方面,对于工业遗产开发利用方式主要采用保护性利用(如工业遗产博物馆)、转型利用(如将老厂房改造成

---

① 参见王肇磊《城市更新下历史街区的文化传承与保护——以武汉市汉正街改造为例》,《江汉大学学报(社会科学版)》2015 年第 4 期。
② 参见周凯、高玮《历史文化遗产保护与活化利用研究——以南京市鼓楼区民国历史文化街区品牌建设为例》,《文化产业研究》2016 年第 2 期。

创业产业园)、社区利用(如建立社区公共游憩空间)、旅游利用(如将工业遗产开发成旅游景点)。我国以往对于工业遗产内容的研究主要集中于其保护，2018年发布了中国工业遗产保护名录(第一批)名单。2020年，《推动老工业城市工业遗产保护利用实施方案》印发，此后，全国各地积极探索工业遗产保护与活化利用的新路径新模式，努力打造一批集城市记忆、知识传播、创意文化、休闲体验于一体的工业遗产活化形态。

四、民族与宗教文化遗产活化

中国自古以来就是多民族融合、共同发展的国家，中华文化具有着极大的包容性。民族文化遗产是中国多民族融合与民族文化多样性的见证，是各族人民精神文化的结晶。我国最早关于民族文化遗产保护的资料可追溯到1950年浙江省颁布的关于民族文化遗产保护的决定[1]，而后关于民族文化遗产搜集整理与保护工作在全国范围内进行，例如云南丽江，丽江在古城保护与文化遗产管理与传承方面已成为全国典范，并形成一套适合自身发展的"丽江模式"，民族文化遗产保护与利用的"活的见证"。近几年，随着"一带一路"倡议的实行，古丝绸之路经济带沿线的民族文化遗产在保护与利用方面受到社会各界的关注，在新的时代背景下，中国应积极推动文化旅游和民族旅游发展，而不仅仅局限于国内和周边地区。借助全球化和"一带一路"机遇，西北等具有独特文化和民族特色的地区应得到进一步发展，突出地方文化特色，推动中国文化旅游走向世界。只有将民族特色融入旅游发展，才能让世界更加了解和欣赏中国的多元文化和民族风情。在这个过程中，开放的态度和包容的胸怀至关重要。

宗教文化是人们以宗教为主要表现形式的一种文化，是人类智慧和思想的结晶。我国是文物大国，宗教活动场所文物是我国历史文化遗产的重要组成部分。随着各国对文化事业的关注，重视和保护宗教文化遗产已成为全球性的课题。方程认为宗教遗产活化具有传播共识、完善记忆、发展精神、促进和谐等方面的作用，因此要构建一套发展体系来加强对宗教文化遗产的保护和开发，在此过程中还要关注城市变迁对传统宗教文化遗产价值的重构和再创造产生的影响，以此实现良性发展。[2] 北京智珠寺活化利用就是很好的例子，不仅保留了原本佛教寺庙建筑的原始风貌及功能，

---

[1] 参见《浙江省府已颁发命令及决定保护民族文化遗产》，《文物参考资料》1950年Z1期。

[2] 参见方程《城市宗教文化遗产活化与地方认同构建》，《新疆社会科学》2014年第6期。

同时将空间加以开发利用，融合现代文化元素，成为现代文化体验场所，真正做到"活"起来。

五、线性文化遗产活化

线性文化遗产是一种跨越时空的文化遗产巨系统，它涵盖多种遗产类型，如物质文化遗产、非物质文化遗产、自然景观等，并以线性或带状区域内的物质和非物质文化遗产群体为主要表现形式。运河、公路、铁路线等是其主要载体。线性文化遗产研究在不同阶段具有不同特点。20世纪70年代，国际上开始关注线性文化遗产的概念和保护问题。这一时期，线性文化遗产指在具有特殊文化资源的线性或带状区域内的物质和非物质文化遗产群体；20世纪90年代，随着世界遗产保护工作的深入发展，线性文化遗产逐渐成为研究热点。研究主要聚焦于如何保护和开发线性文化遗产，使其发挥串联沿途村镇、整合散落资源、促进经济发展、再现历史上文化的交流等方面的作用；21世纪初，随着"一带一路"倡议的提出和实施，线性文化遗产的研究和应用得到更广泛发展。学者们主要讨论如何将线性文化遗产与旅游相结合，推动文化旅游融合发展，提升文化遗产的知名度和美誉度。

线性文化遗产的特点体现在以下四个方面。（1）时空连续性。线性文化遗产是历史和现代的结合，不仅包含了古代文化遗产，也融入了现代文化元素。（2）多元性。线性文化遗产涉及多种遗产类型，如物质文化遗产、非物质文化遗产、自然景观等，这些遗产类型相互交织、相互影响，形成了多元文化景观。（3）动态性。线性文化遗产的发展是一个动态的文化交流和融合过程，这一过程中不仅传统文化元素得到弘扬，现代文化元素也得到一定程度应用。（4）整体性。线性文化遗产是一个整体性的文化景观，是涵盖各种类型的文化遗产，包含自然景观和其他元素的文化生态系统。近年来，各地全力推动线性文化遗产保护与活化利用，形成了一批集合遗产保护、文化挖掘、城市更新、乡村振兴和区域协同发展等于一体的创新性理论成果与实践成果，充分发挥了线性文化遗产跨时间与跨空间、多元且动态的统合性优势。

六、非物质文化遗产活化

非物质文化遗产在《中华人民共和国非物质文化遗产法》中被定义为各族人民世代相传并视为其文化遗产组成部分的各种传统文化表现形式，以及与传统文化表现形式相关的实物和场所。非遗是各种传统文化活的化石，承载了一个民族文化的基因（DNA）和文化传承的使命。[1]

国外对非遗的保护起步较早，可追溯到古希腊罗马时期的神话传说传承。中世纪时期，由于受封建君主和教会的影响，这一时期欧洲国家对于非物质文化遗产的传承出现停滞。第二次世界大战后，由于长期的战乱使大部分国家物质文化遗产受到破坏，因此，一些国家在思考战争的悲惨后果时，逐渐意识到非物质文化遗产对于传承民族精神的重要性[2]，于是，以法国、意大利为代表的一些欧洲国家开始对非物质文化遗产有了新的认识，并逐步开展非物质文化遗产保护，并形成了自己的一套非物质文化遗产保护观念和管理方式，有效推进了对于非物质文化遗产保护的进程。日本和韩国最早关注到非物质文化遗产的法律层面保护。1950年，日本首次提出"无形文化财"概念，并最早通过《文化财保护法》对非物质文化遗产进行保护，同时鼓励一般民众与社会团体参与到非遗文化保护之中，形成全民保护；1962年，韩国颁布《文化财保护法》，并于1967年将江陵端午祭列为韩国的"重要无形文化财"，采用了商业化模式，将旅游业与文化遗产保护相结合，此后，韩国在遗产保护方面的理念和价值观逐渐传播并被世界各国接受；1997年，联合国教科文组织制定了《人类口头和非物质文化遗产代表作评选法》；2003年，联合国教科文组织通过了《保护非物质文化遗产公约》。随着对非物质文化遗产重视程度不断提高，各国纷纷建立起各具特色的遗产保护体系，非物质文化遗产得以重新回归人类的视野和关怀之中。

虽然国内非物质文化遗产研究起步较早，但相关概念形成较晚。中国最早关于非物质文化遗产保护的记录可追溯到西周时期，西周时期采诗观风制度是文化保护与传承制度的鼻祖；到了西汉时期，设置了乐府这种专门负责音乐收集和管理的机构；秦汉时期我国类书编纂也逐渐成型，唐代以后逐渐发展成熟。我国古代类书编纂一方面体量、数量庞大，如《四库全书》等，另一方面种类逐渐齐全，包括医学、诗词、史书等诸多门类，成为后世研究中国传统文化的重要依据。近几年，随着文化旅游的逐渐发展，非物质文化遗产的旅游开发与保护逐渐结合起来，成为相互联系的主体。刘建平、林龙飞等认为非物质文化遗产资源是重要的旅游资源，要重视旅游开发对遗产资源的重要作用[3]；刘玉清认为抢救非物质文化遗产最

---

[1] 参见李江敏、李薇《非物质文化遗产的旅游活化之道》，《旅游学刊》2018年第9期。
[2] 参见张兴华《非物质文化遗产保护传承的发展历程》，《科技资讯》2019年第14期。
[3] 参见刘建平、陈姣凤、林龙飞《论旅游开发与非物质文化遗产保护》，《贵州民族研究》2007年第3期。

根本的是要形成文化旅游品牌，打造独特的品牌形象，并推动文化旅游发展[①]。虽然近几年关于非物质文化遗产旅游开发与保护的研究十分活跃，但主要还是存在于基础理论与探索方面，研究内容主要集中于对非物质文化遗产概念、特征、保护等方面的研究，而对于如何防范在活化过程中危险及负面效应的研究尚处于起步阶段。非物质文化遗产活化离不开活化方式的创新，这是我们急需努力的目标，也是接续研究的重要方向。

促进非遗活化与旅游发展有机结合，在突出旅游业独特优势的同时，为非物质文化遗产保护、传承和振兴注入更具活性且更强劲的内生动力。当前我国非遗旅游活化的主要类型有：（1）非遗节事旅游，即以传统节事的庆祝和举办为核心吸引力的一类旅游形式，包括非遗表演、非遗工艺制作、非遗体验活动等。（2）传统聚落旅游，指游客前往传统聚落地区，体验当地的文化传统和生活方式的旅游活动。传统聚落有保存完整的传统建筑和民俗风情，有很高的历史文化价值。浙江舟山的东沙镇、贵州凯里的麻塘寨都是传统聚落游的典型案例。（3）非遗主题景区，即以当地代表性的非遗项目观赏、传习场所扩展旅游观光功能而形成的旅游目的地。让游客在游览过程中能够参与到非物质文化遗产的保护中去，游客的兴趣和关注促使传统文化、手工艺品等的保护更受重视。四川成都中国非物质文化遗产主题公园就是典型案例。（4）非遗主题旅游线路，即推动旅游和非遗融合，通过非遗主题旅游线路展示丰富的非遗资源，而形成的线性旅游产品。上海市等多个省市推出的系列非遗主题旅游线路、各地形成的非遗研学旅游线路都属于这类案例。[②]（5）非遗旅游演艺，即非遗展示体验项目入驻景区或旅游目的地形成旅游吸引物。旅游景区将当地非物质文化遗产纳入主干景点线路，提升游客文化体验感。张家界的《天门狐仙》、井冈山的《十送红军》都是这类典型案例。

第三节　文化遗产旅游开发与可持续发展

文化遗产作为一种原生态的文化，具有强大的发展活力和生命力，但如果不加以合理开发，不在保护中利用，在开发中保护，文化遗产很难持续传承。简言之，实现文化遗产可持续发展就是要实现文化遗产活化，一

---

① 参见刘玉清《把非物质文化遗产推向休闲市场》，《价格与市场》2003年第3期。
② 参见杨红《非遗与旅游融合的五大类型》，"非遗传播研究平台"微信公众号（https：//www.ihchina.cn/luntan_details/20614.html）。

味地"隔绝",文化遗产只能始终是遗产,只有让文化遗产融入民众生活,才能使其焕发生机,"活"得更有价值。[①]文化遗产的生命在于活化,而遗产活化最主要和常见的方式即为文化遗产与旅游业融合发展。近年来,随着国家的重视和引导,文化遗产活化问题得到政府、学界和其他领域的广泛关注,国家对文化遗产保护、利用与可持续发展提出了新要求。2019年全国政治协商会议中在沪全国政协委员周锋建议,以4295处全国重点文物保护单位为对象,加强对文化遗产保护与活化利用。

以旅游的方式促进文化遗产开发、保护与利用是当前进行文化遗产活化、实现文化遗产可持续发展最主要、最常用的形式。文化遗产旅游活化具有双向互动效应,一方面文化遗产在旅游活化过程中焕发生机,保持了新的持久的生命力,另一方面文化遗产也为旅游产业发展注入了新内涵。[②]随着文化和旅游部的成立,文化旅游逐渐成为一种新热潮,也为文化遗产活化提供了新的条件和指引。贺小荣、谭志云在研究非物质文化遗产旅游开发吸引力时认为,旅游能够为非物质文化遗产保护提供发展空间,也可为其传承提供新的动力。由此看来,旅游同样可以为文化遗产活化提供新的途径和生命力。[③]李江敏、李薇认为,文化遗产通过与旅游的"活态"结合,让文化遗产再次焕发了新的生机和原真的魅力,使文化遗产得以以"活"的姿态向后世传承。[④]

近年来,随着文化和旅游产业的协同发展,我国文化产业和旅游产业实现跨越式发展,世界遗产总数不断增加,已由1987年的6个增加到2024年的59个,世界文化遗产由1987年的6个增加到2022年的40个,自然与文化双遗产4项。2018年,文化与旅游部门合并后,文旅资源开发理念不断普及。人们逐渐认识到要加强文化遗产保护,在保护的同时注重文化遗产活化利用,让文化遗产活起来、传下去。文化是旅游的源泉,特色是旅游的基础。因此,旅游工作者相较于文化工作者会更加重视文化深度挖掘、文物系统保护,加强旅游目的地文化多样性建设成为旅游发

[①] 参见林德荣、郭晓琳《让遗产回归生活:新时代文化遗产旅游活化之路》,《旅游学刊》2018年第9期。
[②] 参见吴必虎、王梦婷《遗产活化、原址价值与呈现方式》,《旅游学刊》2018年第9期。
[③] 参见贺小荣、谭志云《非物质文化遗产旅游吸引力的评价与启示》,《南京社会科学》2013年第11期。
[④] 参见李江敏、李薇《非物质文化遗产的旅游活化之道》,《旅游学刊》2018年第9期。

展的重要任务。[①] 随着"文旅融合"发展思路的提出，文化遗产旅游活化在全国范围内如火如荼地展开，全国 5A 级景区中世界文化遗产数量有 39 个，如丽江古城、苏州古典园林、布达拉宫等。旅游人数逐年增加。2019 年，国内旅游人数首次突破 60 亿人次（60.06 亿），旅游总收入达 6.63 万亿元；入境旅游人数 14531 万人次，比 1978 年增长 78.05%；入境旅游收入 1271.03 亿元，比 1978 年增长 280.82%。"一带一路"倡议的提出，古丝绸之路重新成为遗址遗迹保护和发展的重点，同时也成为遗址与旅游，中国与国际交流合作的重点，截至 2018 年，中国与沿线国家签署关于文化、旅游的双边外交合作文件 108 份，与沿线国家建立中国文化中心和旅游办事处 17 个，有 88 个国家和地区的 319 个境外文化机构加入"一带一路"博物馆、文化中心建设，此外，还与周边国家建立了一系列双边、多边合作机制。[②] 中国的遗址保护不只是一国的事情，更带着沟通和交流的重任走向国际。

　　文化遗产作为人类智慧结晶和宝贵财富，反映了人们早期的生活状态和生活方式，具有难以衡量和估量的社会文化价值、生态价值和科教价值。因此，在具体实践中应坚持保护文化遗产的原真性，遵守相关法律规定，对其进行科学保护，按照"统筹规划、分类指导、突出重点、分步实施"的方针，正确处理文化遗产保护与经济社会发展的关系，做到能保早保、应保尽保。文化遗产保护工作不能懈怠，文化遗产传承更要创新，在传播中华优秀传统文化的同时，更要做到文化遗产可持续发展。民族的就是世界的，让中华文化在世界舞台上发出耀眼的光芒。

---

① 参见魏小安《文化和旅游的再融合》，2018 年 5 月 7 日，执惠网（http://www.tripvivid.com/articles/14768）。
② 参见《将"一带一路"建成文明之路——写在第二届"一带一路"国际合作高峰论坛开幕之际》，《中国文化报》2019 年 4 月 26 日。

第三章 文化遗产活化的理论阐析

遗产活化利用思想发源于西方，西方对于遗产活化利用的系统研究则主要集中于建筑类遗产活化理论。遗产建筑对于展示城市的文化特征非常重要。在当代，活化利用被认为是为当代和后代人保护这些建筑的一种策略。文化遗产活化理论诞生于19世纪和20世纪的西方遗产保护和恢复理论，是当代遗产适应运动的理论支柱。这些理论随着时间的推移被引入不同形式的活化利用技术和范式，它们揭示了保护遗产建筑的优先系统是如何从价值基础转变为技术需求和用户需求的，已成为现代发展下的理论指导方针和政策。然而，文化遗产活化理论在当代活化利用的实践中仍很少被考虑，仅停留在理论层面，未在国家和国际一级定期发展。本章将回顾和批判性分析19世纪和20世纪遗产建筑的保护、修复和活化利用的主要理论，以提供其应用的整体观点，这些观点的各个方面可能被纳入该主题的未来研究、实践和讨论中。本章通过对这些关键理论进行批判性的回顾、分析和讨论，以期为当代文化遗产活化研究做出应有的理论贡献。

第一节 文化遗产活化的理论综述

一、文化遗产活化理论术语

遗产建筑赋予城市身份，进而赋予社区身份，因此这些建筑应该为今世后代保留或再利用。《伍尼西宪章》的序言讨论了遗产建筑的重要性，将它们引证为旧历史的活见证，并为当代保留下来。这一说法进一步暗示了为后代保护遗产建筑的重要性。《奈良真实性文件》也指出了遗产建筑的重要性："我们世界的文化和遗产多样性是全人类精神和知识财富不可替代的源泉。"传统建筑见证了特定时期的历史，因此，社区的责任是保护这些建筑，如芬兰建筑师和城市规划师尤卡·尤基莱托（Jukka Jokilehto）所述。尤基莱托认为，保护的最重要原因之一是保护附属于一个地方的社区特征。他进一步指出，身份通常被认为是一种政治工具，是决定恢复或摧毁一个地方的动机。18—19世纪著名造园家彼得·约瑟夫·莱内（Peter Josef Lenné）认为，遗产建筑的丧失会导致社会团结的丧失。①

在承认跨文化保护古老历史的同时，比耶·普莱沃茨（Bie Plevoets）、科恩拉德·范·克雷姆普勒（Koenraad van Cleempoel）等指出，与遗产建筑的现代保护、修复和改造相关的通用词汇出现在19世纪。例如，在文艺复兴时期，建筑师在建造新建筑的同时，也改造了古代建筑。保存通常是为了延长遗产建筑的寿命，使建筑继续发挥功能。②尤基莱托指出，建筑物不断经历不同类型的退化，包括老化、风化和使用损耗。③建筑磨损的程度取决于结构、材料和维护，修复手段可能会因不同的建筑文化和技术而异。然而，修复和保护一座与原型相似的遗产建筑的主要目的是为今世后代保留和保存其最初建造者的作品。纵观历史，关于遗产建筑的保护和修复出现了不同的理论。然而，大多数理论都把重点放在维护遗产建筑上，必要时进行有限干预。

所有选定的用于进一步研究的主要理论，无论是直接的还是间接的，都将活化利用作为保护遗产建筑的一种方式，因此随着时间的推移，出现了不同形式的活化利用。尽管19世纪和20世纪的大部分主要保护理论已经被以前的学者研究过了，但是对于所有重要的理论本身而言，以及它们在建立国际保护政策中的作用，包括由此带来的在当代活化利用实践中的作用，都没有足够的批判性分析。普莱沃茨和克雷姆普勒指出，活化利用的回顾主要是基于案例研究，而不是建筑理论和保护历史。④不过，在遗产建筑的改造中，理论和实践往往存在一定脱节，例如，在澳大利亚，作为遗产建筑保护理论基础的《巴拉宪章》在活化利用实践中其实较少被理解和考虑。

本章的主要目的是批判性地分析重要理论的演变过程，这些理论因

---

① Peter Joseph Lenné, *Landscape Architect and Urban Planner*.
② Bie Plevoets, Koenraad van Cleempoel, *Adaptive Reuse as a Strategy towards Conservation of Cultural Heritage: A Survey of 19th and 20th Century Theories*, in Proceedings of the Reinventing Architecture and Interiors: The past, the present and the future, Greenwich, UK, 29–30 March 2012.
③ Jukka Jokilehto, *History of Architectural Conservation*, London: Routledge, 2002.
④ Bie Plevoets, Koenraad van Cleempoel, *Adaptive Reuse as a Strategy towards Conservation of Cultural Heritage: A Survey of 19th and 20th Century Theories*, in Proceedings of the Reinventing Architecture and Interiors: The past, the present and the future, Greenwich, UK, 29–30 March 2012.

其在历史进程中以及国际保护和恢复政策发展中的重要作用而被选中，以它们对国家或全球采用的标准贡献或同时代人或同行的认可来衡量。本章讨论了活化利用作为当代保护遗产建筑及其价值的概念的发展，不仅回顾了大量文献，展示了19世纪和20世纪西方理论界著名保护和恢复理论的演变历程，以及它们与当代活化利用实践的关系和应用情况，还揭示了活化利用的时间演变规律，从而为文化遗产保护知识体系做出一定贡献。

二、文化遗产活化理论演绎

19世纪和20世纪西方主要的文化遗产活化利用理论主要分为三类：修复理论、保护（反修复）理论和修复—保护理论。

（一）修复理论

修复理论的主要代表性成果有三个，一是法国的欧仁-埃马纽埃尔·维奥莱-勒-迪克（Eugène-Emmanuel Viollet-le-Duc，1814—1879）的原始修复理论；二是意大利的卡米洛·博伊托（Camillo Boito，1836—1914）的分层修复理论；三是《雅典宪章》(1931)中的整体修复理论。

1. 欧仁-埃马纽埃尔·维奥莱-勒-迪克的原始修复理论

欧仁-埃马纽埃尔·维奥莱-勒-迪克是法国历史办公室"古迹历史服务处"的第一位首席检查员。作为一名建筑师和检查员，他的主要贡献是修复遗产建筑，因为他了解传统技术和方法。由于参与了法国、比利时、荷兰和瑞士的许多修复项目，维奥莱-勒-迪克因其对遗产建筑修复的直接或间接影响而被公认为修复运动的领导者。

维奥莱-勒-迪克为修复工程提出的干预措施通常是广泛的，有时包括在建筑中插入新的物理元素，尽管仍然是原始风格。关于历史建筑的再利用，维奥莱-勒-迪克在书中写道：

>……保护建筑物的最好方法是找到它的用途，并完全满足它的要求，这样就没有必要做任何改动了。[①]

维奥莱-勒-迪克的理论为建筑修复找到一个合适用途，引导人们通过考虑原建筑师来努力唤醒其时间记忆。因此，他关于历史建筑修复的理论也暗示了适应性。维奥莱-勒-迪克采用了一种清晰、直接和实用

---

① Eugène-Emmanuel Viollet-le-Duc, *Dictionnaire raisonné de l'architecturefrançaise du XIe au XVIe siècle*, London: General Books LLC, 2010.

的方法来修复建筑，这一观点被后来的建筑师所采用。然而，与维奥莱－勒－迪克的主张相反，为历史建筑找到一个合适的用途并不一定排除进一步的修复需要。用户需求和要求随着时间的流逝而变化，这种现象可以在遗产建筑的生命周期中多次推动其进一步修复或改造。维奥莱－勒－迪克进一步争辩说：

> 这种情况，最好是换位思考，想象一下如果最初建筑师回到这个世界上来，把我们必须处理的方案摆在他面前，他会做些什么。①

维奥莱－勒－迪克认为，修复者需要扮演一个传统建筑的原始建筑师的角色，才能将建筑恢复到原始状态。然而，在当代的实践中，没有人能完全想象自己处于最初建筑师的位置。这种想象的位置可能会导致伪造，并威胁到建筑的无形价值。

维奥莱－勒－迪克在他的实践中考虑了格式上的恢复，并指出：

> 恢复这个术语符合它本身都是现代的。修复一座建筑不是为了保存它，修复它，或重建它，而是以一个完整的从未有过的条件来恢复它。②

通过这种说法，维奥莱－勒－迪克断言，修复者的主要职责是根据建筑的时代来修复整个建筑。因此，他间接地关注风格的恢复。维奥莱－勒－迪克的方法被认为包含"时代精神"理论。《牛津词典》将"时代精神"定义为"由当时的思想和信仰所显示的特定历史时期的决定性精神或模式"。时间精神或者说时代精神可以被认为是遗产建筑的一个重要特征，它代表了一个建筑建造的特定时间，需要在活化利用中加以考虑。维奥莱－勒－迪克进一步认识到在试图保持一个建筑的时代精神的时代过去之后资源的可用性问题。此外，他认为，历史建筑需要根据其建造的原始时代的观点进行修复，而不是那些后世修复者或建筑师的观点，尽管他承认在每个修复时代，可用的材料可能不是原始的。这是当代文物建筑修复中的一个重要问题。③

---

① Eugène-Emmanuel Viollet-le-Duc, *Dictionnaire raisonné de l'architecturefrançaise du XIe au XVIe siècle*, London: General Books LLC, 2010.
② Eugène-Emmanuel Viollet-le-Duc, *Dictionnaire raisonné de l'architecturefrançaise du XIe au XVIe siècle*, London: General Books LLC, 2010.
③ Eugène-Emmanuel Viollet-le-Duc, *Dictionnaire raisonné de l'architecturefrançaise du XIe au XVIe siècle*, London: General Books LLC, 2010.

维奥莱－勒－迪克开展了各种改造项目，例如将历史悠久的圣马丁－尚普斯修道院改造成一座典雅的图书馆，既保留了其原有的文化底蕴，又赋予了其新的时代功能。通过改造过程，维奥莱－勒－迪克考虑了设计师的技能，认为建筑师应该重视历史建筑的建筑和谐性，并找到尽可能减少为满足新需求而产生的改变的方法。因此维奥莱－勒－迪克在他的作品中考虑了最初的建筑师和建筑风格，并试图尽量减少改动。尤基莱托指出，维奥莱－勒－迪克强调对传统建筑的维护，指出："……不管做得多好，建筑物的修复总是一件令人遗憾但必须要做的事情，必须要避免创新型的改变。"[①]因此，根据维奥莱－勒－迪克的说法，优先事项是维护遗产建筑，而不是修复它们。风格修复是由维奥莱－勒－迪克提出的，他是19世纪修复运动的领导者。

2. 卡米洛·博伊托的分层修复理论

卡米洛·博伊托发起了意大利保护运动，形成修复和保护遗产建筑的实用指南。博伊托是维奥莱－勒－迪克修复理论的追随者，他强烈认同威廉·莫里斯（Willian Morris）的修复方法。然而，在1884年，博伊托批评了维奥莱－勒－迪克和约翰·罗斯金（John Ruskin），因为他认为把自己放在原始建筑师的位置上是有风险的，可能会导致伪造。他说最好的修复实践可以证实修复中的谎言。博伊托还批评了罗斯金的保护理论，并表示，在修复遗产建筑时，不可能不碰它，否则就会让建筑年久失修。

博伊托在意大利之外可能不太出名，因为他的作品大多没有被翻译成英语。他的保护理论反对风格恢复和保护之间的对比，其保护侧重于分离干预的层次，以保持历史建筑的真实性完好无损。他将建筑分为下迄文艺复兴的古代、中世纪和现代三个类别。他认为恢复和保护应该尊重每个阶层的特征。根据特定项目的特点，博伊托提出了"考古修复""风景如画的修复"和"建筑修复"三种办法，分别与古代遗迹、中世纪遗迹以及文艺复兴和其他历史遗迹相关。博伊托还提出了八个要点来标明建筑遗产中的新旧成分：

1. 区别建筑新旧部分的风格。
2. 区别建筑新旧部分的材料。
3. 对历史建筑中新构件中装饰线条和装饰元素加以"克制"。
4. 在附近陈列修复过程中拆除的历史建筑材料、部件。

---

① Jukka Jokilehto, *History of Architectural Conservation*, London: Routledge, 2002.

5. 在历史建筑的新构件上刻上日期。

6. 在纪念碑刻上附上修复工作的描述性铭文。

7. 对修复的不同阶段进行登记和描述，并附上照片。该种记录应保留在纪念碑或附近的公共场所。此要求可以通过出版这类材料来实现。

8. 对已进行的修复工作的视觉效果文件（测量图纸、照片）进行存档。

这些方法概述了在文物建筑修复以及为在建筑上进行的任何新工程时区别文物建筑上的新旧成分的做法。博伊托并没有直接说明重新使用建筑的必要性，而是主要关注于修复和保护，但他的方法也适用于建筑遗产的重新使用。此外，博伊托的修复理论可以作广义的解释，因为意大利语"复原"（restauro）这个词指的是"将某物归还给以前的主人、地方或归于原始的状态的行为"，还意味着基于当代需要的重建和改造。

博伊托指出了"保护"和"修复"之间的一个重要区别。在文物建筑的修复中，博伊托的重点主要是"尽可能少做"。因此，他更喜欢修复遗产建筑的某些部分，而不是对整个建筑进行不必要的修复。他对反修复运动做出了巨大贡献，并通过防止大量不必要的修复而专注于保护。博伊托进一步表示，保护遗产建筑的最佳方式是对其进行维护，修复应被视为一种"可悲的必要性"，而全面的维护能够避免它。博伊托关于遗产建筑保护的理论影响深远，并为《雅典宪章》提供了基础。博伊托认为，遗产建筑的修复方法因遗产案例而异，修复应该建立在尊重遗产建筑的艺术和历史价值的基础上，而他认为改造是不可信的。

在19世纪末和20世纪初，博伊托是修复保护运动的先驱，他向维奥莱-勒-迪克和罗斯金提出了解决办法。他引入了三个时代等级，指出恢复—保护的主要目的是尊重所有这些等级，因此提出了上述标明新旧这一修复的重要因素的不同方法，作为文物建筑修复的一个重要因素。

3. 1931年《雅典宪章》的整体修复理论

1931年，第一次世界大战后成立的国际博物馆办公室起草了《雅典宪章》，目的是研究与遗产保护、遗产建筑修复，甚至是修复在战争中被毁或受损的整个城镇等有关的问题。《雅典宪章》包括七个解决方案，分别涉及遗产建筑及其周边社区的修复、保存和保护。宪章反对"风格的恢复"，并支持定期和永久的维护，从而重视以往所有时期的风格：

当由于坍塌或破坏而必须进行修复时，大会建议，应该尊重过去的历史和艺术作品，不排斥任何一个特定时期的风格。

会议认为建筑物的使用有利于延续建筑的寿命，应继续使用它们，但使用功能必须以尊重建筑的历史和艺术特征为前提。

《雅典宪章》强调对遗产建筑的保护，除非是在建筑经历了腐烂或破坏的情况下，并且认为修复可能是保护建筑及其真实性与历史、艺术价值的最直接方式。

《雅典宪章》深刻阐明，维护遗产建筑的核心在于保持其原始空间位置及独特风貌的完整性。在此背景下，在修复工程中允许采用现代技术和材料，如用钢筋混凝土等新材料加固与保护建筑遗产；毁坏的结构、部件可以被替换，但要求新引入的材料必须是可识别的，以确保历史信息的清晰传递。这一立场，实则间接倡导了遗产建筑的活化再利用理念，即通过创新方式让建筑焕发新生，有效避免其因闲置而逐渐衰败。《雅典宪章》中"新材料必须是可识别的"的表述，强调任何改造或修复都应保持其历史痕迹的可追溯性，让后人能够清晰辨识建筑的原始风貌与现代介入的界限。

（二）保护（反修复）理论

在19世纪和20世纪，修复和反修复是西方文化遗产理论界讨论和争论的焦点。保护理论实质就是反修复理论，认为保护和保存好文化遗产的价值才是第一位的。主要的代表性成果有两个：一是英国的约翰·罗斯金（1819—1900）的自然保护理论；二是英国的威廉·莫里斯（1834—1896）的低度改变理论。

1. 约翰·罗斯金的自然保护理论

反修复被理解为侧重于保护建筑在其自身历史和环境中的原始设计，而修复则强调必要时对遗产建筑某些部分的改变。

随着时间的推移，维奥莱-勒-迪克的修复理论受到了相当多的批评。在英国，约翰·罗斯金是当代自然保护运动的第一批领导者之一，也是维奥莱-勒-迪克原始恢复理论的批评者。罗斯金认为修复可能导致篡改历史，因此建议定期维护。约翰·罗斯金认为修复的意义没有被完全理解，他将修复定义为一个建筑可能经历的破坏，这也导致历史原真性的丧失。罗斯金进一步指出，在保护遗产建筑的过程中，同时进行干预性和模仿性修复是不可能的：

恢复建筑中曾经伟大或美丽的东西是不可能的，就像起死回生一样不可能……那种只能由工人的手和眼睛赋予的精神，永远也不能被人恢复……至于直接简单的复制，显然是不可能的。[1]

罗斯金将遗产建筑喻为"尸体"，每一座遗产建筑都是建筑师在一定时期内的独特创造，不能模仿或修复，而只可以保存。他在他的保护理论中暗示了对"时代精神"——建筑随时间沉淀而独有的年龄韵味与历史深度的认可，因为他认为岁月是对遗产建筑之美的贡献，必须对建筑的时间痕迹加以保护。因此，罗斯金进一步将修复视为谎言：

> 不要让我们谈论恢复。这件事从头到尾都是谎言……好好保护你的纪念碑，你就不需要修复它们了。[2]

他认为修复"从头到尾都是谎言"，因为遗产建筑总是先被忽视，然后才被修复。罗斯金坚持对遗产建筑进行适当的保护，以规避进一步的修复。因此，罗斯金基于已建立的保护观念，提出了一个反对维奥莱-勒-迪克的修复理论的所谓破坏性特征的理论。库伊佩斯（Marieke C. Kuipers）和威尔斯·德容格（Wessel de Jonge）指出，罗斯金强调保护、保存和维护遗产建筑，并更喜欢真正的干预，而不是风格的恢复。[3] 根据肯尼思·鲍威尔（Kenneth Powell）的说法，罗斯金认为，遗产建筑结构中的过去标志是不可替代的。[4] 如伯尔曼所述，罗斯金优先考虑创造建筑的原始建筑师和建造者的身份和工作，这也成为现在建筑的灵感来源。[5] 罗斯金为全球历史建筑的保护做出了巨大贡献，并被授予遗产建筑保护者的称号。1874 年，罗斯金拒绝接受皇家建筑师学会的奖章，认为建筑师在修复的幌子下造成了破坏。罗斯金被认为是 19 世纪保护（反修复）运动的先驱。

---

[1] Shabnam Yazdani Mehr, "Analysis of 19th and 20th Century Conservation Key Theories in Relation to Contemporary Adaptive Reuse of Heritage Buildings", *Heritage*, Vol.2, No.1, March 2019.

[2] John Ruskin, *The Lamp of Memory*, London: Penguin Books Ltd, 1849.

[3] Marieke Kuipers, Wessel de Jonge, *Designing from Heritage: Strategies for Conservation and Conversion*, TU Delft–Heritage & Architecture: Delft, The Netherlands, 2017.

[4] Kenneth Powell, *Architecture Reborn: The Conversion and Reconstruction of Old Buildings*; Calmann & King Ltd.:London, UK, 1999.

[5] Peter Burman, "Ruskin's Children: John Ruskin (1819–1900), the Good Steward, and His Influence Today", in *Conservation and Preservation: Interactions between Theory and Practice: In Memoriam Alois Riegl (1858–1905): Proceedings of the International Conference of the ICOMOS International Scientific Committee for the Theory and the Philosophy of Conservation*; Polistampa: Vienna, Austria, 2008; pp. 47–68.

2. 威廉·莫里斯的低度改变理论

威廉·莫里斯是19世纪末英国遗产建筑保护的关键人物之一,他主要受罗斯金的影响。1877年,威廉·莫里斯在英国成立了古建筑保护协会(SPAB),强调遗产建筑是特定历史时期艺术家的独特作品,从而展现了建筑的时代性(类似于时代精神理论)。即使一个建筑的功能发生了变化,它的重要的独特特征也不应该被移除,甚至不应该被修复,而应该被保留。伯尔曼认为莫里斯成立SPAB是因为受到了罗斯金的影响。[①] SPAB是世界上与历史古迹相关的最古老的组织之一。SPAB把重点放在了文物建筑的修理和维护上,而不是恢复上。SPAB的重要态度是"用保护替代修复"和"通过日常护理来避免腐烂"。莫里斯认为定期维护和修理是保护遗产建筑的一种方式。然而,莫里斯提出,最低限度地改变特征从而进行修复将使一个遗产建筑变得实用。莫里斯作为《SPAB宣言》的起草者之一,在草案中他解释了拒绝恢复的原因。莫里斯认为,遗产建筑的修复使后代不愿意研究它们,因为遗产建筑经历了基于修复者的感受和他们自己时代的精神的变化,从而发生了历史断代。

莫里斯强调对遗产价值的维修和保护,而不是修复。罗斯金和莫里斯是响应社会变化对传统建筑进行根本变革的倡导者。建筑的价值概念最早是由罗斯金和莫里斯提出和考虑的,然后由李格尔进一步发展。罗斯金和莫里斯反对风格上的修复,是因为它的理想化,并认为以修复的形式再现原始风格是对遗产建筑原始建筑师的侮辱。

(三)修复—保护理论

在19世纪和20世纪,西方大多数学者都拒绝"修复"和"反修复"理论的绝对化立场,坚持文化遗产的修复和保护并用,适当活化利用。他们的学术观点可以概括为"修复—保护理论",主要的代表性成果有三个:一是奥地利的阿洛伊斯·李格尔(Alois Riegl)的双重价值理论;二是意大利的切萨雷·布兰迪(Cesare Brandi)的三重价值理论;三是《威尼斯宪章》(1964)的活化利用理论。

1. 阿洛伊斯·李格尔的双重价值理论

在20世纪的第一个10年,阿洛伊斯·李格尔是奥地利中央委员会的

---

① Peter Burman, "Ruskin's Children: John Ruskin (1819–1900), the Good Steward, and His Influence Today", in *Conservation and Preservation: Interactions between Theory and Practice: In Memoriam Alois Riegl (1858–1905): Proceedings of the International Conference of the ICOMOS International Scientific Committee for the Theory and the Philosophy of Conservation*; Polistampa: Vienna, Austria, 2008; pp. 47–68.

总管理员。李格尔定义了几个与遗产古迹相关的价值，并将它们分为两组——"纪念价值"和"当代价值"。纪念价值包括：时代价值、历史价值和纪念价值。当代价值包括：使用价值、艺术价值、艺术相关价值、新价值。李格尔区分了时代价值和历史价值，认为时代价值无益于遗产建筑的保存，而历史价值是忠实保存古迹的结果。李格尔指出，"历史价值只有当复制品在所有历史和美学方面都取代原作的时候才与时代价值产生不可解决的冲突"。这些陈述表明了李格尔确定的价值之间的冲突，并进一步暗示李格尔在某种程度上接受了遗产建筑的风格/忠实修复，以保护其历史价值。安德烈亚斯·莱讷（Andreaas Lehne）指出，历史价值在19世纪很重要，而时代价值被认为是20世纪的主要价值，"有可能主宰未来"。[1]

李格尔是对遗产建筑保护概念进行系统分析的先驱。李格尔认为，"每件艺术作品都是一个历史遗迹，没有例外。从最严格的意义上说，没有真正的对等物可以替代它"。李格尔认为遗产建筑是必须保护的不可替代的资源。

根据李格尔的理论，时代复原的支持者试图将一种独特风格所代表的新价值与风格独创性方面的历史价值联系起来。其目的是消除所有腐烂的迹象，并进行修复，以创造一个历史性的物体。相比之下，反对修复的支持者看重历史建筑的年代价值，认为需要保留腐朽的迹象，以表明这些历史建筑并非近世所造。

李格尔认为每一个遗产建筑都属于某一个时期，因此为了保护一个建筑，需要确定该时期的价值。这一陈述表明，李格尔的理论与风格修复的支持者一致，即在建筑建造的某个时期定义和保存遗产建筑的价值。李格尔认为，遗产建筑的保护不仅限于其历史价值，同时还需要考虑年代价值。

李格尔坚信纯粹的无损保存是不可能的。他指出，即便是对画作进行清洗这样看似简单的维护行为，也已然是一种现代手法的介入。进而，李格尔认为，若某一历史建筑面临其装饰性视觉元素消逝的风险，那么通过复制这些特色元素以维持其原貌，是完全合理且必要的举措。基于这一逻辑，李格尔主张，采用"忠实修复"或者说"风格修复"的方式，是可以保护濒危建筑的真实特征和遗产价值的。不过，值得注意的是，李格尔并

---

[1] Andreaas Lehne, "Georg Dehio, Alois Riegl, Max Dvorák—A Threshold in Theory Development", in *Conservation and Preservation: Interactions between Theory and Practice: In Memoriam Alois Riegl (1858–1905): Proceedings of the International Conference of the ICOMOS International Scientific Committee for the Theory and the Philosophy of Conservation*; Polistampa: Vienna, Austria, 2008; pp. 69–80.

不是在推崇风格修复,他更为核心的关注点在于建筑本身所承载的历史价值,强调在修复过程中应尊重并保留这些历史的痕迹与意义。

李格尔进一步认识到修复壁画的三种可能方式:"激进",指的是以保持旧画老化衰朽的感觉为目的的最低限度的干预;"艺术—历史",意味着优先保护和保护原画作为过去的证据;"保守",指的是原画的完成和重建,使之就像过去一样。因此,李格尔优先考虑保护和保存建筑,他认为修复是必要的,以保护历史建筑,但需要是干预水平最低的。因此,李格尔通过对遗产建筑进行不同层次的干预的主张,间接地解决了活化利用问题。

李格尔认为,全人类都有责任保存和保护遗产建筑。这一信念也反映在联合国教科文组织的公约中,成为"人类共同文化遗产"的概念。李格尔关于遗产古迹及其保护的著作仍然适用于当前情况,并可用于进一步的研究和讨论。

李格尔在 20 世纪对遗产建筑的修复和保护中发挥了重要作用,它为遗产建筑引入了不同价值。李格尔主张基于不同价值间的优先次序区分恢复和保护的实践。他的理论和价值定义适用于当代遗产建筑活化利用实践和国际保护指南发展。

2. 切萨雷·布兰迪的三重价值理论

切萨雷·布兰迪是意大利自然保护理论和实践的启发者。他的保护理论与实践紧密相连,为保护和恢复方法提出了合理的规则。在 20 世纪 30 年代早期,切萨雷·布兰迪讨论了艺术和建筑的修复。布兰迪声称,修复一件"艺术作品"需要确定其特定的美学、历史和"主张"。他进一步强调美学,以重建作品的潜在完整性。根据贾法尔·鲁希(Jafar Rauhi)的说法,布兰迪引入一种批判性的修复理论,并发展了他关于谨慎修复和保护遗产结构的理论。[①] 布兰迪考虑了从"简单尊重"到"激进操作"的不同恢复形式,并认为修复理念的冲突是这种模糊性的结果。正如马特罗(Frank Matero)所说,布兰迪认为修复是一种批判性的解释行为,并强调"重建艺术作品的潜在统一性,只要这是可能的,而不产生艺术或历史假象,也不抹去时间的流逝"。[②] 因此,从布兰迪的角度来看,修复是一

---

① Jafar Rouhi, "Development of the Theories of Cultural Heritage Conservation in Europe: A Survey of 19th and 20th Century Theories", in Proceedings of the 4th International Congress on Civil Engineering, Architecture& Urban Development, Tehran, Iran, 27–29 December 2016.

② Frank Matero, "Loss, Compensation, and Authenticity: The Contribution of Cesare Brandi to Architectural Conservation in America"; *Future Anterior*, Volume IV, Summer 2007.

项将遗产建筑恢复到其原始状态的工作，而不引入人造物品，甚至不消除腐烂迹象。布兰迪将修复—保护定义为一种方法论，这种方法论从确定一件艺术品及其在美学和历史背景下的物理条件开始，同时铭记它对未来的传承。

尤基莱托认为，布兰迪认为遗产建筑中的建筑材料是人类工作的结果，因此使用相同类型的材料修复建筑可以提供"化学上相同的材料"，但它呈现出"不同的意义"。在这种情况下，修复并不具有与原作相同的意义，从历史和美学角度来看都是错误的。然而，与尤基莱托相反，若昂·马努埃尔·米莫索（João Manuel Mimoso）指出，布兰迪认为，由于遗产建筑美学价值的重要性，可以牺牲材料。[①] 乌苏拉·舍德勒－绍布（Ursula Schädler-Saub）认为，布兰迪认为材料是艺术作品的艺术信息的一部分，保护显示艺术家创作艺术作品的方法的材料是一项重要的责任。[②]

布兰迪认为建筑是一种"艺术作品"，可以根据作品的美学方法进行修复。布兰迪进一步指出，修复必须限于原建筑，并且必须权衡其美学和历史特征的需要与建筑的可想象的和谐。因此，布兰迪将历史和美学价值作为文物建筑修复的重要特征。然而，正如马特罗所言，布兰迪还认为功能性表现是修复的驱动力，它取决于作品是"工业"还是"艺术"。[③] 因此，布兰迪的修复理论侧重于遗产建筑的美学、历史和功能价值。

在1963年，布兰迪进一步表达了关于文物建筑修复的三个原则：

（1）任何补全应遵循近距离"可识别性"的原则，同时也不应干扰所恢复建筑遗产的统一性。

（2）构成图像的材料中，用以形成外观而不是结构的那部分材料是不可替换的。

（3）任何修复都不得妨碍未来可能进行的必需干预措施，而应为将来必要的干预提供便利。

[①] João Manuel Mimoso, *Cesare Brandi's Theory of Restoration and Azulejos*; Laboratório Nacional de Engenharia Civil(LNEC): Lisboa, Portugal, 2009.

[②] Ursula Schädler-Saub, "Teoria e Metodologia del Restauro: Italian Contributions to Conservation in Theory and Practice", in *Conservation and Preservation: Interactions between Theory and Practice: In Memoriam Alois Riegl (1858–1905): Proceedings of the International Conference of the ICOMOS International Scientific Committee for the Theory and the Philosophy of Conservation*; Polistampa: Vienna, Austria, 2008; pp. 81–96.

[③] Frank Matero, "Loss, Compensation, and Authenticity: The Contribution of Cesare Brandi to Architectural Conservation in America", *Future Anterior*, Volume IV, Summer 2007.

布兰迪关注一种经过深思熟虑，使得进一步的修复工作成为可能的修复方法。他认为任何修复工作都必须尊重原始建筑，因此必须是可被识别的。布兰迪进一步认为，一些材料是不可替代的，因为它们在展示建筑的主要特征方面发挥了作用。因此，布兰迪的恢复理论也暗示了保护。布兰迪将保护工作的核心宗旨定义为守护每一件艺术品的完整性与原貌。布兰迪强调了保护遗产建筑的四个重要原则：

（1）保护者不能模仿建筑师的风格或主观地解释作品，相反，保护者必须尊重作品的创作时代，从而根据历史建筑的时代来保护它。

（2）防止以消除文物建筑上的衰朽痕迹的形式进行的干预很重要，这些痕迹蕴藏了建筑的真实年龄。

（3）任何对历史建筑的保护工作都必须是可逆的。

（4）管理员必须根据工程的具体需求和条件规划保护。因此，管理员必须了解历史建筑。

布兰迪根据三个类别定义了整个保护工作：物理形式和结构、历史和环境，即使在改变后也必须是可被识别的。因此，"损失和补偿"是布兰迪的一个重要关注点，这被认为是艺术和建筑保护中的重要问题。他的理论在制定保护政策和联合国教科文组织的使命方面得到了国际认可。[①]

布兰迪致力于现代修复保护运动，主要关注文物建筑修复和保护中的美学和历史价值。他的理论和方法在国内和国际的国际保护政策发展中发挥了重要作用。

3.《威尼斯宪章》的活化利用理论

伴随着第二次世界大战带来的毁坏，人们对遗产建筑的价值有了更多的认识。1964年，在第二届历史古迹建筑师及技师国际会议之后，《威尼斯宪章》这一关于文化遗产修复的国际宪章应运而生，国际古迹遗址理事会也宣告成立。《威尼斯宪章》是一份战后文件，在遗产保护史上发挥了重要作用。《威尼斯宪章》对遗产保护理论进行了回顾，其中活化利用作为保护实践的一种形式被引入："为社会公用之目的使用古迹永远有利于古迹的保护。"

《威尼斯宪章》认为社区是保护遗产建筑的力量，因此优先考虑建筑的社会用途。可以看出，对于遗产建筑的保护和改造，社会因素已经被许

---

① Liliane Wong, *Adaptive Reuse: Extending the Lives of Buildings*. Birkhäuser: Basel, Switzerland, 2016.

多理论家所考虑。

《威尼斯宪章》是基于对 1931 年《雅典宪章》的修订，重点讨论了遗产建筑的保护和修复。《威尼斯宪章》区分了保护和修复，指出保护的目的是维护，而修复的主要目的是解决纪念碑的历史和美学价值。《威尼斯宪章》在国际保护政策的发展中发挥了重要作用，如对澳大利亚《巴拉宪章》的影响。

《威尼斯宪章》作为一份国际文件，是在第二次世界大战后发展起来的，涵盖了现代保护运动。该宪章直接引入活化利用作为保护遗产建筑的一种方式。

三、文化遗产活化利用理论评述

（一）西方的文化遗产活化利用理论具有重要的理论指导价值

对 19 世纪和 20 世纪关键理论的分析表明了活化利用概念在历史进程中的演变。这些理论涵盖了遗产建筑的广泛活动。这些理论在各国家地区和国际保护政策与立法的发展中发挥了重要作用。表 3-2 显示了关键理论随时间的演变。

表 3-1 表明，理论家们直接或间接地通过解决遗产建筑中不同层次的干预和改造问题来考虑活化利用；然而，自 20 世纪 70 年代以来，活化利用的理念已被广泛认知并自觉地融入实践之中，得到了切实有效的应用与解决。一般来说，理论家们强调的是周到细致的维护和保护，而不是修复。然而，学者斯科特（Fred Scott）认为，遗产建筑的持续维护在某种程度上就是修复。在当代，由于用户需求的变化和技术的进步，不可能只关注维护。这些当代的变化使得传统建筑需要进行一定程度的改造，尤其是那些仍在使用的建筑。[1]

这些主要理论的演变表明，虽然 19 世纪理论的主要关注点是遗产建筑的修复或保护，但 20 世纪的理论引入了价值，并基于遗产建筑的价值定义了修复和保护。这些逐渐演变的价值观在当代与遗产建筑相关的国际政策和立法的发展中发挥了重要作用。然而，当代活化利用的实践几乎是基于新的标准而不是价值观。这一新标准是技术进步和用户需求变化的结果。因此，虽然这些理论在活化利用的实践中很重要，但它们通常仍然是理论指导，在实践中很少被考虑。

通过对 19 世纪以来理论的分析表明，理论家们对遗产建筑的修复和

---

[1] Fred Scott, *On Altering Architecture*; Routledge: London, UK, 2007, p240.

保护进行了有争议的辩论。部分理论家推崇遗产建筑的"忠实修复""风格修复"。风格修复是指在对建筑进行的任何工作中考虑遗产建筑的原始风格。也有学者使用术语"历史主义重建",或可视为风格修复的同义词。[①] 他们认为历史决定论的重建旨在防止不可避免的损耗和衰退过程。

表 3-1 关键理论随时间的演变

理论家或文件	时间框架	理论的要点及重要性
维奥莱-勒-迪克	19世纪,法国大革命之后	风格恢复运动的先驱
		寻找遗产建筑的适当用途,以避免未来的进一步变化
		在完整的情况下修复遗产建筑
		相对于原始风格,在遗产建筑中加入新的物理元素
		拥有与原主人相同的资源
罗斯金	19世纪,英国维多利亚时代	从风格恢复的角度批评维奥莱-勒-迪克方法
		保护(反修复)运动领导人
		关注遗产建筑的日常护理
莫里斯	19世纪,英国维多利亚时代	罗斯金遗产建筑保护方法的追随者
		风格修复批评家
		保存特定历史时期艺术家的独特作品
		主要侧重于维修和保养
		使遗产建筑实用化的最低变更级别
		即使功能改变,也要保留遗产建筑的重要独特特征
		保护古建筑协会(SPAB)的创始人,该协会是世界上最古老的历史遗迹保护组织
博伊托	19世纪和20世纪初,维奥莱-勒-迪克和罗斯金运动的调和——现代保护政策的启示	通过解决维奥莱-勒-迪克和罗斯金关于遗产建筑的方法,开创了修复—保护运动
		介绍了三个年代阶层,并指出恢复的主要目的是尊重所有这些阶层
		提出了区分新旧的不同方法,作为文物建筑修复的一个重要因素
		不同层次的干预,以保持遗产建筑的所有真实层完好无损
		文物建筑的修复因情况而异,必须尊重建筑的真实特征和遗产价值
		周到的维护可以避免修复

[①] Graeme Brooker, "Infected Interiors:Remodelling Conteminated Buildings", *IDEA JOURNAL*, Vol. 7, 2009.

续表

理论家或文件	时间框架	理论的重要性
李格尔	19世纪至20世纪初	区分恢复和保护的做法，基于各种价值的优先次序
		通过确定一个时期的价值来保护遗产建筑，因为每个遗产建筑都属于某个时期
		如果遗产建筑有可能失去其装饰的视觉元素，那么复制是合理的
		无损保存是不可能的
		介绍三类干预措施
1931年《雅典宪章》	20世纪，第一届历史遗迹建筑师和技术人员国际大会	第一份关于修复传统和现代建筑保护运动的国际文件
		重视各个时期的风格本质，批判风格还原
		支持定期以及永久维和养护
		遗产建筑及其真实特征和遗产价值的保护
		当建筑经历衰败或毁坏时，对遗产建筑的修复
		遗产建筑的毁坏结构必须用可识别的材料来代替
		将修复视为保留遗产建筑可用性的一种方式；然而，它应该是可识别的
布兰迪	20世纪	开创了现代修复保护运动
		在不引入人造物品或消除衰朽痕迹的情况下，将遗产建筑恢复到其原始状态
		遗产建筑的历史、功能和美学价值的保护
		经过深思熟虑的修复必须尊重原始建筑，并且是可被识别的
		通过保护尊重遗产建筑的原始时代，不模仿原始风格，不消除衰朽痕迹，不隐藏遗产建筑的真实年代
		在恢复和保护实践以及国际保护政策发展中的重要作用
《威尼斯宪章》	20世纪，二战后	该国际文件涵盖了保护运动，并直接引入适应性再利用作为保护遗产建筑的一种方式
		文物建筑的保护被认为是使建筑实用的一种策略
		对遗产建筑的建筑完整性和历史真实性的思考

安杰伊·托马舍夫斯基（Andrzej Tomaszewski）指出，风格恢复在19世纪被接受，这一理论导致了遗产建筑在恢复其风格特征方面的破坏，因

此，开发了新的保护理论来保护遗产建筑。[①]提倡风格修复的人认为遗产建筑必须恢复到建筑建造时的原始状态，所有衰朽的痕迹都需要清除。他们相信遗产建筑的历史价值，而不是年代价值。因此，他们聚焦于某一特定历史时期，致力于恢复该时代所独有的真实特征与遗产价值。此外，风格修复的支持者坚信，修复工作不仅必要，而且应在某种程度上与原始建筑保持高度的和谐一致，采用精确匹配的材料，以确保修复部分与整体建筑浑然天成。一些理论家拒绝遗产建筑的风格修复，指出必须保留所有岁月痕迹，以显示遗产建筑的真实历史年龄，从而考虑遗产建筑的年代价值。这种信念包括消除衰朽的痕迹会产生一种遗产建筑年份上的虚假感觉。因此，这些理论主要集中在保存衰败的和所有过去在遗产建筑上进行的操作留下的痕迹，以显示建筑的真实年龄。这些理论家认为，使用不同的材料显示了新旧之间的区别，这对于传达一个地方的真实感很重要。此外，随着时间的推移，所有过去在遗产建筑上进行的操作都会成为建筑历史的一部分，从而增加建筑价值。虽然风格修复被认为是19世纪的主要焦点，并因此受到许多理论家和宪章的批评，如《雅典宪章》和澳大利亚国际博物馆理事会，但风格修复的实践在全球的保护者和建筑师中仍然是流行的。例如，澳大利亚南布里斯班市政厅在其生命周期中经历了七种不同的功能。该建筑的当代改造是通过将所有组件恢复到原始状态来进行风格修复的。该建筑的修复也进一步证明理论和实践之间存在差距。尽管各国和国际上正在制定大量的保护准则和立法，但在当代活化利用实践中却很少考虑这些准则和立法。

（二）西方的文化遗产活化利用理论也具有当代适用性

鲍威尔指出，建筑改造起源于19世纪，然而却忽视了保存。[②]尽管自20世纪70年代以来，作为理论和实践的活化利用才正式形成，但改变建筑的功能和用途的做法并不新鲜，因为在过去，结构良好的建筑被改变以适应新的功能或改变的要求，很少受到关注或质疑。例如，在法国大革命期间，被没收和出售的宗教建筑被改造为军事或工业用途。然而，在大多数情况下，这种干预措施是在需求基础上进行的，很少考虑保护遗产。鲍威尔认为功能和财务因素是促进活化利用的驱动力，并指出，就保护遗产

[①] Andrzej Tomaszewski, "Values and critera in heritage conservation", in Proceedings of the International Conference of ICOMOS, ICCROM, Fondazione Romualdo Del Bianco, Florence, Italy, 2–5 March 2007, p440.

[②] Kenneth Powell, Architecture Reborn: *The Conversion and Reconstruction of Old Buildings*; Calmann & King Ltd.:London, UK, 1999, p256.

建筑而言，立法仅在 19 世纪才出现。[1] 坎塔库齐诺（Sherban Cantacuzino）是描述适应性重用实践的第一批学者之一。他强调旧建筑的结构耐久性是其长期适应的主要驱动力，并认为随着时间的推移，现有建筑在城市环境中的适应和保护会增强整个社会的归属感：

> 因为结构往往比功能更长久，所以历史上的建筑已经适应了各种新用途。除了当自然力量或战争造成大规模破坏时，城市结构的变化是缓慢的，这使一代又一代人能够从其物质环境中获得连续性和稳定性。[2]

1995 年，布兰迪深入阐述了活化利用的概念，为当代实践奠定了坚实的基础。他强调，技术、风尚与资金是推动适应性再利用的三大核心要素。尽管布兰迪的主要关注点是所有既有建筑，但这些因素在当今制定与遗产建筑活化利用相关的策略时，显得尤为关键。布兰迪所采用的活化利用方法，深刻揭示了遗产建筑活化目的之变迁：从最初的价值保护，历经经济效益的考量，直至现今聚焦于技术进步的推动。在当代活化利用实践中，活化的重点是在不损害遗产价值前提下对遗产建筑进行技术升级。然而，当务之急是保护遗产价值。

罗德里戈·佩雷斯·德阿尔塞（Rodrigo Perez de Arce）认为，遗产建筑的使用与再利用在推动城市发展中扮演着举足轻重的角色，它通过一系列积极因素显著提升了城镇的整体品质。这些因素包括但不限于延长建筑的使用寿命、通过材料的循环利用来削减成本、创造兼具空间与历史深度的场所，以及维系并传承独特的日常生活风貌。然而，在德阿尔塞的论述中似乎忽略了社会需求与期待的多样性，以及对建筑历史与建筑价值保护在活化利用过程中的核心地位，这两点对于传统建筑的可持续发展而言，实为不可或缺。[3] 众多学者在探讨活化利用时，给出了详尽的定义，他们认为这是一个动态变化的过程，起始于对建筑遗产价值的珍视与维护，进而可能涉及建筑功能的部分或全面转型，以适应新的使用需求。因此，活化利用的概念广泛而深远，它不仅涵盖了遗产建筑的保护、修复与保存，

---

[1] Kenneth Powell, Architecture Reborn: *The Conversion and Reconstruction of Old Buildings*; Calmann & King Ltd.:London, UK, 1999, p256.

[2] Sherban Cantacuzino, *Re-Architecture: Old Buildings/New Uses*; Abbeville Press: New York, NY, USA, 1989.

[3] Rodrigo Perez de Arce, *Urban Transformations and the Architecture of Additions*; Routledge: London, UK, 2014, p116.

还触及了日常维护的方方面面，全面而系统地体现了本文所探讨的核心理念。

在当代社会，活化利用主要呈现为两大形态：使用内适应和跨使用适应。前者指的是建筑物在其主要功能框架内经历的自然适应过程；而后者则涵盖了建筑功能转变所引发的更为广泛与深刻的适应性变革。将这一当代视角与19世纪及20世纪的理论相对照，不难发现，那时的理论家们更多聚焦于使用中的适应性，即在保持遗产建筑原有主要功能的同时，巧妙地融入适度的干预与调整。跨使用适应性的概念，在《威尼斯宪章》这一权威文献中得到了正式的确立与阐述，它明确指向了遗产建筑功能转换的现象。这一转变不仅拓宽了遗产建筑活化利用的范畴，也促使人们更加深入地思考如何在尊重历史遗产价值的同时，赋予其新的生命力与时代意义。

（三）文化遗产活化利用的理论研究任重道远

通过深入讨论与批判性分析19世纪及20世纪西方著名保护理论的演进轨迹，以及它们与当代活化利用实践之间的紧密联系与应用实践，我们可以发现，这些不同时代的理论均通过在建筑遗产保护的实际操作中引入不同级别的干预，并引入不同活化利用方法。在当代语境下，活化利用作为一种策略性概念被明确提出，它不仅全面覆盖了遗产建筑上所进行的各类活动，如修复、保护乃至日常维护，还进一步印证了这些活动的合理性与价值。

显然，遗产建筑的活化利用领域，受各地哲学观念、国家意志、文化脉络及遗产政策等因素的影响，不同专家基于各自的理论框架，对这一议题持有多元而各异的见解。鉴于场所精神与时代印记共同构成了遗产建筑不可或缺的真实特征与价值内涵，关于何种理论或哪些理论组合在当代最为可靠且适用，学界仍存广泛争议。一方面，有观点认为应坚持使用相同材料进行风格修复，力求复原建筑的历史风貌；另一方面，则主张保留所有自然侵蚀的痕迹与历史上的改造印记，采用多样化材料对建筑进行修复，以此展现建筑随时间的流逝而叠加的多重历史层次。鲍威尔曾精辟指出，承载着多层历史的建筑是过去赠予我们的礼物。[1] 普莱沃茨进一步强化了这一观点，他认为，建筑内部不同历史层次间的紧密联系，能够极大

---

[1] Kenneth Powell, Architecture Reborn: *The Conversion and Reconstruction of Old Buildings*; Calmann & King Ltd.:London, UK, 1999, p256.

地丰富并深化其记忆价值，进而强化一个地方所独有的精神气质。[1] 然而，正如尤基莱托所述，在追求遗产建筑可持续使用与功能活化的过程中，也有人倾向于牺牲部分古色古香的特质，转而采用风格修复的手法，以实现更广泛的社会经济效益。[2] 这些争论与实践，共同勾勒出了遗产建筑活化利用领域复杂而多彩的图景。

尽管众多理论在一定程度上触及了活化利用的议题，但遗憾的是，它们中的大部分并未密切联系实践中的活化利用进行深入探讨。本章本节的探讨，旨在增进我们对那些潜藏于建筑遗产保护、修复及改造背后的基础理论之深刻理解的广度与深度。厘析这些理论将为学者、专家和学生群体进行遗产建筑活化利用的研究和实践铺平道路。

第二节 文化遗产活化的理论基础

文化遗产活化是在为保护文化遗产和增强遗产可持续发展背景下提出的新概念、新思想，其以文化旅游、遗产旅游、遗产活化等概念为基础，利用文化遗产具有的生态、文化、科研、审美、经济价值，平衡开发与保护间的矛盾，达到遗产资源可持续利用的目的。因此，文化遗产活化主要包含的理论依据有文化经济学理论、遗产旅游原真性理论、可持续发展理论、遗产活化理论、文化遗产层累理论。

一、文化经济学理论（时空观）

文化经济是一种以文化为核心理念，通过创意、创造和创业等方式，将文化资源转化为经济效益的社会文化现象和文明行为系统。文化经济通过交易方式和方法进行文化生产，刺激文化消费，增进文化交流，重塑社会财富的创造、分配与结构，促进人类自由发展和社会文明迈向更高层面。文化经济学被视为文化与经济学相结合的学科，它结合了文化和经济学的分析方法，兼具基础研究和应用研究双重特征。文化经济学以文化和经济学中的基本运动规律为研究对象，从时间和空间、市场经济、国内外文化经济等具体方面进行研究，目前主要形成了文化经济学的"时空论"、文化产业制度经济学、文化市场经济理论等，其中"时空论"具有基础性

---

[1] Bie Plevoets, *Retail-Reuse: An Interior View on Adaptive Reuse of Buildings*, Ph.D. Thesis, Hasselt University, Hasselt, Belgium, 2014.

[2] Jukka Jokilehto, *History of Architectural Conservation*, London: Routledge, 2002, p.370.

作用，对其他的文化经济学理论产生重大影响。

胡惠林教授认为一切文化经济的存在是时间与空间的存在。文化经济因时间而有时代性和历史的传承性，因空间而有多样性和文化的比较借鉴性，这是基于哲学的高度和时空的视角下对文化经济基本规律的一种认定。[①]

时间和空间的急剧变动，对文化经济产生重大的影响。文化既是时间的产物，也存在于特定空间中，它以时间作为生产、记忆和标注的载体，如旧石器文化、新石器文化、青铜文化等命名是以生产工具的进步来划分时代，进入封建社会后又以朝代的更迭来表示文化的发展和转变，其中也包括了以时代来衡量一段时期经济发展的状况；它以空间区域作为生产、发展和积淀的承载，如黄河文化、红山文化、古埃及文化、良渚文化等，通过人类生活的相似性和独特性来显示文化的空间性，用社会发展的丰富性和多样性来表现文化经济发展的异同。

（一）时空文化经济的形成和演变

时空文化经济的形成与发展主要有三种形态：自然生成、社会生成和国家生成。

第一，"自然生成"。自然生成是指自然界中各种因素相互作用，产生新的事物和现象，是人类社会进步和历史发展的主要因素。很多空间文化产品产业形态的出现、发展、消亡和产业结构转型、升级都受到时间影响。例如，今天我们见到的许多文化产业园，文化产业集群和聚集区等，背后都包含着许多历史上的偶然性。当然，时代的必要性也是其"助推剂"，这些聚集区的初始出现和人的创造性冲动有很大关系，人类的生物本能和创造力驱使着文化经济的发展，满足了人们对于文化的需求。

第二，"社会生成"。在自然生成的基础上，人类社会逐渐形成了社会生成，它是指人类社会中各种社会因素相互作用产生新社会现象和关系，通过社会经济发展和社会形态的改变、社会生产方式和组织架构的转型来不断促进其发展。主要表现为当文化经济产业集群从初始的产生，经过一段时间和资金的积累，逐渐代表某种利益并形成一定发展趋势，价值和财富的欲望的趋同性致使人们不断加大投入，开拓市场，扩大产业规模，最终借助市场作用调节与配置资源，生成文化产品，形成"文化资本"，从而形成文化经济的时空性。

---

① 参见胡惠林《文化经济学》，清华大学出版社2006年版，第292页。

第三,"国家生成"。它是指国家通过颁发政策支持和保护文化经济产业迅速发展。如中国颁布文化产业扶持政策、文化产业税收优惠政策、文化产业知识产权保护政策以及英国为工业文明遗址建设而颁布的"创意产业"政策。政府通过颁布政策引导文化产业集聚发展,反映了国家对文化产业的重视和扶持,同时也体现了国家对文化产业的管理和控制。在这个过程中,政府的作用是至关重要的,是决定正式制度的主体。

（二）时空中的经济文化关系

文化因时间而具有价值,因空间而具有多样性。多样性代表着稀缺,每个不同的地域产生不同甚至相反的文化,在社会中这种不同就会形成"独一个",稀缺也就体现出来,在经济学理论中,稀缺能决定物品价值的高低。因此,文化也就因"价值"而把时间和空间交汇、融合。比如,现代人比较喜欢"原生态"的东西,就旅游角度而言,人们希望在吃、住、行、娱等方面都能体验到"原生态",通过体验"原生态"文化了解传统文化遗产,传承和弘扬民族的传统文化。帮助人们更好地了解自己的根源和身份认同。消费者选择接触"原生态"的文化,意味着他们希望通过体验"原生态"文化来寻求内心的平静和放松,同时避免现代带来的同质化。这一过程与生物进化论有相似的进程,"原生态"文化也在不断发展和进化,但并未偏离其原有轨道,这体现了文化进化的生物特性,同时适应时空变化。适者生存的原则也适用于文化经济发展。

（三）时空中的经济文化价值

文化的价值具有多样性。每个人对于价值的定义不同,他人认为有价值的物品可能对于其他人就不具有任何价值。与工具形态的产品不同,文化产品不会因为时间的增加致使价值不断递减（艺术品只会随着时间的增加而不断增值）,其与时间成反比例关系。文化经济具有价值差异,在不同的时代中呈现出不同的形式,并在现实生活中反映出不同的主体态度。例如,一件做工粗糙的上古陶器和一件现代制作精美、工艺精湛的陶瓷制品,两者的价值是无法相提并论的。人们之所以愿意对上古陶器进行消费,不仅仅是获得精神和物质的享受,最大区别是能够消费历史,消费时间。

人类认可时间价值,但不可能把时间中创造的每个文化产品都保留下来,因此,创造博物馆、文化园这样的"时间胶囊"来保留文化产品,时间既在这里流逝,也在这里凝固,人们可以尽情地在这里感悟历史、感悟时间,理解、把握、认识凝固的历史片刻。这些时间储存器不仅具有经济效应,更重要的是,这种方式能够使人类深刻认识和了解古代文明,改变人们对现实生活中的文明和历史的刻板印象，进而影响不同文化间的交流方式和交往理念。

二、遗产旅游原真性理论

对遗产旅游，国内外有着不同定义，国外较早具有代表性的定义是英国亚兰·菲雅尔（Alan Fyall）、布莱恩·加罗德（Brian Garrod）等学者所提的，遗产旅游被视为一种利用社会文化资源来吸引游客的经济行为。国内最早的定义是由王大悟首次提出的，他认为，"遗产旅游既包括人文资源也包括自然资源，而生态旅游也属于遗产旅游的范畴，强调自然资源"。随着旅游事业的迅速发展，国家对旅游生态文明建设不断加强，遗产旅游的话题日益引起广泛关注和热烈讨论，同时遗产旅游理论也在不断发展和完善。遗产旅游理论经历了四个发展阶段：第一阶段，主要研究具体的遗产地，从文化认同与表达、游客体验和行为对遗产旅游作定性分析；第二阶段，主要是过渡，在理论研究中有具体的遗产定性分析，但也开始对遗产保护性数据的收集以及建模来增加定量分析，完善客观理论；第三阶段，发展阶段，理论研究开始强调计量模型的运用，提出了整体环境理论；第四阶段，理论完善阶段，从可持续发展、资源管理与保护出发，主要采用定量和定性相结合的研究方法，深入实证遗产旅游的多维度影响和特征，遗产旅游理论日益完善。

"原真性"（authenticity）是文化遗产重要的价值所在。遗产旅游原真性理论从19世纪的"风格性修复"到逐渐成为"价值重现理论"，从开始注重保护逐步向可持续发展不断转变，其理论核心也从物质完整性向体现物质的社会文化价值和社会功能的开发转变。

（一）客观主义原真性

客观主义原真性又称客观性真实性或客观主义真实性等，它从专人角度观察来作出概念判定，是指从社会学家、旅游学家（不包括旅游者）等专家对遗产旅游地通过观察、体验、感知后，基于客体的客观事实，以此来形成自己的认识和态度，即将主体感知和客体实质等同起来。这是研究初期最初始的认定。然而在现实中，不存在绝对的客观主义，这是一种极端的认识。因为专家的认识也会受到环境、心情、个性以及所受教育的影响，这些因素的存在都会对客观性的定义产生局限性，因此这种方式的定义是难以在现实中发挥应有作用的。但客观主义原真性其本身是十分重要的，不仅对将来原真性理论发展起到基础性的作用，而且到现在还存留着部分实际影响，如静态式、博物馆式的保护模式。

（二）建构主义原真性

建构主义原真性，这一概念是在表现旅游资源中心化的理论基础上形成的，它是在客观主义原真性理论研究基础上作出的量化改变，改变了理论中的极端主义条件，使理论能够服务于实际。两者最大的区别在于对旅游主体的研究从专人角度观察转向了自我认知，并建立认知中影响因素的衡量体系，承认了原真性感知中的差异性。建构主义原真性以埃里克·科恩（Eric Cohen）提出的"自然生成的原真性"为代表，科恩在研究中不仅讨论了客体与客体之间感知的差异性对原真性的影响，还根据主体对客体的喜好程度为其设计出"符号化""程度化"的原真性；另一方面，建构主义原真性这个概念还揭示了旅游主体和旅游客体之间通过各种媒介互为建构的事实，加之"自然生成"包含了"逐渐演变"的时间维度，因而它奠定了多维度、整体性研究"原真性"的基准平台。[1]总之，无论是建构主义原真性的不同形式，还是从不同的方面对其进行陈述，归纳起来有两个方面：客体存在状态和主体感知角度。

从客体存在状态考虑，原真性主要包括了"舞台化原真性""符号化原真性""定制化原真性"及"虚拟的原真性"等。前两者是对于原真性呈现的方式和内容的描述，具有较大的相似性。后面的定制化原真性是基于实际操作层面对于客体原真性的界定；虚拟的原真性则是对于原真性塑造过程应用性的真实描述。

从主体感知的角度来看，主要包含了"存在主义原真性""体验主义原真性"及"后现代主义原真性"等。存在主义原真性是一种极端状态，是理想化的方式；"体验主义原真性"则是在客观的条件下的某种状态，可以对感知实现深度和广度上的衡量；"后现代主义原真性"是指在一定范式的条件下，依据这种范式对原真性进行构建，是另一种极端的表现。总而言之，"建构主义"对于原真性而言具有更好的现实意义，极端的"客观主义"是难以实现的，只有利用建构主义的主体、客体、介体、时间四个维度，承认旅游者差别和主客体之间的互动建构，才有运用于实践的可能。

三、可持续发展理论

遗产旅游活化涉及遗产旅游、遗产活化等问题，其中，活化问题主要

---

[1] Erik Cohen, "Authenticity and Commoditization in Tourism", *Annals of Tourism Research*, Vol.15, No.3, 1988.

是指发展和传承，这也就不可避免地要对遗产可持续发展进行研究。

可持续发展理论是从生态环境领域发展而来，最初对可持续发展的定义只是要保护环境，强调维护生态平衡，保障生态系统。而随着可持续发展理论的不断运用与研究深度、广度的不断加强，之后人们又在社会、经济、科技、旅游等方面加入了可持续发展的思想，也从各方面不断完善可持续发展理论。可持续发展的普遍认可定义是指通过合理利用资源，保护环境，促进经济增长和社会进步，以满足当前和未来世代的需求，要求在满足当前人类需求的同时，不损害后代满足其需求的能力。既强调社会、经济和环境要平衡发展，又兼顾人与自然的协调。

可持续发展追求的是长久经济利益与环境稳定的平衡，在考虑经济高质量平稳发展的同时兼顾人与自然的协调，还要把握好后代子孙的资源损耗，保证好代际之间的平稳发展。同时，可持续发展也注重追求社会效益，可持续发展的理论要求生态稳定和社会公平相一致。可以说，可持续发展包括了生态、经济、社会这三大属性。

可持续发展不是一成不变的过程。在发展过程中，有着不同阶段，其各个阶段的可持续发展程度和强度都是不同的，可以分为四个阶段："非常弱""弱""强""非常强"。就文化遗产可持续发展而言，我国尚处于"弱"状态，文化遗产刚刚度过以牺牲换取发展的阶段，又面临着拉动当地经济增长和遗产保护的双重压力，现在的遗产可持续发展正是难度较大的时期。因此，需要加强文化遗产的保护，保证遗产能够可持续发展这项前提；要注重文化遗产的环境承载力控制和保护性开发的力度把控，尤其是在以文化遗产为主的旅游地，特别地加强文化遗产管理者和旅游者的环境保护意识和文化遗产"唯一性"的开发意识。

以文化遗产利用构建的产业链被认为是低耗能产业链，但随着经济的发展，人们对于精神文明和历史渊源的向往日趋增强，文化遗产地逐渐成为最流行的"旅游打卡地"之一。文化遗产开发带来的遗产危机和遗产破坏已经到了不得不加以控制的严峻地步。

把可持续发展理念贯穿于文化遗产规划与开发经营，这对于我国文化遗产的保护和发展来说具有非常重大的意义。文化遗产的可持续发展在满足人们日益增长的精神文明需求的同时，必须强调遗产资源的保护和利用，不能用文化遗产资源的损毁去换取短期的经济效益。在遗产发展中保证区域间的协调发展、为代际间尽量保留遗产载体并且不断创造非物质文化财富，合理开发利用文化遗产资源，走遗产可持续发展的道路才是最为可取的。

根据可持续性发展在生态环境和经济持久方面的基本原则，文化遗产发展与生态系统的演化进程、社会环境平衡机制是较为相似的，而它们之间最大的区别为文化遗产的不可修复性和生态机制的可再生性，这也表明发展文化遗产可持续性是十分重要的。生物、社会系统前期的破坏能够通过后期进行一定的弥补和修复，但文化遗产的破坏具有不可逆性。社会文化的可持续性发展原则要求把文化遗产的可持续发展与人们的文化和价值观相协调，让大众有意识地去保护遗产资源。经济的可持续发展要求文化遗产开发在获得经济效益的同时注重遗产资源能得到有效管理和利用，为后世的发展带来更大的经济效益。

文化遗产可持续发展的前提条件是保持文化遗产的地方性和原真性。文化遗产赖以存在的最大吸引力就是遗产的地方特性所带来的独特感以及当地建筑、服饰、语言等带来的文化差异性，而文化遗产的地方性容易受到遗产商业活动的负面影响，如遗产旅游、遗产商业展示等。维护文化遗产的原真性与商业化旅游开发之间存在一定的矛盾，它需要政府和当地的利益相关者的共同参与才能妥善解决。文化遗产可持续发展的主要目标是保护遗产，传承文化，而现实中最好的保护就是让文化遗产和经济的发展相同步，如果只是完全封闭式地保护，那遗产也就失去了其留存下来的意义，而这种经济效益和保护之间的平衡问题就是当前最需解决的问题。为了实现这种目标，经营者应该充分认识文化遗产产生的各种影响，运用遗产承载量的计量来确定遗产地开发"红线"，减小经营所带来的破坏，支持文化遗产产业链的生存和发展，尊重资源环境和文化的地方特色。

四、遗产活化理论

"遗产"一词最早起源于西方。2005年，在《国务院关于加强历史文化遗产保护的通知》中明确文化遗产包括物质文化遗产与非物质文化遗产。文化经济日益繁荣，"文为基、促经济"的风尚不断深入。遗产面临着即将成为各大行业发展基石的残酷现实，这对遗产的保护和传承造成了巨大威胁。在这种现实背景下，"遗产活化"理论应运而生。

遗产活化最初是从商品化角度出发，旨在让遗产资源焕发生机和活力，为遗产保护提供了新的视角，并引起广泛讨论。遗产活化在国内和国外都有着不同的思考角度，对问题的看法也各有不同。国外学者将遗产活化分为遗产复兴和遗产利用两个方面，1979年在《巴拉宪章》中第一次正式提出活化利用（adaptive reuse）概念，强调在保护的前提下，找到适合建筑遗产的开发利用方式，实现文化价值的最大传承和再现，同时最大限度地保存和再现建筑重要结构。而在国内，遗产活化源于民宿遗产保护，最先由台湾地区学者提出针对有形文化遗产的"古迹活化"概念，随后开始探讨无形文化遗产的保护。喻学才认为，遗产活化的实质是"把遗产资源转化成旅游产品，同时保护和传承"。[1]

遗产活化问题与旅游发展有着密切联系，其影响着遗产的保护继承和旅游的开拓创新。遗产活化的主要目标是探索如何将遗产与旅游发展相互融合，以及如何将遗产资源转化为旅游资源，同时确保遗产传承和发展不受影响。遗产具有多种价值，如社会价值、文化价值、经济价值等，而遗产继承必须从可持续发展角度入手，但在现实机制中，遗产发展和破坏又作为矛盾相互依存，因此，遗产活化要解决遗产保护与发展相协调的问题；其次，在遗产旅游开发过程中，开发的人员不一定懂得遗产保护问题，而遗产保护的专家对于旅游开发与规划问题也研究有限，这就产生了遗产资源转化、开发难的问题。因此，需要在两者间搭建桥梁，找到两者的共同支架点，展开交叉研究，最大限度减少开发中的失误，最大限度增大遗产旅游资源开发的经济效益。在"遗产活化"理论中，对上述问题的解决对策分为四个环节。

第一环节，注重遗产本体保护。遗产本体保护是遗产活化的基础，是遗产可持续发展最为重要的环节。虽然我国在法律上规定遗产归属国家所有，由国家文物局直接主管，并制定了《中华人民共和国文物保护法》予以保障，但具体开发与管理仍由地方政府负责。地方政府在追求经济效益时往往忽略遗产文物保护工作，好心办坏事，造成遗产本体破坏。这种利益追求实质上是对历史文化和民族遗产最大的不负责任。

第二环节，建立有效机制。要使旅游开发和遗产保护完整契合的关键在于交叉研究，找到共同支撑点，这需要有效的管理机制配合，努力促进旅游部门和文物部门的合作，寻找能够有效协作的方法，确保文物得到妥善修复，提高文化遗产的知名度。文物部门和旅游部门最大的共同点就是有着共同的目标——为了可持续发展，所以，双方无论是在行政管理，还是产业发展方面，都可以从共同目标出发，相互沟通，相互协作，消除偏颇。

第三环节，选择不同的活化途径。遗产本身的原真性是分层次的，因此，对它的保护和开发也要分措施。遗产具有两大基本属性——信息性和

---

[1] 喻学才：《建筑与文化研究之历史回顾》，《建筑与文化》2016年第9期。

经济性，在《保护世界文化和自然遗产公约》中，对于世界遗产的评价指标体系主要侧重于遗产所带的信息性表现，对于经济性的指标少之又少。这意味着了解遗产的原真性十分重要。从古至今的遗产，有保存较好的，也有残缺不全的，我国学者喻学才根据遗产保存程度把遗产原真程度分为五类。[1]然而只依据遗产的保存程度而采取"一刀切"的制度去实行开发和保护是不明智的。有些仅存在于文献记载中的文化遗产对于一个国家或者地区有着不可磨灭的影响，比如我国禹、舜文化，难道这些文化的影响不大？就因为没有遗址的保存度就能舍弃？因此，对于具有不同原真性程度的遗产实行不同的活化途径是十分有必要的。对保存完好者、保存基本完好者围绕其原真性进行保护，在此基础上实现可持续发展的目标，然而对于那些具有重要历史意义，是某个地方的精神象征的文化遗产，不能因为其物质性载体消失于历史长河就对其弃而不顾，可以修缮或重建，重新树立精神象征。所以，遗产保护也应具体问题具体分析，不能笼统地概而论之。

第四环节，研究遗产本身。遗产本身的研究是一切遗产活化措施的基石。如我国经过半个世纪的简化字教育和改革开放以来西方教育的冲击，对于现在的国人而言，能认识繁体字的年轻人逐年代减少，通过原典来研究遗产成为挑战。在遗产活化过程中，对遗产文化的理解是必需的，试想做一个历史名村的旅游规划，如果连家谱都看不明白，那不是贻笑大方，这样做出来的规划也是浅尝辄止。因此，想要做好遗产活化，不能光靠模型的构建、数据的收集，更重要的是要深入了解遗产文化，无论是遗产保护规划人士，还是旅游开发规划人士，都要研究遗产本身，这样才不会出现自说自话，难以应对的局面。

五、文化遗产层累理论

在遗产有效利用上，文化遗产层累理论占有重要地位。层累理论是指遗产从产生到现在，涵盖了每个经过的时代的精神文明，每个时代都会根据市场的需求对文化遗产进行传承和创新，换言之，每个时代都在对遗产价值进行再造，直到形成我们现代所见到和感知的文化遗产。例如，岳阳楼的文化底蕴不是刚建成就有的，它是每一时代的当代人追随古人步伐，留下众多千古名作而形成的，这种具有时代性的文化层累才是岳阳楼的真正价值所在。这也表明，文化遗产本质是每个时代精神文明和生产生活场

---

[1] 喻学才：《建筑与文化研究之历史回顾》，《建筑与文化》2016年第9期。

景的层累，也是这些才造就了文化遗产的根本价值。在文化遗产的层累理论中，这种价值不代表着守旧，反而表达了一种创新。

当前，在文化遗产研究中对"修复"问题一直存在争议，各种观点不断涌现，如初始梁思成先生的"整旧如旧"观点，再到后来"修旧如新""修新如旧"等多种提法，在这些观点中，修复是主要的核心内容，而修复的根本目的是实现遗产可持续利用。遗产本具有"可持续性"，这并不是指遗产的物质载体就有可再生的能力，而是遗产的价值可不断累加。这有两层意思：一是每个时代都会对以往时代留下的遗产进行增减，又以另外一种形态在未来出现；二是现代产生的非物质文化精神，能够给未来带来遗产。简而言之，就是每一时代都会对文化遗产价值进行再造，每一时代不仅要享有往昔遗留的文化遗产，也要有为下一时代创造遗产的义务，历史添加物需要留下清晰的题刻以供后人辨识。

对于遗产层累性而言，需要注重如何以更为有效的方式来保护和使用文化遗产。在研究更为有效方式的过程中，仅专注于与遗产整体性和原真性的争执是难以找到正确方式的。对于当代人来说，完全的"如旧"是一种隐性负担，当代人不仅不能从遗产传承中获得相应的经济利益，而且还要一直负担"修旧"和保持"如旧"，并且一个时代一个时代地往下继承，最终遗产累积会降低人们的生活水平，造成社会负担。这是有悖于遗产保护和可持续性初衷的。但在这种以整体性和原真性为核心的方式下也会带来一定好处，可以保护遗产不会因为现代经济发展而迅速消散。

根据梁启超先生的观点，我们可以认为"活化"并非要求我们简单地重复过去，而是将过去、现在和未来相互联结，使得过去的时代能够展现当代的意义，同时让当代文明与未来紧密相连，这样才能体现文化遗产传承的初衷。因此，遗产使用应基于当代需求。哪怕只是将其作为一种展品呈现在世人眼前，也是活化的一种初级表现。探索更多有效的活化利用方式，延续文化遗产的生命力。其中一个具有代表性的案例是1950年梁思成先生对北京环城立体公园的设想。在梁思成、陈占祥《关于中央人民政府行政中心区位置的建议》和《关于北京城墙存废问题的讨论》等建议案中，翔实地论述了北京城的行政地理区位以及城镇建设区位设置的不合理，阐述了北京城墙的历史价值与艺术价值，极力主张保护城墙，把老城墙改造为环城立体公园，既保留了过去的遗产资源，又对其进行现代化改造，延续了遗产资源的生命力。

另一个例子是巴黎奥赛博物馆（Orsay Museum），原来是一个没落的火车站，1986年，为了实现全面的艺术展览，人们决定将它改造成博物馆。该馆藏品丰富，汇集了世界各地的艺术品，艺术品的展出使得其功能得到了全面的"活化"。博物馆还保留着车站的大钟，这座钟的指针每时每分地还在旋转，仿佛在讲述着车站的历史和故事。虽然博物馆的物质载体经历了修缮和改变，但基础设施和建筑仍保留原有结构，这些遗存为后人提供了观察历史的窗口，同时也展现了时代的物质文化特征。而这个地方的精神文化却在不断发展演变，与人类社会的需求紧密相连。每个时代都结合人类需求，对遗产进行传承与创新。文化遗产活化要关注人的需求，人与文化遗产是相互连接的有机整体，保护遗产需要保护人，对人的保护要通过对文化遗产资源的活化来实现，这也是遗产层累的内在要求。

第四章　文化遗产活化的常见模态

一切历史都是当代史。作为古代文明的艺术瑰宝，文化遗产承载了太多的历史信息，是记录人类文明发展历程的重要载体。因此，要以科学的观念去学习、理解、传播传统文化。同时，要明确一个道理：文化遗产不仅是要展示陈列，更重要的是将其进行应用，一旦远离了实践土壤，则容易在历史潮流中失去活力甚至被遗忘或淘汰。文化遗产是人类在漫漫历史长河中留下的智慧结晶，它作为历史的遗存，生动地映射和记载了人类过往的文明。文化遗产的多样性，也使得对它保护利用的手段和方式不断丰富，其中"活化利用"便是人们对遗产开发利用与保护的较新尝试。"活化利用"这个词最早是台湾地区学者创造，其重点在于一个"活"字，它不仅是对文化遗产的开发与继承，也能够让文物"开口说话"，成为被人民所熟知、看得见、摸得着的事物，同时也承担着对人类文明中留下的精神或物质进行解释、融合、创新的伟大使命。

文化遗产的活化与利用在国内也吸引了众多专家学者的兴趣。喻学才认为遗产具有文化、经济、科研、审美、生态价值，遗产的活化就是对遗产的继承与利用，旅游产品的开拓与创新。遗产在开发利用的过程中才能得到发展，旅游产业的发展必须达成经济、社会、环境效益三者兼备。[①] 同时，他也总结了遗产活化与利用的具体方式如变大为小法、集零成整法、名段选读法、锦上添花法等。[②] 林淞认为遗产活化既是对精神与物质的继承保护，又是对内涵的解码、诠释、重构。植入、融合是文化遗产活化的路径。植入是指传统价值体系与现代价值取向的碰撞，不仅要对传统文化进行继承利用，更要在其中加入现代思想与价值。融合是指市场竞争与文化自觉之间的调和，不仅要迎合市场的发展，还要推动文化自觉的实现。[③] 蔡梅则从原真性的角度提出了遗产活化利用的原则。原真性不是使

[①] 参见喻学才《遗产活化论》，《旅游学刊》2010年第4期。
[②] 参见喻学才《遗产活化：保护与利用的双赢之路》，《建筑与文化》2010年第5期。
[③] 参见林淞《植入、融合与统一：文化遗产活化中的价值选择》，《华中科技大学学报（社会科学版）》2017年第2期。

文化遗产封存与凝固，而是将它放入生活空间进行开发利用，但是在这个过程中要避免文化遗产的"失真"，具体来说就是不能为了追求经济利益使其过度商业化。只有保证文化的"原汁原味"，文化遗产的活化利用与可持续发展才会成为可能。[①]

第一节 文化遗产活化的主要动因

百年来，人类社会发生巨大变化，那些经过岁月洗礼的文化遗产逐渐被时代浪潮淹没。这些得以幸存的事物，虽外表暗淡无光，还常因与潮流"格格不入"而被冠上"土"的标签，逐渐被边缘化，但这恰恰是我们的祖先精心雕琢所保留的历史痕迹。文化遗产资源记录着一个国家生生不息的发展脉络，体现了一个民族独有的精神意蕴，是我国文化资源体系的关键构成要素。文化遗产资源在"活化"过程中受到经济、自然、社会、文化、技术等五方面因素的影响。通过"活化"，我们可以深入挖掘文化遗产资源蕴含的经济价值；减少自然因素对文化遗产资源的破坏；促进文化遗产保护与区域社会的协同发展；弘扬文化遗产资源的精神价值和文化精髓。同时，借助数字技术可以为文化遗产资源活化创新发展路径。

一、经济动因

文化遗产，是祖先的惠存，是后代的思念，如何实现活态传承是后人必须审慎思考并需为之持续奋斗的重要事业。如果继承得当，则能够实现遗产有效活化；如果传承不足，则会损害遗产本体，甚至会导致其消失。因此，要采取科学合理的操作模式，在人文关怀与市场机遇中找到平衡点，充分考虑时代需求的同时，做到张弛有度，既保留其稀缺性又赋予其灵活性，这是文化遗产传承保护的主旋律，也是文化遗产可持续发展的大局观。要实现文化活化，促进文化振兴，创新性技术的应用必不可少。"活化"概念是由台湾学者引入文化遗产保护领域，其目的是在促进遗产保护的同时解决人民生计问题。[②] 在现实生活中，地方政府往往将文化遗产"活化"的经济效益作为衡量文化遗产价值的重要标准，甚至是首要目标。

---

① 参见蔡梅《原真性视角下的非物质文化遗产异地开发探究——以成都非物质文化遗产国家公园为例》，《商业经济》2008年第12期。
② 参见苏卉《文化遗产资源"活化"的动因及策略研究》，《资源开发与市场》2008年第12期。

实际上，文化遗产活化，如旅游活化等，在很大程度上解决了遗产保护经费不足的问题。比如，以文化遗产活化为切入点，以传统文化创新性发展为目标而建立文化产业集聚区，一方面，推动了文化遗产融入现代文化产业发展进程，实现新旧文化融合，延伸文化产业链；另一方面，现代文化产业的发展可以很好地反哺文化遗产保护，解决其保护资金不足、定期维护困难等难题，实现保护为先、合理活化再生的良性循环模式，促进经济可持续发展。因此，很多学者从经济学角度出发，认为文化遗产的活化利用是必由之路。在活化利用的过程中，要坚持在保护中传承，在传承中利用的原则。可采取以下措施：建设革命文物保护传承工程；加快推进古遗址保护展示工作；重点策划并及时推进一批重大文化遗产保护和文旅融合项目，建设文化生态保护区；鼓励遗产地联合申遗、打捆申遗；对工业遗产进行活化利用，建成一批文化遗产文创园区；遵循"宜融则融，能融尽融"原则，开发文化遗产主题的研学、体验、休闲旅游产品，实现文化遗产和旅游真整合、深统一、活交织。

二、自然动因

文化遗产资源具有脆弱性和不可再生性，在自然因素作用下，其物质形态会遭到一定程度破坏，常见因素包括水分侵蚀、温度变化、湿度变化、风沙侵袭、大气污染、动植物破坏、微生物破坏等。自然因素具有不可抗力性、难以精准预测，其给遗产本体带来的损害在很大程度上是不可逆转的，因此相关保护工作至关重要。如城垣、宫殿、夯土台基、窖穴、墓葬等特殊资源，如果任由自然侵蚀，则会磨灭其原始形态，甚至会造成文化遗产的完全流失。再如，由于附近农民经常进行粗放式灌溉，致使尼罗河水位不断上涨，拥有数千年历史的卢克索和卡纳克神庙遭受不断上涨的尼罗河水的侵蚀，加上最近10年来建筑盐碱化程度加重，不断侵蚀立柱和雕像所使用的颜料，对文化古迹构成了严重威胁。为拯救这些宝贵古迹，世界文化遗产基金会制订了一项新的计划，试图通过在两座神庙周围地区修建先进的排水管道系统和污水循环处理工厂，使神庙和河水隔离开来，从而减少其受侵蚀的压力。由此可知，文化遗产资源活化是保持其生命力的重要方式，有利于削弱自然因素对其资源本体的影响。

三、社会动因

现代社会普遍认为，文物作为历史的直接见证，应在原址上进行保存，以保留其固有的历史、文化和社会价值。过去的人们为了防止遗产本体受到损害，以限制性保护为主要原则，将文化遗产处于"真空"状态，严格限制其与经济社会要素之间的联系。然而近年来，这种"限制型"保护理念不再奏效：首先，原有理念导致文化遗产资源与现实生活完全隔离，被当作"架上古董"进行保护，遗产本身的精神内涵与应用价值被忽略；其次，传统保护理念过于片面，激化了遗产保护与城市建设、社会发展之间的矛盾；最后，在原有理念指导下逐渐形成的自上而下的行政管理制度发展相对滞后，信息交流相对闭塞，主要依靠政府部门进行遗产保护，后备力量不足。因此，文化遗产保护不能故步自封，停滞不前，而应着眼当下，更新理念，这样才能实现真正意义上的文化遗产资源"活化"。为此，一些学者从社会发展角度提出建议：加强法治建设，适时修订文物保护法相关法律法规，为文物保护提供法律支撑；强化安全意识，增加文化遗产保护储备力量，加强基层部门组织的队伍建设，不断培养高素质的专业人才；加强财政投入力度，为文物保护夯实物质基础；扩大遗产保护的覆盖面，定期对工业、农业、乡村、民族特色村寨等主体的遗产清单进行排查整理；将文化遗产保护工作落实到乡村，贯彻实施针对农村民居类文物开展的"三权分置"改革，不断完善乡村文物宅基地置换制度；积极申报不同级别的文化遗产，并定期公布，鼓励当地在此基础上建设考古遗址公园。

四、文化动因

中华优秀文化遗产承载着独特的历史文化记忆，书写着人类文明的发展历程，是在全球化时代中华民族能够永葆活力和独特性的重要基础。对于母体文明，我们应保持归属感和自信心，自觉树立保护与传承意识，不仅要系统梳理文化遗产信息，深入挖掘其内在文化精髓，还要传承和创新发展形式，对文化遗产资源进行"活化"利用，从而提升人们对文化遗产的价值认知，增强对中华优秀传统文化和传统价值观的认同感，实现文化多样性。习近平总书记在 2020 年 9 月 28 日下午主持的中共中央政治局第二十三次集体学习时强调，历史文化遗产不仅生动述说着过去，也深刻影响着当下和未来；不仅属于我们，也属于子孙后代。因此，增强文化自信、保护好文化遗产、传承文化火种、守住民族之魂，是历史赋予我们的重要使命，也是一项需要长期奋斗的伟大事业。

五、技术动因

数字技术是社会发展的新兴活力，为文化遗产"活化"提供了强有力的技术支持。通过拓展遗址区文化资源的数字化呈现模式，既可以保护遗产不受损坏，也可以提升文化遗产的"活化"效果。数字技术的应用优势主要有：其一，提高遗址信息存储效率，实现信息获取高效化与全面化，其精度与呈现效果远高于传统的绘图和摄影等方式。其二，拓展文化遗产资源的活化利用形式，借助AR、VR技术，能够将不同时期文化遗产资源的历史风貌进行还原与重现。其三，促进文化传播与信息共享，数字技术具有高保真、传送快、成本低、灵活性强的特点，将其应用于文化遗产中，有利于提高文化遗产资源的信息传播速度，提升区域文化影响力。为此，学者们主张，要加快文化遗产的数字化发展进程，一方面，加强人工智能和大数据技术在文物展示、信息储存、考古调查等工作的应用力度，以文物保护装备建设和科研调查等功能为主体建立专业化基地，通过整合各类资源构建集信息服务、文化传播、科研考古于一体的大数据平台；另一方面，要加强规制力度，将不可移动文物纳入城乡规划的统筹范围，完善相关法律法规以保障文化遗产保护工作的顺利进行。此外，要推动形成"互联网+文化遗产"和"互联网+非遗"的文化遗产活化模式，转变发展思路，寻找发展新契机。

第二节　文化遗产活化的常见类型

传统以"限制型"保护为核心的发展模式，过度关注遗产本体的原真性，使其与社会发展存在一定程度脱节。近年来，有关各方逐渐意识到，原有模式不仅削弱了文化遗产资源的社会影响力，甚至使其滞后于社会发展。因此，我们应该清楚地认识到，文化遗产保护工作不能局限于自身，要从历史发展的长远眼光出发，紧跟时代步伐，更新发展思维，通过与社会生活交流互动，提升文化遗产的影响力与传播度。在进行文化遗产"活化"利用时，需根据其保存现状与内在价值选择相应方式，其中，承袭式的"活化"注重保护与传播文化遗产的历史原真性；修复式的"活化"多通过修复来保证其完整性；还原式的"活化"需将其毁损的原貌进行复原；适应式的"活化"强调时代元素的注入；再生式的"活化"多通过营造环境氛围为文化遗产赋予新的呈现方式；创意式的"活化"多基于时代精神，依托现代创意技术对文化遗产进行艺术化再创作。

一、承袭式"活化"

承袭式"活化"致力于完整、真实地表达与传播文化遗产资源所承载的历史信息，并使其成为城市生活中的有机组成部分，这种策略多应用于本身价值较高且保存状况较好的文化遗产资源，如欧洲的建筑类文化遗产中多采用这种策略。这些文化遗产建筑多采用石质材料，外表保存较好，部分建筑至今仍在使用。例如，始建于11—12世纪的圣米歇尔山修道院，每年吸引着世界各地的游客前来参观，并有大量天主教徒朝拜，是法国西部诺曼底地区著名的天主教朝圣地。该修道院融合了哥特式和罗马式等不同建筑风格，整体建筑规模宏大、保存相对完好，院内幽深寂静、大殿庄严肃穆，具有厚重的宗教底蕴。法国政府妥善保留了其宗教功能，并于1879年修建一条堤坝，用以连接圣山和对岸陆地，方便到访者参观。通过采用承袭式的"活化"形式，圣米歇尔山的悠久历史被越来越多的人熟知，其宗教影响力也在不断扩大，到此参观的游客与教徒接受着心灵的洗礼，灵魂得到净化，这也成为圣米歇尔山重要的文化标签。

二、修复式"活化"

修复式"活化"策略是当前应用面较广的文化遗产保护方法，即通过"修旧如旧"手段尽可能恢复受损文化遗产的原貌，传播其文化价值。这一策略适用于文化遗产资源价值突出，但保存状况一般的情况，如意大利庞贝古城。庞贝城历史悠久，物产富饶，古罗马时代就已存在。然而，公元79年维苏威火山大规模爆发，使其被长埋于地下。在1500年后的一次地下考古发掘中，庞贝古城才被发现，得以在沉睡中醒来。意大利政府在庞贝古城发掘保护过程中，采取了许多修复方式，尝试恢复其原始形态。主要有：在地层中罹难者遗体形成的空腔里浇铸石膏，再现当时人们面对突发灾害时的抗争场景；将考古发掘出土的壁画、陶器及各种器物放置原处，保留原有痕迹；打造由发掘出土的民宅、市场、商铺、剧院等形成的天然"历史博物馆"。这些修复措施有效地保护了庞贝古城的完整性和价值，让游客能够身临其境地感受到古城魅力。

三、还原式"活化"

还原性"活化"主要指借助先进的科技手段，再现过往场景，让历史"开口说话"。这种"活化"方式适用于文化遗产资源本身价值突出，但毁损严重甚至完全消失，仅有史书记载的情况。常采用物质形式或数字技术进行还原。其中，物质形式还原强调通过重建、复建等手段重现当时原景，如日本平城京遗址的复建。在奈良时代，平城京是国家政治中心，其历史遗迹也是日本首个被列入世界文化遗产名录的项目。遗憾的是，由于历史因素，古代平城京遗留的建筑的地面部分被大面积损毁，残留的少部分遗存外观模糊，只能依靠考古手段来辨别，如壕沟、宫殿基址等。日本从20世纪60年代开始便着手平城宫地面遗迹的抢救修复工作，除了设置保护棚、增加地面标识等方式外，还复原了朱雀门等部分大型建筑物。朱雀门是平城宫的正门，通过组织相关专家进行考古发掘、史料查询与案例参考，最终制定适宜方案，立体呈现了朱雀门原貌。现在，复原后的朱雀门已成为平城京遗址区的标志性建筑之一。

数字技术形式还原指通过收集文化遗产资源的相关信息，借助3D立体复原技术等数字手段再现历史性建筑物、历史性场景，凸显其独特的文化特色。例如，四川成都的金沙遗址博物馆结合4D技术设置数字观影区，并拍摄了名为《梦回金沙城》的立体电影。该电影通过展示三千多年前古蜀金沙地区的自然环境与风土人情，并围绕遗址展开故事叙述，形象生动，情节逼真，既传播了当地居民顽强拼搏、自强不息的文化精髓，同时也给参观者带来了身临其境的奇妙体验，社会反响较好。

四、适应式"活化"

适应式"活化"策略指将现代元素融入文化遗产，使其顺应发展潮流，更新展示内容，适用于文化遗产资源总体价值不太突出，但保存状况相对较好的情况。如香港历史性建筑文物的保护运动。香港有许多古老建筑意义深厚，记录着所在地区的崛起历程，但随着时代演替，这些建筑与社会发展渐行渐远。为了使这些历史建筑重新焕发生命力，香港特区政府自2008年起开启了以拓展历史建筑新用途、使其适应现代社会需求为目标的"活化历史建筑伙伴计划"。目前，这一计划已发展到第四期，许多遭受破坏的建筑物得到修复，焕发新生。此外，早期的公屋被改造为青年旅社（美荷楼），废弃的法院被改造成艺术学校（北九龙裁判法院），跌打药店则被改造为中医诊所（雷春生）等。通过这种方式，香港特区政府与非营利机构建立合作关系，共同开展历史建筑的功能再利用活动，这些历史建筑的经济效益与社会效益明显提升。一方面，许多历史建筑因此外表得到更新，功能进一步延伸，部分建筑甚至成为游客打卡点，促进了区域经济；另一方面，城市文化记忆以新的形式被保留，拓宽了城市更新与文物保护的新路径，对区域发展产生较为深远的影响。

五、再生式"活化"

再生式"活化"适用于文化遗产资源本身价值不太突出，保存状况一般的情形。同济大学常青院士团队提出了风土空间的保护与再生式活化理论，旨在保护文化遗产的同时对其风土空间进行再利用，从而传播传统文化，使其更加顺应城镇化发展趋势。具体包括：研究团队围绕当地风土空间、资源禀赋展开全面调查，通过对原有建筑的艺术化设计并结合景观修复、环境营造等手法，对当地风土空间进行重新包装，使其更加符合现代居民生活需求。该团队围绕风土空间保护及其再生形成了丰硕的研究成果，从1997年梅溪故居实验开始到如今已持续了将近20年。其中，最具代表性的成果是上海青浦区金泽古镇的再生实验，该团队深入古镇扎根调查，秉承保持地脉、提升地标、重塑风土的原则，根据区域实际情况制定设计方案，充分挖掘当地特有的风土人情、聚落遗产，并赋予其新的展现形式，使得这样一个几近消失的部落摇身一变成为极具地域特色的江南风情古镇。

六、创意式"活化"

创意性"活化"主要强调将创意元素嵌入文化遗产，开发出具有地域标签的文化创意产品，使得历史文化与当代市民生活充分融合，激发人们感悟历史、保护历史的观念与意识。这种方法适用于文化遗产资源价值不太突出，同时保存状况不佳的情况。以湖北荆州的纪南生态文化旅游区为例，该旅游区以荆楚文化为核心要素，结合现代创意手段进行再开发，形成了集生态、休闲、文化旅游等于一身的综合体。纪南生态文化旅游区结合区域资源禀赋，制定了长期发展规划，拟打造"纪南追忆、章华盛世、凤凰锦绣、楚史长河、长湖帆影、郢城怀古、楚辞文苑、云梦仙境、文化硅谷"在内的九大文化旅游板块。通过创意性"活化"，纪南生态文化旅游区将楚文化元素融入旅游、休闲和创意产业中，为游客提供了独特的文化体验和旅游观光载体。这种做法不仅可以促进地方经济发展，还可以保护和传承楚文化遗产，让更多人了解和认识楚文化的独特魅力。

该景区的创意式"活化"措施主要体现在以下三个方面：首先，打造楚文化主题公园。一方面，复原部分楚文化建筑实体，让游客亲身游览参观楚文化建筑，另一方面，借助数字技术实现主题乐园数字化、网络化、智能化，设置游客娱乐体验空间，让游客沉浸式体验楚文化。其次，拥抱元宇宙，形成"楚史长河"的全方位、画卷式历史公园，将不同历史时期重大事件和历史人物的数字信息进行可视化呈现，以时间轴的形式将楚国的历史演进与文明兴衰历程进行情景再现，并与游客开展情景互动，让游客真正走近楚文化。最后，建设楚文化艺术公园，以楚地诗词歌赋和音乐舞蹈等代表性的文学艺术作品为核心，通过设置文化长廊、进行艺术作品展陈、举办文学艺术类大赛等形式，扩大楚文化影响力。

第三节　文化遗产活化的运作方式

随着社会经济的不断发展以及居民文化素养的持续提升，文化遗产保护被提起重视，文化遗产的利用模式也随之发生改变。当前政府依然是文化遗产保护与管理的主体。同时，全国各地也在积极探索文化遗产利用的多元运作方式，并鼓励社会力量积极参与其中。主要包括：

第一，"业主托管+社会资金"的"认养"方式，即政府或相关单位接受业主委托，向社会公开筹集资金，用以管理和利用文物建筑，既解决了资金问题，也促进了遗产的保护与利用。以广东开平市和始兴县为例，当地文物部门与碉楼和围楼的业主达成协议，在征得其同意后，向社会开展"认养"工作，符合条件的单位或个人均可向文物部门申请"认养"这些私人建筑，并获得一定时期内的使用权，政府所筹得的资金都用于修缮与管理文化遗产。

第二，"政府统租+业主分成"的共建方式，即政府以统一租赁形式对文化遗产进行管理和利用，所产生的效益由政府与业主按照一定比例进行分成。例如，在广东云浮市兰寨村古建筑群的管理中，当地成立了南江文化创意基地管理中心。文物部门与民居所有者达成协议，双方对古建筑进行共同管理，合理利用这些特色资源。其中，业主保留古建筑产权，政府获得管理使用权。产生的收益村民占四成，管理中心占六成。村民对这一做法较为认可，大部分业主同意与政府进行合作。

第三，"社会组织+业主参与"的保育方式，即在组织当地居民开展遗产保护利用工作的同时，鼓励社会力量参与其中，形成自下而上的多方参与体制。例如，广东开平市实施仓东计划，由高校牵头组成工作小组，建立"仓东教育基地"，促进当地文化交流传播。部分社会组织通过定期对村民进行业务培训，加深了其对所在区域风土人情、资源禀赋的理解，村民成为村子的导游员、讲解员，专业素质和服务意识明显提升，既传播了当地的传统文化，也激发了村民的自豪感和自信心。

第四，"社会资金+民间自发"的市场方式，这种模式与以往模式相比，灵活性较强，对政府资金的依赖性较少，更多依靠民间资金自发投入。在这一过程中，遗产保护由部分人的自觉行为到逐渐产生示范效应，最终形成良性循环，业主的自豪感和获得感随之加深，并形成一种具有持续性和渐进性的文化复兴活动。例如，广东东莞下坝村集中民间力量将村委旧大楼改造成创意工作室"蔷薇之光"，并不断壮大。随着时间的推移，保护古村落成为全体村民的集体意识和共同理念。

第四节　文化遗产活化的主要路径

从最开始为了保护而利用，到后来演变为利用本身就是一种重要的保护方式；从开始时的区隔式保护，到后来保护的内涵和外延都不断扩大，成为一个主客共享、精英大众共享的活化利用，文化遗产活化利用的路径不断迭代升级。那么，文旅融合大背景下的文化遗产活化利用路径应该如何提升呢？其核心在于通过对文化遗产价值活化来满足人民对美好生活的向往，即价值认知。这些价值可以总结为三个方面：一是文化遗产本身所具备的价值，如其科学、艺术、文化、历史价值等；二是文化遗产作为生产力的价值，即它对于现代生活的作用，从利用角度考虑的价值，如教育、文化旅游、休闲、生产生活等；三是文化遗产对于整个社会系统的价值，小到一个社区、村子，大到整个国家、民族、族群，都是社会系统，要从对社会系统的融合与认同的角度去分析其价值。而对价值的认知研判，最关键的原则是要本着联结过去、现在与未来的理念进行分析，从文化遗产所蕴含的价值中读懂它的过去，以及它对人类社会走到今天产生了怎样的作用和价值，对于当代人来说从中能够获得什么，面向未来要考虑它能为未来的子孙后代带来什么。在秉承这种认知的基础上，才能够更准确地判断文化遗产的价值。当前，文化遗产活化的主要路径有以下九类。

一、传统村落

传统村落是对"古村落"概念的扩展与延伸，它更能凸显村落在传统文化中的典型性和标志性，传统村落不仅是物质文化的载体，更是非物质文化的依托。它不仅涵盖了建筑风貌、文物古迹、村落的选址与空间布局等物质文化，还囊括了以声音、形象、技艺为表现手段的口头文化、形体文化、造型文化和综合文化等非物质文化，如开平碉楼、湘西传统村落等。[1]

---

[1] 参见张行发、王庆生《基于遗产活化利用视角下的传统村落文化保护和传承研究》，《天津农业科学》2018年第9期。

随着时间的推移，遗产活化利用已从单一的建筑遗产发展到其他类型遗产的利用与保护，为的是促进优秀文化的活力焕发，使其能够不断传承并更好地为当代社会服务。传统村落具有文化遗产的共同特点，是文化遗产的一部分。对传统村落物质资源的保护与整合以及对非物质文化资源的传承与利用是传统村落遗产活化利用的重要形式。

国内学者对传统村落的研究始于 20 世纪 80 年代，从当前研究实践来看，在新型城镇化、新农村建设和乡村振兴浪潮中，传统村落开发与利用存在空心化和老龄化等问题，其文化遗产也面临着难以传承和保护不足的现实困境。具体来看，首先是传统村落原真性的丢失，传统村落最吸引游客的不外乎是其独特的建筑风貌以及具有地方特色的民族文化。然而许多村民在利益驱使下为了吸引大量游客，不仅在体现民俗风情的文化演出中不当地植入吸引观众眼球的商业元素，甚至在原始生活场景中加入表演成分，极大地降低了民俗文化原汁原味的体验。同时也开始建设人造景观与仿古建筑，甚至将村落原本的建筑"人工做旧"，与原本的建筑风貌不兼容。

因此，在传统村落的开发与利用中，首先，要遵循以保护为主、利用为辅的原则。在遗产活化利用的出发点上，只有遵循保护为主的基本原则，才能更好地对其资源进行开发利用。不仅要对建筑本身布局和空间风貌进行保护，还要避免对民俗文化的过度边缘化和商业化。在此基础上进行适度开发与合理利用，有利于更好地展示文化遗产的经济、文化和社会价值。其次，要秉承共同参与、互惠互利的原则，传统村落的传承和保护并非一日之功，应引导多方力量共同参与。政府应充分承担保护与管理的职责，完善保护政策，筹集专项保护资金，积极引导宣传对古村落物质遗产与非物质遗产的保护与传承。再次，民间组织也应充分发挥自身力量，协助政府进行监督与管理，并呼吁社会其他力量参与其中。最后，村民也是传统村落保护与开发的重要力量，作为传统村落的一部分，村民不仅是传统文化体现的载体，同时也是对物质文化与非物质文化进行保护与利用的课题，只有保证村民的利益和权益，提升其话语权和决策权才能确保他们积极参与到开发与保护中，而不是冷漠回避或是为了利益使村落过度商业化。总体来看，只有综合社会多方力量，共同参与文化遗产开发与保护事业，才能提高遗产保护效率、促进文化传承、释放发展动能。

二、文化古镇

古镇是较传统村落更大的具有特殊意义的人类生活聚落，其产生于特定的历史时期，经历多年演替，古镇原有的民居建筑、资源禀赋、风俗习惯虽有所变化，但一直为所在地居民提供服务功能，并且其文化内涵不断更新，具有较大的历史文化价值，如乌镇、周庄等。[1]古镇本质就是一种文化遗产。[2]

作为历史文化遗产体系的重要分支，古镇不仅传承着丰富的历史文化，更承载着绚丽的中华文明。然而在相关旅游的发展进程中，古镇历史文化遗产却遭到大量人为破坏，主要体现在两个方面，一是过度开发、旅游容量过载等导致的建筑风貌与环境的损坏，这也是现代旅游开发的通病。阮仪三认为古镇旅游业的发展会使旅游者数量带来井喷式增长，同时为了扩大旅游用地部分原住居民也会外迁，传统民居由于商业用途变作酒店或者民宿，这将会使原本的人文环境发生极大改变。[3]二是追求商品化导致内在民俗特色文化的消解。主要体现在两个方面：首先是旅游产品本身的不足，产品单一，主题缺乏特色。田喜洲认为不论是江南小镇所倡导的"小桥流水人家"的婉约气质，还是西南地区小镇对特色民族风情的追求，实际上都缺乏主题的创新。[4]同时李苏宁更进一步地阐述了古镇发展模式"克隆"问题严重，主要体现在旅游项目的相似性和旅游景观的可替代性，导致了经营差异化不明显。[5]其次，是体现在经济利益追求上的过度商业化。彭小娟等人认为大量游客和商人的到来会导致过于浓厚的商业气息。这样，不仅会影响古镇外在建筑的风格，也会导致人口结构的变化和特色民俗文化的消解。[6]

从遗产活化利用角度看待古镇的发展问题，要密切关注开发与保护的关系。有学者认为，古镇与其他遗产一样具有不可替代性、不可复制性，因此在旅游的开发利用中要保持旅游发展与古镇保护的良性互动，同时为了达到保护古镇的价值，必须确保它的原生性、完整性、真实性、多样性[7]。

具体来说，古镇的开发与利用应从以下三个方面出发。首先，应以

---

[1] 参见柳森《论古镇历史文化遗产保护》，《边疆经济与文化》2007年第10期。
[2] 参见饶世权、鞠廷英《古镇特质文化的挖掘与开发研究——以川西古镇为例》，《湖北民族学院学报（哲学社会科学版）》2014年第1期。
[3] 参见阮仪三、邵勇《江南水乡古镇的特色与保护》，《同济大学学报（社会科学版）》1996年第1期。
[4] 参见田喜洲《巴渝古镇旅游开发与保护探讨》，《重庆建筑大学学报》2002年第6期。
[5] 参见李苏宁《江南古镇保护与开发的博弈思考》，《小城镇建设》2007年第3期。
[6] 参见彭小娟《浅析保护历史文化名镇的两种现象》，《山西建筑》2005年第21期。
[7] 参见刘德谦《古镇保护与旅游利用的良性互动》，《旅游学刊》2005年第2期。

地方特色为根，以文化底蕴为魂。地方特色是指原本的建筑风貌、自然环境、地理位置等；文化底蕴则是由生活习俗、家庭组织、语言、服饰、种族等多种要素有机结合而成。对古镇的开发与保护应以这两点为根本，方不失古镇的内在特质与精髓。其次，随着体验经济的来临，人们希望"身"与"心"都能得到满足，因此对于旅游产品的开发既要注重针对性又要增加体验性，应基于本地资源与区位条件，针对多样化的旅游者需求开发出不同种类的产品。对古镇旅游产品的设计也应基于"感官化、主题化、意象化、参与性"原则，增强旅游产品的体验性[1]。最后，应整合时间、空间、文化三个维度协调发展。时间维度上应做到现实与历史的合理衔接，现代开发要与历史文化资源协调；空间维度上应做到分层分级、区划定位布局，使自然景观与人文建筑交相辉映[2]；文化维度上应充分发掘传统文化的现实意义，取其精华，弃其糟粕。

三、考古遗址公园

遗址是我国古代文明史迹的重要载体，体现了我国文物古迹的独特韵味和地方特色，是文化遗产的重要组成部分，具有丰富的历史文化价值、科学研究价值、社会价值和生态价值。如汉长安城遗址、唐大明宫遗址、安阳殷墟遗址、浙江余杭良渚遗址等都是我国考古遗址的典型代表。

中国考古遗址公园的历史可以追溯到20世纪80年代，圆明园是我国最早的考古遗址公园，2009年开始试行《国家考古遗址公园管理办法》，从考古遗址公园发展过程特点来看是实践先于理论。喻学才认为遗址是历史的化石、文明的碎片、文化的载体、旅游的对象，考古遗址公园是世界上文化遗产的三大部分之一[3]。

随着城市化的加速，考古遗址保护与城市化发展产生矛盾。从文化遗产活化利用层面来看，将考古遗址与公园结合起来，是文化遗产保护与开发的新形式，也是传统文化与现代文化交相辉映的重要体现。这种做法既可以缓和两者间的矛盾，提高遗址的可持续性，也可以推进城乡融合，有益于当地民生福祉[4]。

---

[1] 参见冯淑华《古村落旅游客源市场分析与行为模式研究》，《旅游学刊》2002年第6期。
[2] 参见徐平《历史文化名镇保护开发的三个坐标》，《人民论坛》2015年第19期。
[3] 参见喻学才《遗址论》，《东南大学学报（哲学社会科学版）》2001年第2期。
[4] 参见《泗洪顺山集考古遗址公园规划》课题组《考古遗址公园：传统与现代辉映文化与生态相融》，《建筑与文化》2018年第4期。

从文化遗产活化利用角度建设遗址公园，具体来看，首先，应充分尊重原住居民的意愿，激发他们对居住地的文化自豪感。考虑他们的现实经济利益和未来发展要求，平衡开发与保护的矛盾，将各方社会效益发挥到最大化。其次，要以挖掘文化内涵为主，满足人们对文化知识的需求，不仅展示文化遗址的历史遗存，更要深度开发其历史文化价值。因此，遗址环境、格局及其主要的历史信息和历史环境都需保留其完整性，这样才能使人们直观感受到遗址的真实状态，也有利于文化内涵的保存与传播。同时，应结合新的科学技术，利用多种形式的技术手段展现遗址文化精髓。遗址本身的可观赏性不是很强，因此要通过遗址公园展现出出土文物的文化特点和历史内涵，以保护为前提，采用结合科学技术的可逆性手段，不但能展现出遗址最原始的历史风貌，还能尽可能全面地反映文化特点与内涵，通过这种创新保护的方式使得参展者感受到厚重、立体的文化体验。最后，在保护方式上也应从被动的突击式、抢救式方法向主动的确立保护机制与健全保护制度转变。对于遗址公园建设过程中产生问题的处理，应做到不留死角，全面解决在遗址保护中反复投资、无效投资的问题，使得开发与保护进程有效、有序进行。

通过对考古遗址文化遗产如此的活化利用，既可以揭示文化遗产价值、整合文化遗产资源、实现遗址保护，同时也可以产生巨大的综合效益，为文化城市建设注入不竭动力，并提供宝贵资源。[1]

四、历史文化街区

历史文化街区保护与历史文化名城保护、文物保护组成了中国遗产保护的三个体系。[2] 从文化遗产的框架体系来看历史文化街区概念，首先，它必须具有一定规模与数量的物质文化遗产遗存；其次，它的历史风貌保持得较为完整并且融合了一定城市功能；最后，它必须具有与之相互依存的非物质文化遗产。[3] 据此，历史文化街区必须具备风貌典型性、遗存真实性、空间功能性三个特点，如四川的宽窄巷子、北京的大栅栏街区、安徽屯溪老街等。历史文化街区的研究历程可追溯到20世纪80年代对历史文化名城的保护工作中，这一时期遗产保护领域历史街区的概念才逐渐被人们重视，到2005年才形成了以"历史文化街区"为核心的概念群，包

---

[1] 参见单霁翔《大型考古遗址公园的探索与实践》，《中国文物科学研究》2010年第1期。
[2] 参见李祯《我国历史文化街区保护研究综述》，《建筑与文化》2016年第9期。
[3] 参见曾琼毅《文化遗产框架下历史街区概念的诠释》，《四川建筑》2010年第3期。

括"历史城区"和"历史地段"。① 随着经济全球化的发展，城市化竞争愈演愈烈，历史文化街区作为城市文化遗产的一部分也面临诸多挑战，一方面，城市为了扩张具有经济价值的建筑用地，使得一部分位于老城区的历史街区不得不拆毁，另一方面，历史文化街区作为城市遗产，成为城市新的生产要素并与其他区位存在一定竞争。同时，现代生活方式也与传统历史街区建筑产生矛盾，因为年代久远的街区建筑大多是木质结构，经过长时间的风吹日晒，建筑结构已腐蚀、老化，难以修缮和满足现代居住需求，而且历史街区的各种基础设施不够完善，因为部分基础设施兴建与历史街区建筑环境相抵触，这就给社区功能和服务设施的完善带来很大的障碍。

因此作为文化遗产的一部分，历史文化街区的保护与开发必须找到平衡点，这样才能在保护基础上实现资源有效利用，使得历史街区文化遗产由"固态"变成"动态"，实现真正的活化利用。因此，在具体的开发与保护中，要遵守以下原则：一是全面保护原则，体现在保护的内容和对象以及保护的理念和策略两大方面。从内容和对象来说，保留历史文化街区文物建筑的原真性，空间格局、典型风貌等外在环境的完整性，历史文脉和社会网络的延续性，以及地方艺术和文化传统的继承性；从保护理念和策略来说，要保护历史文化街区文化、环境、社会、经济等多方面价值，并利用全面的机制和方法去实行。二是维持历史文化街区原真性原则。首先体现在历史建筑的原真性，历史建筑是承载历史真实文化的载体，历史遗存的完整性和原真性是历史文化街区最基本的要素特征；其次是社会生活的原真性，社会生活是一种动态的过程和现象，是历史街区风貌和特征的重要组成部分，其中蕴含的文化价值不可忽视。因此，在开发与保护中不能过度干涉原住居民的生活习惯，不能过于强调商业性，要着重维持地方性，以尊重居民整体意愿与生活习惯为主，使历史文化街区的商业性与地方性能良好协调。

遗产的动态性决定其随着时间在不断发生改变，它的意义也在随着历史形式不断被重新诠释，历史文化街区作为文化遗产的重要组成部分，必须在开发与保护中跟随时代的发展，不断地注入新的能量，只有这样才能使遗产"活化"，使其价值充分发挥。

---

① 参见李祯《我国历史文化街区保护研究综述》，《建筑与文化》2016年第9期。

五、生态博物馆

生态博物馆概念最早在1971年由法国人提出，它与传统博物馆陈列展示的单一功能不同，将遗产、区域、记忆和当地民众作为整体来看待并加以保护。[1]建立生态博物馆是文化遗产活化利用的有效手段之一，当前中国生态博物馆经历了三个发展阶段，第一阶段是以民族村寨为对象的生态博物馆，我国最早的生态博物馆由贵州梭戛与挪威合作建立。除贵州外，内蒙古、云南等地也有以社区或者民族村寨为单位建立的生态博物馆。第二阶段是发达地区开始将生态博物馆相关的理论与实践，用于遗产资源保护与开发利用中。第三阶段是随着生态博物馆理论的成熟，学者们逐渐将其应用于遗产活化与乡村复兴实践中。[2]生态博物馆一般具有以下三个特点：首先，它综合考量了人文与自然的各类遗产要素，既包括有形的、无形的遗产，也包括各类可移动与不可移动的遗产，因此它打破了传统"藏品"+"建筑"的局限。其次，它以原住居民与地方为中心，整体营建了"物"与"人"的关系。它将遗产要素和与之相关的人聚合起来，尤其是当地人，他们不仅是生态博物馆内容的组成部分，更是这片区域的主人。最后，生态博物馆中的要素都是动态的，不仅是各类遗产，也包含人和物，因此要将它们纳入特定情景去考虑。

在生态博物馆的实践与理论探索方面尚存在不足之处，首先对于生态博物馆的研究局限于对地方资源整合、调查和再造现象的解释，缺乏理论层面的影响与借鉴[3]；其次，在生态博物馆开发与建设过程中，其区域容易被外部世界同化，使得当地居民的生活与文化成为迎合商业发展的产物，从而失去"生态"这一应有的灵魂；最后，在生态博物馆研究中，缺乏对自然环境与人文历史的科学性理解，并未找到资源保护与开发利用的平衡点，关于资源多样性与生态可持续发展之间的关系尚缺深刻理解。

因此，在对生态博物馆利用与实践中应注意以下三点：首先，应将生态博物馆看作遗产保护利用与生态文明建设的有效手段，应将历史与现实、社会与地方、人文与自然的各方面考虑到，将它们看作一个整体性

---

[1] 参见杨昆《非物质文化遗产保护中的生态博物馆模式研究综述》《中国集体经济》2012年第33期。

[2] 参见曹兵武《生态博物馆探索与生态文明建设——兼谈文化遗产的活态保护与传承问题》，《中国博物馆》2018年第1期。

[3] 参见尹凯《乌托邦的想象：多元文化与生态博物馆思想》，《中国博物馆》2016年第4期。

的生态系统，而非割裂开来，这样才能实现多方面发展的协调与适配；其次，对生态博物馆的建设规划应做到共建共享，它作为多重利益、多元文化的交叉地带，不仅要协调好利益、责任、权力的分配，更要处理好当地人、专家及政府的关系，只有这样才能保证遗产的合理开发与资源的有效利用；最后，在中国目前的社会文化背景下，应以业态协会、理事会、资讯委员会三个部门为主要动力，引领生态博物馆的发展方向，三个部门各司其职，发挥主体功能，做好规划实施并落实日常运营。同时也应协同合作，组织三个部门交叉的产业合作社或专业分会。随着"文创文博""让文物活起来"等新时代的发展动向，遗产活化利用的需求迫在眉睫，而生态博物馆作为"活化"的手段之一亦应适应变化，面向未来，方能在时代洪流中屹立不倒。

六、遗产主题酒店

遗产主题酒店是基于不同时代背景与遗产主题文化形成的特色酒店经营模式，它以各种有形或无形遗产为依托，将丰富的遗产文化做背景，通过酒店方式对遗产资源进行开发利用，是集旅游住宿与参观游览功能于一体的休闲综合体。[①] 从当前国内发展情况来看，遗产主题酒店的种类越来越丰富，如文明村落型遗产酒店、历史城镇型遗产酒店、工业遗产型文化酒店、近现代历史建筑改造型文化酒店等，这些主题酒店的营建不仅能满足游客对酒店住宿功能的各种需求，更可以使他们身临其境地体验到文化遗产酒店蕴含的文化性与历史性。

遗产主题酒店之所以能在竞争激烈的酒店市场中有立足之地，因为它是对文化遗产的一种保护形式，也是遗产活化利用的一种手段，它不仅能用文化刺激经济发展，也可以有效缓解经济发展与遗产保护之间的矛盾。因此，它必须以保护遗产古建筑为前提，最大限度地开发其社会效益，不仅让游客欣赏到遗产酒店的外在风貌，也能感受到内在丰富的文化内涵。然而，尽管遗产主题酒店有着光明的发展前景，但依然在发展过程中面临诸多问题。首先，是对遗产酒店改造中考虑到法律法规的限制，与传统酒店的开发建设相比，遗产酒店虽然没有建造建筑的烦琐过程，但是由于要使其兼顾住宿与观光功能，给改建带来了很大难度，在我国，关于古建筑严格的保护条例，使得许多酒店投资商对遗产酒店的开发有心无力。其

---

① 参见李鹏利、张帅锋《多业态经营环境下遗产酒店运营模式和发展趋势探究》，《品牌研究》2017年第5期。

次，是在对遗产酒店运营与改建中的高成本，遗产酒店在改建中，既要保留遗产建筑与文化的完整性，又要满足游客对酒店功能的要求，同时也要支付传统酒店硬件设施的安装费用和古建筑维修和完善的成本，这就给遗产酒店运营成本增加了负担。最后，是遗产主题酒店与周边环境的不协调，因为遗产主题酒店在改建的时候必须考虑游客对住宿舒适度的需求，这就不得不增加必要的硬件设施与现代装修元素，然而这些成分的增加，往往在一定程度上降低了建筑本身的历史感与原真性，使得酒店与周边氛围不协调，降低游客体验度。[①]

遗产主题酒店作为保护与开发遗产资源的重要方式，以及对遗产进行活化利用的有效手段，其前景虽然广阔，但在我国仍然处于初期起步阶段，未来道阻且长，因此国内外专家给出了遗产主题酒店经营与开发的建议：一要创新营运方式，遗产酒店是一种立足于中高端市场的旅游产品，不仅有着基本的观光功能，更有着传承历史文化，增加游客文化体验的功能。因此，必须走精品发展路线，提供酒店基本服务功能的同时，满足游客求新、求知、参与、体验的需要。二要塑造品牌，与国际接轨。品牌意味着一个企业的知名度和美誉度，对其形象的宣传、口碑的打造有着至关重要的作用，对于遗产酒店来说，同样也要根据消费者需求设计酒店产品。使其具有情感化、特色化、追求酒店的差异化和特色化，体现遗产酒店的创新之处，最终接轨国际化道路。三要依托国家政策，创造良好的发展环境。国家出台的遗产保护与开发政策，整体上对遗产酒店的开发带来了更多的可能性。一方面要时时关注政策发展的新动向，顺应时代与政策发展的走向，另一方面，也要通过调控市场环境，优化发展模式，通过优质竞争，营造更加健康和谐的发展空间。文化遗产是一个国家历史文化的载体，遗产主题酒店作为遗产保护与活化利用的有效手段，尽管不太成熟且面临诸多问题，但是它的经济价值、文化价值、社会价值却蕴含无限潜力，其未来前景较为可观。

七、文化生态园

对于文化生态园这一概念的解释，在文献中并无非常清晰的说明，但它与当下流行的"人文区位""人文—自然"等说法有关，并且不能将"文化"与"生态"分开。"生态"在这里应指没有被破坏本真的意思。加上"园"字，我们可以理解为它是指展示、分布着文化的、"原汁原味"

---

① 参见杨宝华《遗产酒店发展研究》，《旅游纵览（下半月）》2017年第11期。

的园地。这个园地不同于博览园之类的概念，它是从原有文化脉络环境中提升出来的，因此被形容为"生态"。[①]我国在对文化生态园的探索中，已经取得了一些成果，如蚕桑丝织文化遗产生态园、锡伯族文化生态园、闽南文化生态园等是我国文化生态园的典型成功案例。

如今，随着人们对文化遗产的认知越来越全面和深化，对遗产保护和利用的手段也越来越多样，文化生态园是我国对旅游开发与遗产保护结合的一种新的尝试，只有文化生态园的营建与当地经济相结合，才能推动物质与非物质文化遗产的活化和产品化，使得文化遗产的保护与开发有着源源不断的动力。

目前，我国对生态文化园的探索以实践为主，理论性思考较少，大多停留在地域范围内对生态文化园的规划与兴建，从总体上来看，国内文化生态园的发展遵循两个原则：首先是保证文化原真性与延续性，不能使文化链产生断裂；其次是在原生态的生存环境中寻求市场机遇，为遗产文化资源找到活态传承的新思路。[②]

在对文化生态园具体案例的分析中，可以发现一些实践中产生的问题：首先，是在开发与利用中与当地居民的冲突，这主要体现在当地人对遗产价值认知的缺乏，使得非物质遗产存活困难，那些传承技艺的当地人看不到这些文化带来的经济效益，从而选择改行甚至放弃传统技艺的传承，这大大削弱了当地文化的丰富性和历史的厚重感。其次，是市场狭窄、资金缺乏。对于文化生态园的开发投资，大多是政府出资出力，民间资金和力量比较缺乏，同时因为起步较晚，市场发展空间也有限。最后，随着开发过程中，科技与信息在文化遗产所在地的传播，社会发展越来越趋同，打破了原来封闭的状态，同时也使文化的原汁原味遭到破坏，文化特色与内涵被商业化所稀释，文化遗产面临开发与保护矛盾的困境。

从文化遗产活化利用的角度来看，文化生态园是活态利用与传承文化遗产的新型模式，在对文化生态园发展案例的研究中，我们在发现问题的同时，也总结了一些建议，对于文化生态园的开发与利用，首先，在生态文化园文化遗产的传承方面，应对文化遗产传承人加以重视，对文化遗产传承人给予一定资金补贴，并且授予证书、称号，增加其荣誉感；其次，

---

① 参见王铭铭、罗兰、孙静《聚宝城南："闽南文化生态园"人文区位学考察》，《民俗研究》2016年第3期。
② 参见李阳《创建沈阳市锡伯族文化生态园对策建议》，载沈阳市委、沈阳市人民政府编《第八届沈阳科学学术年会论文集》，沈阳市科学技术协会内部资料，2011年第5期。

在生态文化园文化遗产的规划利用方面，要做到主次分明，生态园是个宏观的区域，在人力、物力、资金都有限的情况下，要做到抓大放小，圈出重点保护区域；最后，在生态园文化遗产的保护手段方面，要做到不断完善更新，在法律法规上要不断查漏补缺，增加内容，在宣传手段上，不仅要发挥展览馆、文化馆、博物馆等实体机构的作用，还应结合电台、报纸、杂志、网络等媒介共同促进对文化生态园遗产的宣传保护。

八、文化遗产旅游线路

近年来，随着文化旅游的兴起，越来越多的文化遗产主题景区景点、展示场馆、体验场所开始向游客开放。以文化遗产为特色的景点参观、演出鉴赏、手工体验等项目逐渐成为众多旅行社和旅游网站的营销热点。在文化遗产资源丰富且特色鲜明、交通便利的地区，遗产保护部门还与旅游服务平台深度合作，推出一系列特色主题的旅游产品。推进历史文化遗产与旅游深度融合发展，可以加深广大民众对于中华文明的认知，提升中华文化影响力，有利于真正实现"以文塑旅、以旅彰文"，解决文物保护利用不平衡不充分的问题。大湘西地区12条文化生态旅游精品线路串连起沅水两岸的红色文化、历史文化、农耕文化、非物质文化遗产、科普文化、自然生态，该地区通过促进文化和旅游产业融合发展，知名度、美誉度和影响力显著提高，成为全省文化和旅游产业发展的典范，并形成了具有国际影响力的旅游品牌。此外，该地区还不断加强基础设施及公共服务设施建设，调整产业结构，以此提升旅游产品的市场竞争力。

九、国家文化公园

以习近平同志为核心的党中央作出的重要指示，要求把建设国家文化公园作为推动新时代文化繁荣发展的重大文化工程。五大国家文化公园既是文化带也是旅游线，国家文化公园为文化和旅游深度融合提供了一个最好的场景。国家文化公园是传承发展中华文化赖以生存的场所和空间，为我国文旅深度融合发展提供了源源不断的力量。要对五大国家文化公园的历史文脉进行梳理、保护和传承，这是我们建设国家文化公园最重要的目标，也是我们的初心和使命。与此同时，我们要关注国家文化公园的利用问题。以大运河国家文化公园为例，既要借助历史上的繁华，也要让运河沿岸的人民和广大的游客能够看到人民幸福的今天。如果我们的文化只是基于过去，当代人不走进文化场景，我想我们的国家文化公园建设可能就会少一块，这一块就是我们如何把中华民族传统的历史文化、文化遗产，特别是和社会主义先进文化完美地结合起来。

第五节　几点思考

传播传统文化，不是要将现代人带回到过去，而是要在保护传统的基础上，将历史活态地呈现到现在。随着全球化进程的不断加快，市场经济规模逐渐壮大，文化遗产活态保护是必然选择。因此，不仅要知道文化保护工作的重要性，更要增强文化所有者的文化认同感和文化自信心，加强完善各类保护政策，制定相关法律法规，形成政府主导、社会支持、民间参与的良好局面，实现文化遗产的可持续发展，推动社会不断发展。

法国社会学家皮埃尔·布迪厄（Pierre Bourdieu）指出，文化发展是一个动态过程，即处于持续生产与再生产的状态，通过再生产实现动态平衡，从而促进社会延续发展。我们今天所看到的文化遗产是活态流变性的，不是一成不变的，而是经广大人民群众凝聚智慧，推陈出新，才让我们看到这珍贵的物质与非物质文化财富。在市场经济下，商品经济快速发展，融入我们生活的方方面面，现代化成为当前的发展主旋律，非遗的活态流变性把生活的内容和形式重新进行了创新转化，最后融入人民生活。

一、非物质文化遗产并非单纯的"果实"，而是如同"种子"一般，具有生长和发展的潜力。对于非物质文化遗产的生产性保护，就如同农民选择优良的种子进行耕作。农民在选种时，会考虑土地特性、果实营养与口感以及产量和市场接受度。同样，非物质文化遗产的选种与培育也需充分考量其历史渊源、文化内涵、传承方式等因素。此外，选好"种子"并非一切就绪，还需要通过精心培育、保护与传承，才能使其茁壮成长，最终实现文化的繁荣与多样性。在生产性保护视角下，将非物质文化遗产比作"种子"，需要避免两类错误的认知倾向。一是要摒弃执着于"原真性"或"原生态"的传统思想，忽视非物质文化遗产在当今社会的实践应用价值；二是要警惕全盘或不加选择地将非物质文化遗产商业化，以追求经济利益为唯一目标，忽略了其文化内涵和历史价值的保护与传承。非物质文化遗产既是历史的产物，也是当下文化创新的源泉。我们应当重视非物质文化遗产的生产性保护，同时也要将其作为文化资源的重要组成部分，发掘其在当今社会的多元价值，为人类的文化繁荣与发展贡献力量。综观社会发展趋势与居民文化需求，非物质文化遗产更多是生产的"种子"，而不应将其错误地认为是消费的"果实"。例如，《三字经》作为中国历史文化巨作，以不同的眼光去看待，其意义也会不同，当我们将其视为"种子"时，它是中华传统文化的瑰宝；当我们将其视为"果实"时，部分封建观念会引发对其"精华"和"糟粕"的争议。因此，我们要一分为二地去看待其中的思想，取其精华、去其糟粕，选取有益成分进行教育"再生产"，使《三字经》成为指导后辈教育实践的文化"硕果"。此外，要避免为追求经济利益，对非物质文化遗产进行过度商业化开发的行为，以防湮没其文化价值。非物质文化遗产的活化利用与农作物的生长规律类似，农民种地需要遵循自然规律，既要在播种前精心选种，还要在播种过程中耐心培养、科学管理。非物质文化遗产的生产性保护也是如此，既要遵循市场规则，也要尊重其本身的文化底蕴，切忌因为商业利益迷失方向，造成不可挽回的后果。过度追求商业化只会导致"非遗"产品失去传统文化基因，变成无源之水、无本之木，不仅难以赢得市场青睐，甚至还会丧失其原本特色，最终被时代淘汰。

二、非物质文化遗产的生产性保护是否应该设置"底线"？有些学者认为，非物质文化遗产的文化底蕴、工艺要领甚至原材料均不可更改，因此他们在"原真性"保护原则基础上设置所谓"底线"，明确哪些文化要素可以改变，哪些不能改变，从而限制开发行为。然而，非物质文化遗产的内容和形式缺一不可，无法割裂，我们不能片面地看待文化现象，将其理解为互不相关要素的随机组合。实际上，不同文化都有其特定的文化土壤，各种要素相互交织，形成这样一个"综合体"，并且其内容和形式都是"动态"的、不断更新的。因此，单一地只保留形式而改变内容，或者保留内容而改变形式，或是对其内容或形式进行限定的做法是不科学的，也是不值得提倡的，这样的"底线"没有现实意义。例如，传统唐卡制作均以天然矿物为原料，由专业画师手工绘制，富含多种传统文化信息，其内容多源于传统佛经故事和藏族历史文化，具有极高的艺术价值和收藏价值。随着科技工艺的不断发展，机械生产被不断推广使用，然而，这两种制作方式并不冲突。具体来看，两者投入的工作量不同，蕴含的文化内涵不同，其市场价值和价格更是存在明显差异。那些机械化生产制作的唐卡作品，工艺稍显粗糙，但其成本低、产量高、价格适中且有着广阔的市场需求，而传统手工制作的唐卡作品更为精致，其文化影响力也更大，因此，两者的价值不能一概而论，不论是手工制作还是机械生产，各自都为文化传播与经济增长做出重大贡献。"非遗"的手工技艺需得到传承，现代化工艺手段也不应被摒弃。从生产性保护角度看，每种制作方式都有其存在的合理性，我们需尊重不同唐卡制作工艺的差异性，并对文化传承者予以支持。同时，不同的消费者有着不同的审美偏好与价值要求，我们不能左右消费者选择的权利,更不能武断地限制某种制作方式。我们应对生产者和消费者进行价值观引导,并在法律允许的范围内为其提供交流空间,保障不同主体的应有权益。

三、现代科技与工艺对于社会发展的作用是一把双刃剑。如今,在现代科技与媒体作用下,非物质文化遗产的静态展示与活态传承形式日益多样。尽管现代科技与工艺应用可能会对传统理念、制作技术与使用途径造成一定负面影响,但这并不意味着现代技术手段应在非物质文化遗产中被完全剥离。为此,需注意:首先,在生产性保护过程中,不同材质、不同数量、不同制作工艺的文化产品具有不同价值,其所针对的市场主体各不相同,因此并不冲突,这一点已在前文提到,不再赘述。其次,加强现代制作工艺的应用是提高"非遗"产品生产效率、扩大非遗文化传播效率的重要路径。不可否认,通过现代科技开发"非遗"产品,会对其原真性造成一定程度破坏,例如机器生产和压制皮影虽然产量大、销量高,但势必会对传统工艺产生挤压,使其面临被市场淘汰的风险,但这种方式是在工业化时代出现的文化传承形式,其本意也是为了扩大传统文化影响力,使其更加适应现代社会,因此,不能将其视作威胁而固守原貌。最后,"非遗"保护应该以更加开放包容的心态去对待,要积极探索多层次、多类别、多样化的发展模式,"非遗"产品的机械化生产并不是对传统工艺的否定,而是一种新的适应方式和手段。过去通过传统工艺制作的非物质文化遗产项目,常因原料不足、工作量大、技术要求高、销量有限等问题面临生存困境,现代化生产无疑是解决这一困境的重要方式。例如,古典家具的制作,过去多依靠手工雕花制作,费时费力、效率产量较低,采用电脑雕刻技术可减少重复工作带来的资源消耗,生产效率被明显提升。再如,过去多通过压制脱脂法进行木材干燥,虽然木材中的水分被排出,但木材品质与成色明显受到影响;如今通过使用微波烘干技术,木材特性被很好保留,总体质量得到较好提升。

四、旅游活化对非物质文化遗产的保护与传播产生重要作用,是一种新型的文化推广形式,然而在实际生活中,一些地方为了追求经济利益,对遗产资源过度开发,如景区超负荷接待、文物疏于管理等现象屡见不鲜,使得文化遗产的外部结构和内在精髓受到不同程度的伤损与扭曲。一些民俗旅游区一度将非物质文化遗产作为摇钱树,经常是为了演出而演出,为了展示而展示,忽略了文化的原真性与本土性,失去了原有的精神与趣味。然而,这并不是说旅游开发和发展经济对非物质文化遗产是百害而无一利的,我们也不应以"原真性"或"原生态"保护为牢笼,对开发和经营行为进行道德绑架。发展文化旅游也是为了更好地传播与交流非遗文化。同时在全球化时代，传统文化与经济社会之间的壁垒已逐渐被打破，再固守单一的、传统的文化形式已不合时宜，只有拓展呈现形式，吸引多种文化如旅游产业文化融入其中，才能保障文化遗产在时代发展过程中保留其鲜明特色。

迈克·皮卡德（Michel Picard）通过研究发现，遗产旅游已经成为印度尼西亚巴厘岛的重要文化标签，旅游业甚至是这个地区的战略性支柱产业。旅游是一个国家或地区经济社会发展到一定阶段的产物，通过旅游可以帮助人们了解外部世界，去自己想去的远方。那些在非物质文化遗产基础上开发的旅游产品，如大型演出、民俗表演等，其本质也是一种文化，虽然它们与传统意义上的文化不同，区别于非物质文化遗产本身，但它们同样也是一种适应性文化。换句话说，在当地文化逐渐弱化的背景下，旅游无疑是一种重塑文化自信、扩大文化影响力的重要文化适应策略。如西双版纳的"贝叶文化"、东北地区赫哲族鱼皮衣工艺、海南岛黎族的原始钻木取火手法、贵州布依族古老的藤甲衣等几近消亡的非物质文化遗产，正是通过旅游发展才得以幸存或流传。

第五章 文化遗产活化的伦理审视

文化遗产概念起源于19世纪社会巨变的欧洲，表现为缅怀过去物质存在而形成的人文关怀，强调历史遗留的且能够展示以往辉煌文化的物质载体。1972年，联合国教科文组织颁布的《保护世界文化和自然遗产公约》，再次说明了文化遗产保护的重要性，促进了相关概念和实践路径的国际化传播。同时，许多国家也致力于保护和宣传本国文化遗产，以展示本国悠久灿烂的历史文化。然而，学者们很快发现，这种源于欧洲的文化遗产概念过于强调物质性，容易导致遗产"固化""僵化"的后果，不利于文化遗产融入群众日常生活。此外，传统认知下的文化遗产概念仅强调其科学价值和艺术价值，缺乏对社会价值及文化价值的关注。虽然联合国教科文组织于2003年通过《保护非物质文化遗产公约》，进一步深化了人们对文化遗产非物质性的认识和理解，但如何统筹物质文化遗产与非物质文化遗产的保护利用路径，使其融入当前社会发展中，即如何提升文化遗产活化过程中的社会及文化价值，仍有待国内外学者进一步深化探讨。

中国是文化底蕴深厚、历史发展悠久的文明古国，中华民族在漫漫历史长河中创造了各类形式多样、风格迥异且尤为珍贵的文化瑰宝。多年来，党中央、国务院一直高度重视文化遗产保护工作，在全社会共同努力下，我国文化遗产保护事业成果显著。然而，我们必须清醒认识到，当前我国文化遗产保护面临诸多挑战，需引起高度重视。文化遗产是珍贵的资源，在经济全球化时代，我国的文化生态环境受到巨大冲击，保护文化遗产刻不容缓。大量的名胜古迹遭到人为破坏，珍贵文物遭到盗窃和盗掘，公开进行文物非法交易，不计其数的稀世珍宝流落海外、远离故土，让人痛心不已。同时，随着城镇化进程的不断加快，许多重要的文化遗产被迫拆迁并重新进行规划设计，独具特色的民族区域文化逐渐消失。因此，加强文化遗产工作显得尤为重要。政府部门要树立大局意识、系统意识，增强历史主动，维护国家文化安全；树立文化自信，建立健全各项工作责任机制，把文化遗产保护工作落实到位。

第一节　文化遗产活化的主要问题

文化遗产是推动文化繁荣发展的关键基石，同时也是丰富文化事业和促进文化产业发展的重要手段。近年来，文化遗产保护与利用得到了前所未有的关注和重视。从"工作"角度来看，文化遗产的保护与利用不是孤立存在的，它们之间有着密切联系。在实践工作中，这两项任务往往交织在一起，难以严格区分。因此，在开展文化遗产的保护与活化利用工作中，必须贯彻落实科学、高效、经济的原则，实现文化遗产的可持续发展。

一、存在的主要问题

尽管我国在文化遗产利用方面积累了一些经验，但文物活化利用在我国起步相对较晚，实际进行中还存在诸多不足，如利用不够或利用不当等，主要表现在以下几个方面。

（一）持续力问题

当前政府部门、民间力量、市场力量的持续性还不够深入。文化遗产保护不可能一劳永逸，而是需要久久为功。我国文化遗产保护热潮的兴起，源于两个重要原因：一是我国文化遗产资源数量居世界前列，但是文化遗产保护工作与发达国家存在较大差距，甚至不及周边邻国，这与我国的国际地位不相匹配；二是申请世界文化遗产名录不但能够促进当地旅游产业的知名度和美誉度，还能带动区域经济发展，增加旅游业收入，因此，各地争相申报国家级甚至世界级文化遗产。然而，文化遗产保护受到内外部作用力的共同影响，尤其是外部因素，一旦其被削弱，政府将面临管理困境，同时，民间力量也是保证文化遗产保护工作顺利进行的重要支撑。在文化遗产保护过程中，要正视遗产地及其文化持有者的作用，同时也要保证其生活质量，从而激发其参与这项事业的积极性与主动性。专业的服务与优质的产品是文化遗产吸引力的保证与市场竞争力的凭借，是文化遗产事业适应现代土壤、扩大传播扇面的重要支撑。尽管当前我们还难以精准把握未来市场趋向与消费需求，但就长远来看，质量和服务始终是文化遗产可持续发展的重要动力。

（二）保护机制的创新问题

即投入机制创新和管理体制创新。在投入机制创新上，资金不足是文化遗产保护面临的重要短板，以"开发"促进"保护"是当前应用最广的理念与思想，虽效果最佳但也饱受争议。对于这一理念，我们应一分为二地理性看待：遗产产业并不仅是发展遗产旅游，后者只是其中的一种呈现方式，还有其他形式可以拓展，例如利用数字技术开发文化遗产数字化产品与服务，将旅游业与互联网平台充分结合，形成新型文旅产业链；通过加强文化遗产与教育、娱乐、创意产业的跨界互动，打造不同文旅产品，打通不同赛道。由此可知，文化遗产的保护与利用需要有更多资金与创意去更新发展思路，拓展不同路径。此外，我们可以借鉴法国、意大利等国的经验，通过建立基金会、发行限定题材的彩票等方式增加外部投资。在管理体制创新上，一方面，要坚持科学保护与利用原则，整合不同社会资源，鼓励各种主体有效开展合作，加强有关各方在文化遗产科研、规划、实施、监督等方面的协调力度；另一方面，要鼓励遗产地所在社区参与文化遗产保护事业，提高文化传播的普及面与影响力，不断更新文化遗产保护与利用机制。例如，贵州省黔东南苗族侗族自治州的郎德、南花等苗寨通过建立农村生产合作社采用劳动分配方式对村寨旅游收入进行分配，效果显著，不仅提高了经济效益，形成了科学的管理体制，还使得当地文化被越来越多的人熟知。

（三）普法的问题

即解决权属、权益、权重的关系问题。权属，主要强调文化遗产的权利归属。文化遗产的权属通常被理解为"所有权、管理权、经营权、监督权"等，许多理论研究试图探索所有权与经营权分离在现实生活中的可行性。尽管这一做法颇具争议，但其影响是较为深远的。从法理角度来看，文化遗产的权属是决定不同主体权重分配的重要基石；权属决定权益和权重的分配。然而，在实际应用中，关于权属、权益和权重分配矛盾的争议愈演愈烈。例如，古老聚落的建筑和民居是重点文物保护单位，但其归属却大不相同，前者的合法拥有人是村集体或家族，后者的合法拥有人是居住者。按照《中华人民共和国物权法》，这些文化遗产的所有权、管理权、经营权均属于原主，不能被无条件划走，后者则被指定为"旅游资源"或"遗产资源"，只有政府才有权利进行保护或开发利用。显然，当这样的文化遗产被列入重点文物保护单位时，其使用和管理权利会发生"位移"，归属会发生改变，其合理性与合法性均亟须解决。目前，实施保护工作的主体对其身份缺乏科学认识。他们过度强调开展所谓的保护工作，但忽略了自身行为的影响，忽视了聚落居民的正常生活需求，或对其负面影响不闻不问，甚至认为是原住居民的不配合。本研究认为，在进行文化遗产保护之前和保护全过程中，需明确遗产权属，根据权属关系结构，因地制宜、因时制宜、科学合理地分配保护权利。对于被列入保护对象的民族村寨、传统聚落等，当地人才是其保护主体。在法律法规和行政手段尚未出台之前，一直是当地人在负责相关工作，因此，当地人的付出与努力应该得到尊重与善待，后来获得文化遗产所有权、管理权、经营权等权利的主体，必须以恰当方式对原有保护者予以补偿，政府应发挥监管作用，督促补偿行为的完成。

（四）国家法、地方法与习惯法的兼用问题

随着生活环境和居住条件的变化，在现代风潮影响下，少数民族地区的区域文化特色逐渐消失。保护少数民族文化遗产，不仅要依靠国家法律，还需要充分考虑当地的民族特色，其中，民族区域自治条例、社区规约和宗支盟约等地方性法规发挥着重要作用。这些法规具有很好的应用性，能够有效解决民族地区社会运作中的实际问题，尤其是一些尚未需要国家法律干预的问题。为了提高文化遗产保护工作效率，提高群众满意度，我们有必要将这些制度文化选择性地纳入国家法律体系，并使其成为国家法律的有益补充。尽管现有法律体系为解决相关问题提供了依据，但其执行细节还需进一步落实。如果我们仅重视国家法律，忽略了地方性法规和民族民间习惯法的重要性，很多工作的开展将难以顺利进行。

（五）民族文化产品生产销售与市场管理问题

在保护民族民间文化遗产过程中，要鼓励文化持有者积极参与其中，并不断激发其创新动力。一些民族地区，尤其是"大杂居，小聚居"区域，由于长期缺乏监管，一味迎合市场而提供商业化的文化产品与服务，忽略了少数民族群体的文化消费需求。例如，贵州省黔东南自治州和铜仁地区的少数民族群众多通过本民族语言文字进行交流，对相应的文化产品与服务有着巨大的消费需求，然而当前仅有一些民间生产者自行生产并销售相关产品，部分私自生产的少数民族歌谣光碟的销量甚至达到1万—2万张，但当地尚未形成专门产业生产针对少数民族群体的文化产品。再如，黔东南自治州有一部苗语电视片名为《都是金钱惹的祸》，据不完全统计，其光碟销量就达到近10万张，利润近百万元，并在苗族地区影响深远。但从现有法律层面来看，其生产和销售未经相关职能部门审批而属于违法行为。由于缺乏相应的法律法规和政府文件支持，当地文化主管部门既不敢鼓励也不敢限制这种文化产品的生产和销售。党中央、国务院的相关文件指出，要鼓励和支持生产人民群众喜闻乐见的文化产品与服务，而这一精神在"欠发达欠开发"的一些地区并未完全落实。因此，必须从法律法规、体制机制和管理技术等层面将民族文化产品生产合法化，以满足不同主体的消费需求，并建立与之相适应的市场管理规程，使得少数民族文化产品和服务与汉语文、外语外文为媒介的文化产品与服务拥有同等地位。同时，还需鼓励当地群众积极开发内容多样、健康有益的文化产品与服务，传播少数民族语言文化，补齐这一"职能漏洞"。

（六）传统技术与现代技术规程对接的"端口"问题

物质文化遗产保护与修复工作密切关联。在修复过程中，现代技术规程与传统技术之间存在一定"壁垒"。为了打破这个"壁垒"，需要消除一定行业界限，提高民族民间传统匠艺世家的传人或匠人的行业地位，鼓励其积极参与修复工作，为保护民族民间传统技术提供"制度支持"。此外，非物质文化遗产的传承也存在类似"壁垒"。例如，部分濒危的少数民族传统宗教经典和特殊仪式以及传统医药知识，如果按照原有方式进行延续，则会很快消失。因为，承传者对相关技术的学习只是依靠简单机械记忆，对其中的知识逻辑尚未深刻理解，这不仅会影响传统知识的传播效率，同时还会造成大量的重要信息衰减，使得原有文化变味。与此同时，已有的很多非物质文化遗产内容都属于不完整的"文化碎片"，学习者在传承相关技术时，仅依靠"记忆力"记录，随着时间的推移，记忆相对模糊，缺乏现实依据。然而，当前许多专家学者并未意识到这一问题，任由传承者因"内存限制"或"不当增删"对非物质文化遗产中的知识体系或全部信息资源造成破坏，使其文化本身发生了不可逆转的损失。当前专家学者大多存在一个共性问题，即未经核查，先验性地判定当前的一个或几个传承者所持有的非物质文化遗产内容是完整的，实际上，其原真性与客观性还有待考究。同时，修复问题也是非物质文化遗产面临的困境，当前鲜有文献涉及修复的技术规程。为实现这一目标，一方面，需要建立一种新的文化传承方式，在做好普查工作的同时，对濒危或具有特殊价值的非物质文化遗产进行资料搜集、整理和修复，从而恢复其完整性。另一方面，要提高专家学者的知识覆盖面，使其以学习者身份虔心向传承人学习，掌握技术精髓，并在存储全部传统知识的同时，提高解读能力，以培养新型的传承人。只有掌握所有的"版本"并在学习中收集全部"碎片"，才能最大限度地提高非物质文化遗产原真性。

（七）遗产地的社区组织管理能力建设问题

在文化遗产保护过程中，当地社区的综合管理能力不容忽视。尽管现有模式已经鼓励当地人广泛参与，但从整体来看，这种保护是"他者"的保护，而非"积极保护"。积极保护更多强调参与主体的自觉性、主动性和有效性。为此，需要从不同群体的生存能力、民间组织和村镇行政的组织能力等方面提高遗产地管理水平。此外，要充分发挥遗产地传统文化约束力在管理机制中的作用，如当前许多少数民族社区处于自我管理状态，有待完善相应规范。为此，要参照现代管理要求对其进行能力培训，提高工作效率，通过外部调整和内部优化促进遗产保护事业可持续发展。

（八）人才队伍建设问题

研究表明，当前我国的文化遗产保护事业存在严重的人才缺口，具备管理能力与专业素质并兼具理论深度和实践经验的复合型人才更是罕见。实际上，这一问题更多的是历史和机制问题。为了解决这一问题，职能部门应为具备不同能力的人提供不同的平台，"让想干事的人有机会、能干事的人有平台、干成事的人有地位"不仅是一种政治口号，更应将其转化为具体的操作规程并付诸实践。只有这样，我们才能真正地培养人才、吸引人才、留住人才，让更多有志之士有机会、有平台、有地位地参与到文化遗产保护这一重要的工作中来。

二、乡村文化遗产活化中待解决的几对矛盾

乡村文化遗产的保护与活化利用是当前亟待解决的重要问题。乡村地区的文化遗产类型丰富，往往保存相对完好，能够很好地保持其原真性与本土性。但在其保护利用过程中，也经常出现法律法规和行政手段"失灵"现象。脆弱的文化遗产，一旦受到破坏，难以恢复原貌，因此必须谨慎对待，当前的主要矛盾如下。

（一）物质文化遗产原有功能的继续发挥同实施保护存在机制上的矛盾

每一种物质文化遗产在创造之初都有其特殊功能。随着时间的推移，这些功能有的完全消失，有的部分保留，有的仍在发挥实用。然而，在使用文化遗产的某些功能时，经常会与其保护产生冲突，容易引发矛盾。例如，贵州省松桃苗族自治县大路乡的风雨桥维修问题，这座桥经过多年使用，早已破败不堪，隐患重重。然而，该桥作为当地的重要交通工具，两岸民众如今仍要从此经过，一旦坍塌，则会造成严重的人员伤亡和财产损失，乡党委政府领导都会因此受到处分。尽管当地政府非常担心这座桥的安全，但由于它是省级重点文物保护单位，乡里和当地人都不敢擅自维修。他们向县里打报告，但县里资金缺乏；县里将报告提交到市里和省里，一直杳无音信。为了防止意外发生，乡里除了在桥上悬挂"危桥"的牌子外，还用砖封堵两个桥头，禁止行人通过。但两岸的群众对此非常不满，他们将封堵的墙推翻，继续使用该桥，这一矛盾长期得不到解决。

(二）当地人的修复活动同国家有关职能机构技术要求的矛盾

这种情形常见于寺庙等宗教场所，如贵州省松桃苗族自治县孟溪书院、盘信麦地村禹王宫、乌罗镇岑司村城隍庙、大坪镇禹王宫等。当地人非常重视这些文化遗产，一些群体主动承担保护责任，对这些建筑进行修复。然而，修复工作并未按照"修旧如旧""整体性"和"原真性"原则进行，而是凭借自身想象进行，未按照国家有关职能机构的要求，这些修复活动无疑是对文化遗产本体的破坏。例如，三进式的孟溪书院拆除了最后一进，剩下的两进涂上了大红油漆，整体面貌与之前相比发生较大改变；岑司村的城隍庙亦是如此；大坪镇禹王宫的壁头由木板被改为水泥砖墙，部分地面甚至使用混凝土进行硬化翻新。

（三）当地人所进行的文化内容重组同保持文化原真性的矛盾

很多寺庙宫殿如禹王宫、城隍庙等在修复过程中，经常会存在多种文化杂糅的现象，这是因为当地人在恢复其功能时，加入了其他文化信仰内容。例如，大坪镇的禹王宫在"破四旧"时期，所有神像都被拆除并烧毁。三年前，镇里的老年人协会组织修复这些神像时，在第一进的殿堂里放置了许仙、关羽、张飞的神像。在第二进的厅堂里，放置了观音和罗汉的神像。乌罗镇岑司村的城隍庙正殿中央放置城隍神像，过厅楼上则放置观世音神像。大坪镇镇江寺正堂上面塑的是观世音神像，阁楼上则放置玉皇大帝的神像。尽管这样的设计有其文化价值，但这实际上属于文化重组，会严重削弱原本文化内容的纯粹性。这样的修复工作，虽然民众可以接受，但从专业角度来看，模糊了文化遗产所处的特定背景，严重影响文化整体性。

（四）权属模糊同正常管理的矛盾

调查显示，权属不明是乡村物质文化遗产中存在的重要问题。例如，之前提到的大坪镇湖广会馆，这一会馆原本归村集体所有，由于大坪镇粮站最初没有办公场所，政府安排他们在会馆办公，长此以往，该会馆管理权属于大坪镇粮站。目前，这个会馆由大坪镇粮站租给几位木匠用于制作家具。会馆中设有粮仓，粮仓门前塑有两尊神像，一男一女。当地人称，男神像是马援将军。然而，由于缺乏有效管理，会馆后殿年久失修，正殿也严重破损。又如，位于镇政府旁边的孟溪镇江西会馆，地理位置非常优越，但由于该会馆疏于管理，长期无人照料，内部陈设处于破败状态，无不令人遗憾。

（五）群体保护意识缺失同推动积极保护的矛盾

在乡村地区，从政府工作人员到普通村民，鲜有人真正重视文化遗产保护问题。甚至是县里的相关职能部门，对本地区文化遗产的信息也知之甚少。例如，在松桃苗族自治县，人们只知道寨英古镇被列为全国重点文物保护单位，是文化遗产。但他们不知道乌罗镇背街、大路乡风雨桥桥头的老街区等其他古老的村落和街区，也是珍贵的文化遗产。由于缺乏文化遗产保护意识，居住在古老街区、村落、古城堡的人们按照自己的想法改造房屋和道路，导致这些地方的建筑风格混杂，很不协调。

文化遗产的保护与活化利用不是靠几个职能部门的"一枝独秀"，必须依靠全社会的广泛参与。在乡村文化遗产保护与利用过程中，可用资源有限，加之其生存环境和文化环境不断发生改变，文化遗产处于存续或消亡的十字路口。因此，必须开展积极而有效的工作，延长文化遗产的生命线。不同部门要各司其职，相互配合，针对上述问题和矛盾，创新体制机制，才能使文化遗产保护与利用工作真正进入可持续发展的轨道。

第二节　文化遗产活化的伦理向度

在学术界，文化遗产保护问题已经上升至伦理层面。事实上，文化遗产本身就具备伦理价值。遗产是在历史上形成，经历时代变化不断演替，并持续承继的重要遗存，它是代际传承的产物，体现了前人、当代人和后代之间的关系，其内部存在一种价值规范，即对前人的尊重和对后代继续使用的责任。遗产包括三个基本要素——遗留物、继承关系、责任和义务[1]，"遗留物"是主要载体，继承关系、责任和义务则体现了遗产所蕴含的伦理关系和规范。因此，遗产本身具有伦理性。遗产的伦理关系本质决定了对其活化的双重伦理向度：传承和共享。传承是指当代人对前人和后代的责任关系，共享则关注当代人能否享用以及如何分配既存遗产的伦理取向。其关注的焦点是对遗产产品属性的认知以及在社会关系中采取何种价值观进行处置。

一、文化遗产活化的传承向度

从遗产的历史性产品属性来看，传承是遗产活化的重要伦理向度。文化遗产是历史的见证，承载着众多信息，记录着历史发展脉络。在进行文化遗产保护时需要确保其历史原真性，并保证其传承接续性。如果将模糊或虚假的历史信息传递给后代，则被视为"不道德"甚至"有罪"。由此

---

[1] 参见彭兆荣主编《文化遗产学十讲》，云南教育出版社2012年版，第2页。

可知，坚守原真性是遗产保护的重要原则，被阮仪三先生称为"文化遗产保护的第一原则"。遗产的原真性体现在其设计、材料、工艺和环境等方面，并围绕这些要素形成一系列原则。如最小干预原则，即尽可能减少对遗产的干预，只要能够保护对象历史信息完整真实，就不进行进一步干预。当其受到威胁且不干预不足以延缓现状时，可采用必要方法用在最必要的部分。再如可逆性原则，即对遗产进行保护时所采用的技术和材料不能干扰遗产信息真实性，以便将来有更好的技术或材料时将其还原。此外还有可读性原则、可识别性原则等。

遗产活化传承向度得以确立的过程是漫长而曲折的。这一理念从19世纪后期一直发展到20世纪前半叶。这一阶段，欧洲出现了三个文化遗产保护流派，分别是法国派、英国派和意大利派。以维奥莱-勒-迪克为代表的法国派主张将活化对象修复为原有的风格（style），这种全面修复后来被称为"风格修复"。然而，这种修复方式过多强调建筑师的艺术再发挥，而忽略了保护对象本身所蕴含的历史信息。这一时期，法国遗产保护的传承伦理尚未确立。英国派的代表人物约翰·罗斯金和威廉·莫里斯与其看法相反。他们认为修复是对保护对象的最大破坏，主张以经常性的保护工作代替修复。英国派基于遗产的伦理向度呼应了前人的看法，罗斯金名著《建筑的七盏明灯》强调了建筑的记忆功能（记忆之灯），并强调历史建筑的真实性（真实之灯），反对欺骗作伪。然而，遗产保护传承伦理的真正提出源于崇尚历史主义的意大利派。该派代表人物卡米洛·博伊托和古斯塔沃·乔瓦诺尼认识到建筑古迹不仅有建筑学价值，其本身更是珍贵的文献，强调对历史建筑的修复要以尊重当时的历史特征为前提。意大利派奠定了现代遗产保护的理论基础，提出了遗产保护伦理的传承向度。1964年，在威尼斯举行的第二届历史古迹建筑师及技师国际会议第二次会议通过了《国际古迹保护与修复宪章》，也称为《威尼斯宪章》。该宪章明确阐述了遗产保护的传承向度："历史古迹是世世代代人民留下的宝贵遗产，它们承载着过去岁月的记忆，成为我们古老历史的见证。我们肩负着为后代保护这些珍贵古迹的共同责任。因此，我们的职责是传递其原真性的全部信息。"吕舟先生认为，《威尼斯宪章》的通过表明"文物建筑保护的历史主义倾向已为国际文物建筑保护界所接受，并且已成为世界文物建筑保护运动的发展方向"。这个发展方向与遗产活化的传承向度高度一致。尽管当前关于遗产活化工作的争论仍在延续，无形（非物质）文化遗产活化等新兴焦点相继涌现，但争论的核心问题仍然是原真性与完整性、干预与传承、价值认定、原状与现状、重建、理论与可操作性等问题。其中，最核心的问题还是文化遗产原真性与完整性的问题。由此可知，原真性道德问题及其所代表的历史传承理念是遗产活化的核心伦理向度。

二、文化遗产活化的共享向度

从遗产的公共性产品属性和当代人的文化需求来看，共享是文化遗产活化的另一个伦理向度。遗产具有多种形态，一是私人或家庭的遗产，从物权法角度来看，其并非公共产品，但部分遗产特别是建筑遗产，对所在区域与当地民众影响深远，具备一定公共性，如郑家大屋被视为澳门历史街区的重要组成部分。二是集体社区或族群的遗产，通常指共有遗产，如乡土建筑、众多非物质文化遗产及其物质载体等。三是由所在民族、国家、政府继承的失去文化环境或文化创造者的遗产，这类遗产的分布范围更广泛。由此可知，不同遗产的公共性存在差异，其遗产共享也有着不同的伦理要求。此外，当代遗产保护运动对于遗产公共性和共享倡议有着更高要求，在此背景下应着眼于更广阔的视角看待遗产公共性。

在保护人类遗产和世界遗产背景下，当代遗产运动应运而生。1959年，埃及和苏丹合作修建阿斯旺高坝，结果这座水坝导致辖区水位上升，使著名的阿布辛拜勒神庙面临威胁。尽管埃及政府尽力抢救，但其意识到自身力量不足，同时认为神庙不仅是埃及的，也是全人类的遗产，因此呼吁国际社会参与救助，"阿布辛拜勒运动"由此开展，不仅引起国际社会广泛关注，其中保护人类遗产的理念和国际集体救援的方式对后世也影响深远。1972年，联合国教科文组织大会第十七届会议通过了《保护世界文化和自然遗产公约》，肯定了这些思想："保护不论属于哪国人民的这类罕见且无法替代的财产，对全世界人民都很重要；考虑到部分文化或自然遗产具有突出的重要性，因而需作为全人类世界遗产的一部分加以保护；考虑到鉴于威胁这类遗产的新危险的规模和严重性，整个国际社会有责任通过提供集体性援助来参与保护具有突出的普遍价值的文化和自然遗产。"2003年，联合国教科文组织大会第三十二届会议通过了《保护非物质文化遗产公约》。该公约认为"各社区，尤其是原住民、各群体以及个人，在非物质文化遗产的生产、保护、延续和再创造方面发挥着重要作用"，并能为"社区和群体提供认同感和持续感，同时还强调这些非物质文化遗产"为丰富文化多样性和人类的创造性做出贡献"，要积极动员地方、国家和国际上的多方力量参与非物质文化遗产保护运动。

显然，通过《保护世界文化和自然遗产公约》，文化遗产的公共物品属性已经超越了主权国家范围，扩展到了全人类和全球，这也要求各个缔约国要积极参与到这项活动中来。在这一思想影响下，一些地方性、族群甚至家庭的遗产被提升到国家层面，成为国家的遗产。例如，贵州黎平的侗族地坪风雨桥被列为全国重点文物保护单位，新疆柯尔克孜族史诗《玛纳斯》成为国家级乃至世界非物质文化遗产。然而，仅仅在伦理路径和制度上实现文化遗产的公共性和共享程度的扩大是远远不够的。为了进一步凸显文化遗产的公共物品属性和共享性，应采取更加具体的措施并加强伦理思想建设。为此，一方面要加强教育宣传，增强公众对文化遗产保护工作的重视。通过制定发展规划、实施管理计划，引导公众参与讨论和评估，强化其主人翁意识，提高其参与度和认同感，并使用法律、财政手段保护不同主体的权益；另一方面要鼓励民众以遗产资源为载体，适当开展遗产旅游活动，从而丰富遗产活化形式，扩大其文化影响力与知名度。同时，要尊重原住民在经济、社会和文化等方面的正当权益。此外，要倡导正确的价值观，引导民众树立遗产保护意识，尊重文化遗产的公共物品及其所蕴含的民族情感与民族观念。保护好文化遗产、参与遗产活化是人权，也是特权。这些措施将有助于实现文化遗产的公共物品属性和共享性，同时提升公众对文化遗产的认识和尊重。

第三节 非物质文化遗产活化的道德价值

非物质文化遗产作为人类历史的产物，与人民生活的许多方面息息相关，其价值也是多维度的。那么，它的价值究竟体现在哪些方面呢？学术界对此有着不同的观点和解读。通过整理已有研究发现，非物质文化遗产具有经济、文化、历史、科学、教育、道德、审美、政治等多种价值。就当前国内保护与研究状况来看，人们多关注非物质文化遗产的经济、文化、历史价值，在某些地方甚至将经济目标放在首位。然而，作为非物质文化遗产的重要价值——道德价值，学术界却鲜少提及。非物质文化遗产在传播乡土民俗性的同时，通过挖掘民俗与道德伦理的深层关联，其道德价值在当代社会仍有借鉴意义。非物质文化遗产活化的当代道德价值体现在以下几个方面：

对于道德个体而言，非物质文化遗产项目可以带来思想自信、情感补偿、心灵愉悦，并最终满足人们的获得感。冯骥才教授指出，民间文化的传承人正在逐渐逝去，民间文化也在日渐消亡。民族文化和乡土文化，包括民间传说、习俗、语言、音乐、舞蹈、礼仪、庆典、烹调以及传统医药等，蕴含着中华民族特有的精神价值，体现着中华民族的生命力和创造力。这些文化遗产的保护和传承发展依赖于人，因为文化遗产是"活"的文化，需要人的传承才能得以存续。"活态"传承的模式是在人民群众日常生产生活中，不断更新与演替的方式，具有一定可持续性。过去我们多基于认识论研究非物质文化遗产的价值，更多关注其经济效益、历史价值与教育意义。然而，非物质文化遗产的价值不止于此，我们不能陷入既有思维的怪圈，在惯常认识中止步不前，而忽略了非物质文化遗产的存在论价值，忘记了参与主体的真正感受。例如，七旬老汉推着板车哼唱传统梆子；乡间妇女在山间小溪旁洗衣服时吆喝民歌；为庆祝特定节日，人们踩高跷、扭秧歌、舞狮子等。人们通过这些活动与仪式寄托情感，表达愉悦，或许只有在那一时刻，他们才真正与"存在"融为一体；也或许只有经历那种酣畅淋漓的体验之后，他们的灵魂才能有所归属，心灵才能有所寄托，才能真正达到孔子所说的"立于礼，成于乐"的礼乐相融状态。如果没有亲身体验过这些仪式和项目，没有目睹过人们兴奋的状态，就无法理解非物质文化遗产的本质所在。由此可知，非物质文化遗产中的民俗活动和表演艺术，可以激发乡土民众的自豪感和自信心，使其身心得到平衡。同时，艺术表演是艺人才能展示的过程，同时也是其个人价值得以体现的过程。如果自己的卓越才能和精湛技艺能够得到认可，那么对于普通人来说，还有什么比这更值得骄傲的呢？[①]因此，从存在论角度来看，非物质文化遗产的真正价值在于它能够满足人们的情感、心灵和精神需求，促进个体和社会的和谐发展。

就道德集体而言，非物质文化遗产活化具有一种教化作用，往往对参与其中的人们产生一种"潜移默化、移风易俗"的影响，并在没有规范与约束下引导人们进行自我规约。纵观人类发展历史，道德约束与道德自由之间的矛盾长期存在。一方面，为了实现更有序、更深入的发展，需要通过道德规范约束人们的行为；另一方面，道德规范实施过程中会产生一定约束感，往往会与追求自由的人性产生冲突。尤其是在乡土民间，其生活氛围较为自由与轻松，甚至被冠以"粗俗""简单"甚至是"野蛮"的名号，道德伦理规范的形成与管理难度较大。在此背景下，如何让人们在未感到压迫和束缚的前提下，自觉进入自我规约的道德伦理状态？同时，如何让人们在一种自由状态下，自发成为有德行的人呢？在这一过程中，文学艺术、民间文艺、非物质文化遗产发挥着重要作用，并在一定程度上能

[①] 参见丁永祥《怀梆文化生态研究》，中国社会科学出版社2011年版，第207页。

够平衡上述道德悖论。文学艺术与道德伦理紧密相连,这是中西方公认的事实。不论是孔子"尽美而未尽善"的言论,还是柏拉图要将诗人赶出理想国的行为,都表明这些文学艺术作品在创作之初,其核心目标不是宣传审美观念,而是释放其道德伦理效应。以中国古代的"乐"为例,为何它在先秦时期能够占据如此重要的地位?这是由于先贤们深刻认识到"乐"的教化作用。这种教化并非简单的道德说教,而是一种春风化雨般的心灵冲击。通过这种教化作用,"乐"成为中国古代教育的重要组成部分,对民众良好道德品质的养成产生重要作用。上古时期较早关于"乐"的论述的《尚书·尧典》写道:"帝曰:'夔,命汝典乐,教胄子,直而温,宽而栗,刚而无虐,简而无傲。诗言志,歌永言,声依永,律和声。八音克谐,无相夺伦,神人以和。'夔曰:'於!予击石拊石,百兽率舞。'"这正是由"乐"所具有的强烈感染力而形成"百兽来舞、神人相和"的奇妙场景。故而,古人云:"礼乐相须以为用,礼非乐不行,乐非礼不举。"由此可知,民间艺术和非物质文化遗产具有重要的原生态性、群众性和生活性,能够展现生命的本真状态。这些文化形式能够让乡土民众产生强烈的道德认同感,进而自觉约束他们的自身行为。

就道德群体而言,非物质文化遗产活化能够激发人们的文化认同感和归属感,从而形成对所在族群的心理寄托与核心凝聚力,为构建和谐社会提供正能量。早在20世纪20年代,法国著名社会学家哈布瓦赫便提出"集体记忆"概念,认为社会是不同的群体和机构的综合体,每个群体和机构都有自己的独特记忆。这些记忆是在日积月累的过程中形成的,是维系群体成长和机构发展的基础和灵魂。[①] 族群认同是"集体记忆"和"共同记忆"的结合,是个体对族群共同体的感情依附和价值认知。[②] 认同是族群存在与发展的基石,它不仅是该族群与社会自身存在合法性的重要依据,同时也是其民众向心力和灵魂感召力的核心所在。然而,随着氏族社会的解体和宗教至上的幻灭,过往以血缘遗传和宗教信仰为主要纽带的族群认同观念已不复存在,"文化"成为人类评价善恶是非的重要标准。现代社会中,"任何族群离开文化都不能存在,族群认同总是通过一系列文化要素表现出来,族群认同是以文化认同为基础的"。非物质文化遗产是中国传统文化的重要组成部分,是不同族群在特定时期形成的生活方式、

---

① 参见[法]莫里斯·哈布瓦赫《论集体记忆》,毕然、郭金华译,上海人民出版社2002年版,第40页。
② 参见王希恩《民族认同与民族意识》,《民族研究》1995年第6期。

情感特征、价值观念的总和，岁时节日、婚丧嫁娶、拜神祭祀以及口头文艺、手工技艺和戏曲舞蹈等都是其典型代表，非物质文化遗产是族群智慧和感情的结晶，是维系该族群存在合法性的重要标志，更是增强族群凝聚力的黏合剂。对此，有国内学者指出："一个民族的非物质文化，是她独有的民族精神全民性的活的记忆，是文化认同的重要标志，维系民族存在的生命线。"[1]

就国家而言，非物质文化遗产生产性保护既是国家及有关各方倡导的主要趋向，也是广大民众内心的真实呼唤与价值提倡，有利于提高民众获得感和幸福感，从而推进国家精神文明建设。正如亚里士多德所言："在各种德性中，人们认为公正是最重要的。"[2]这种公正不仅体现在物质财富分配上，更强调对文化价值的尊重和保护。通过对非物质文化遗产进行活态传承，我们不仅尊重和保护了特定群体的文化和历史遗产，也弘扬了社会公正和文化多样性[3]，在现代社会中，公正不仅在社会治理中发挥重要作用，同时也是社会制度制定与发展的道德守则。尽管政治、经济、医疗等层面的公正关系国计民生，但文化领域的公正平等同样重要。普通民众是社会阶层的主流和主体，民众对公正的需求不仅体现在经济、医疗等方面，其审美需求、精神文化需求也需要被满足，非物质文化遗产活化便是其中的一种有效解决方案。通过挖掘、保护和利用非物质文化遗产，可以最大限度地满足广大民众的文娱生活和审美需求，使人民在享受物质文明成果的同时精神也得到满足，从而提升其幸福指数。通过吸收民间艺术、非物质文化遗产带来的民间伦理、世俗伦理精华，可以对国家伦理进行一定丰富和补充。一方面，民间艺术、非物质文化遗产为群众拓展了文化生活的体验形式，使伦理资源日益多样化和丰富化，能够有效避免文化狭隘化、伦理资源贫瘠化、单一化现象。另一方面，民间艺术以地方特色为核心要素，是大众伦理趋向的形象展示，其更加注重个体的真实状态，能够有效减少集体宏大叙事对个人空间的挤压，在避免过度政治化倾向的同时，以活泼的形式体现人民群众的审美趋向。因此，非物质文化遗产对于促进社会公正、丰富文化多样性以及维护社会和谐具有重要意义。[4]

---

[1] 贺学君：《关于非物质文化遗产保护的理论思考》，《江西社会科学》2005年第2期。
[2] ［古希腊］亚里士多德：《亚里士多德全集》第八卷，苗力田主编，中国人民大学出版社1992年版，第96页。
[3] 参见王海明《伦理学原理》，北京大学出版社2012年版，第215页。
[4] 参见王进《从国家伦理角度看民间艺术的伦理价值》，《美术观察》2008年第5期。

第四节　文化遗产活化的伦理价值透视

如何让文化遗产保护利用的成果更好地满足人民日益增长的美好生活需要，已成为文化产业与群众需求紧密互动的关键，也是人们日益关注的重要问题。探索文化遗产的活化路径，让文化遗产活起来，是发挥其社会及文化价值的关键环节。文旅融合为新时代文化遗产的活化提供了可行性路径，旅游是行走的文化，文化的灵魂在于旅游，文旅融合是新时代人民群众的一项重要需求。在推进文旅融合的过程中实现文化遗产的活化，须以人们与文化遗产间的情感互动与文化互动为中心加以开展。

"遗产活化"是对已有概念的伟大创新。它打破了"开发"和"保护"间的绝对界限，使得"遗产保护"或"遗产开发"这两个刚性命题变得更加具有哲学思辨性，更接近事物本身的科学规律。这意味着事物没有一成不变、绝对刚性的真理。通过"遗产活化"，遗产从"保护"和"开发"两个对立的概念，转变为"遗产地综合利用"的科学命题。这是"遗产活化"概念实现的巨大思想突破。

一、文化遗产活化利用之工具理性误区

工具理性在遗产活化利用中的体现，表现为人们充分利用遗产的经济价值，为区域发展注入活力。在我国，人们过多重视遗产的经济属性，为了促进区域经济增长，将其作为旅游资源进行开发，导致遗产本体与文化精髓遭到破坏。具体表现为：首先，为了增加经济效益，很多地方盲目"除旧修旧"，忽略了遗产的原真性。其次，为迎合市场需求，对遗产地进行过度开发，并缺乏监管。再者，为了增加游客量，长期超负荷接待，使得遗产实体不堪重负、外表受到严重破坏。此外，"建筑污染"也是遗产遭受破坏的重要原因。河北省承德市文物局关于对我国10处世界遗产地的损害原因调查结果显示，人为因素是造成遗产损害的主要原因，风力、降雨、雷击、地震等不可抗力的自然因素仅占10%。由此可知，尽管遗产旅游收入逐年增加，但其所处环境早已岌岌可危，遗产利用应有所限度，新模式的探索迫在眉睫。从遗产保护角度来看，为了追求所谓的商业利益，当前很多地方的遗产旅游失去了初心，拆除真遗产、重建"假古董"等现象比比皆是，遗产破坏、风貌弱化、本底消失以及遗产地居民的孤立等问题相继涌现，国内大批遗产保护专家对此深表痛心。

二、文化遗产活化利用之经济伦理审视

当前,各地多出于经济目的对文化遗产进行活化利用。我国几乎所有的世界遗产地均开发了相应的旅游产品,并形成了具有中国特色的旅游模式,如"黄山模式"和"丽江模式"。然而,不少地方过度依赖旅游收入,在经济利益驱使下,忽视开发工作的科学性和合理性,环境恶化、景观破坏、产品同质化、游客与原住居民矛盾和文化特色流失等现象频繁发生,就连丽江古城、平遥古城、西递宏村等世界级的文化遗产地也难以幸免。

经济伦理的价值内涵体现在以下三个方面:功利价值追求经济利益最大化,道义价值追求自利行为公益化,文化价值追求物性文化人性化。其外在的显性形态包括:可持续发展观、科学的资源价值观和新型的生态生产观。从经济伦理的三个价值意蕴和其三个显性形态出发,审视文化遗产的活化利用现实状况,可以发现,遗产保护和作为公共资源的社会效益经常被忽略,文化遗产资源的可持续发展受到威胁。为了迎合市场需求,许多地方政府或企业不惜拆毁传统历史街区,套用商业模板,将原本极具地方特色的真实街区变为同类型景区的简单"复制粘贴",违背了科学的资源价值观。地方管理部门为了眼前利益,违背开发生产的科学规律,肆意开放市场,给当地遗产资源造成不可挽回的损失。

三、文化遗产活化利用之经济效益与社会价值辨析

遗产活化利用过程中的社会成本问题以及保护和利用的技术问题需要从更广阔的视角进行科学审视。一个国家的价值观念是其民族精神的核心展示,与其历史进程与文化背景息息相关。通过加强文化遗产保护和利用,可以弘扬中华优秀传统文化,为社会价值体系注入历史底色。违背发展初心,为了追求经济效益而忽视文化遗产的社会文化价值,只会与时代潮流渐行渐远,最终被湮没于历史长河。从经济基础和上层建筑的辩证关系来看,伴随着经济高速发展和资本快速积累,我国正处于旧的价值观被打破、新的价值观尚未完全形成的阶段,这也为文化传播与社会发展埋下诸多隐患。纵观历史脉络,一个国家、一个民族,只有文化深厚、精神富足才能在激烈的国际竞争中立于不败之地,从而为经济发展注入动能与活力。因此,文化遗产"活化"是建立具有中国特色的社会文化价值体系的重要手段。只有保持遗产与社区居民之间的情感联系,文化遗产才能"活"得更好,"活"得更久。

四、文化遗产活化利用之遗产生态价值体现

推动文化遗产活化利用,需要依靠各类文化项目的力量。我国的考古遗址公园诞生于 2009 年,随后在 2011 年和 2015 年,国家文化遗产公园和文化公园相继出现。这些主题公园依托原有的遗址遗迹及其自然人文环境,形成具有教育、科研、游览等多种功能的综合体,为人们提供相应服务。然而,在评价一座文化公园的优劣时,需注意以下问题:不应将资金投入作为首要标准,而应更多考虑它给当地居民和社会带来的综合价值;不应只关注其建设速度,而应关注其规划设计的科学性与合理性;不应只看到占地面积和建筑规模,而应关注其历史积淀、信息容量、精神意蕴和思考深度。从文化遗产"活化"的更高层次来看,文化公园应明确遗址在现代城镇建设中的生态价值,促进当地民众与文化遗产之间的良性互动。2018 年 12 月 10 日,文化和旅游部审议通过了《国家级文化生态保护区管理办法》,要求在国家级文化生态保护区要积极实施非遗记录工程、传承人群研修研习培训计划、传统工艺振兴计划,开展分类保护,服务国家重大战略。要密切关注非遗传承与相应环境的联系,推动非遗在社区文化生活中的延续和发展,真正实现"见人见物见生活"。

五、工具理性与价值理性统一视角下文化遗产活化利用的伦理保障

在文化遗产活化利用过程中,无论依据哪种理论、采用何种技术、制定怎样的政策,其最终目的都是发挥文化遗产在人类文明进步中的作用。这一目标的实现过程并非简单取舍,而应是工具理性与价值理性的统一。处理好两者的关系,本质上就是要处理好遗产的经济功能和社会功能以及遗产的现时利用和永续利用之间的关系。因此,构建文化遗产活化利用的价值体系(图 5-1)是重要基础。文化遗产价值是由众多功能结构相适配、信息资讯相联通的要素构成的有机整体,体现在经济、社会文化、生态等多个层面,具有类型多样性、要素有机性、系统层次性及利用公平性等多重属性。

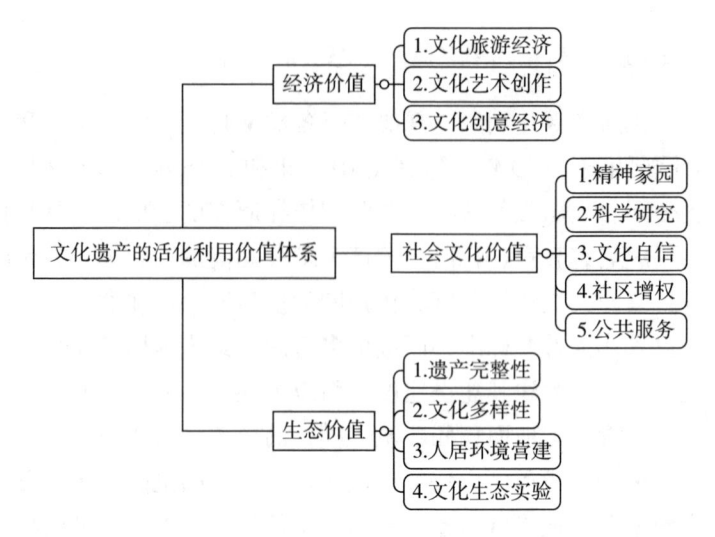

```
文化遗产的活化利用价值体系
├── 经济价值
│   ├── 1.文化旅游经济
│   ├── 2.文化艺术创作
│   └── 3.文化创意经济
├── 社会文化价值
│   ├── 1.精神家园
│   ├── 2.科学研究
│   ├── 3.文化自信
│   ├── 4.社区增权
│   └── 5.公共服务
└── 生态价值
    ├── 1.遗产完整性
    ├── 2.文化多样性
    ├── 3.人居环境营建
    └── 4.文化生态实验
```

图 5-1　文化遗产活化利用的价值体系结构图

为了更好地对文化遗产进行活化利用，仅靠一方力量是远远不够的，要鼓励群众参与进来。文化遗产保护不仅是职能部门与文物工作者的基本职责，更是需要广大人民群众积极参与的重要事业。在文化遗产活化利用过程中，要加强信息沟通与功能分享。在深化开发内容与拓展利用方式的同时，应充分尊重公众情感需求，保障人民群众的基本权益。只有将人民放在首要位置，关注其日益增加的精神文化需求，才能使大众更积极、更主动地参与到这项事业中来，从而扩大其影响力。当前，遗产旅游地的服务质量和管理方式仍有较大提升空间。为此，遗产经营者和管理者需要提升综合服务和管理能力，加强知识充电，引进专业人才，扩大管理工具的应用覆盖面，并引入先进管理方法，从而提高遗产活化效率。

第六章　文化遗产活化的评价标准

文化遗产活化利用是一种集恢复性、再生性和可持续性于一体的遗产保护形式，可以延长我们珍视的遗产寿命，激发公民自豪感，维护留给子孙后代的文化价值。它不仅是一种具有价值承载力和成本效益的策略，还是一种可持续的方法，可以减少遗产本身与人力物力资源的消耗。

被废弃和未充分利用的文化遗产和景观的活化利用，能够成为推动经济增长、增进社会福祉、促进环境保护的关键驱动力，有助于城市和区域可持续发展。许多研究已经构建了评估文化遗产保护和活化利用影响的方法，同时考虑到可持续性多个相互关联的维度：经济维度、社会维度、环境维度以及被强调为可持续性第四支柱的文化维度。在遗产保护、经济学、社会科学和生态经济等领域产生的影响评估方面的高度专业化和部门性知识，已经促成各个科学领域形成经过充分验证且可靠的方法。然而，从操作的角度来看，有些工作阻碍了跨学科知识交流和对话，以及构建针对文化遗产保护的复杂多维影响评估框架。此外，文化遗产的活化利用，预示着一种必然的转变，即从单一的"保护"视角转向展现新功能的研究，且低估了基于最小干预原则的改造可以对当地经济发展、社会凝聚力、民众福祉和环境保护产生潜在的积极影响，为遗产资源的创新利用打开了更宽广的领域。

第一节　文化与可持续发展

一、文化是可持续发展的基础

文化的本质是对思维方式、生活方式和生产方式的选择，因此成为行为和决策的准则。文化是人类最特殊的产物，表达了人与自然之间的关系。从这个意义上讲，文化表示人类接近自然、诠释自然或对自然采取行动的方式。

文化构成了人类社会的基石。将文化视为可持续发展的根基，意味着我们要引入人类发展的视角，更准确地说，是人类可持续发展的观点。[①] 这意味着我们要在全球化时代的新人文主义视角下，基于人与人之间以及人与自然之间的相互关系，确立促进人类发展的目标。

上述理论层面的思考，将文化视为统一可持续性三个维度的要素。而在实际操作层面，则需要根据经济维度的外部效应（即社会和环境影响），将三者置于相互关联、相互依存的系统中，这样才能避免作出在经济上合理但在生态环境和社会方面造成负面影响的非理性决策。

更准确地说，本部分旨在验证文化遗产经济价值的产生，以及生态价值和社会价值的再生。从经济、环境和社会三个维度的协同演化角度进行了论证。而文化作为可持续发展的基石，自然地体现了可持续发展的这三个维度。

二、文化遗产是促进区域可持续发展的关键因素

1998年，在斯德哥尔摩举行的关于文化政策促进发展的政府间会议阐明了文化与发展之间的相互作用，并在文化政策和决策主流中加以实践。结合前期成果，2001年，《世界文化多样性宣言》再次强调了弘扬文化多样性在人类发展历程中的重要意义。

过去的20多年中，联合国大会通过了几项决议，一再重申文化对可持续发展的作用，分别为2010年"联合国文化与发展决议"、2013年"文化与可持续发展"和2015年"2015年后发展议程中文化和可持续发展"。

2013年，杭州市举办了联合国教科文组织国际大会，会议主题是"文化：可持续发展的关键"，大会对文化与可持续发展之间的关联性进行了分析。2015年，联合国逐渐认识到文化在促进地区可持续发展中扮演着至关重要的角色："我们承诺促进不同文化间的理解、容忍、相互尊重，确立全球公民道德和责任共担。我们承认自然和文化多样性，认识到所有文化与文明都能推动可持续发展，是可持续发展的重要推动力。"[②]

联合国教科文组织的全球报告《文化：城市未来》在全球案例研究

---

① Fusco Girard, L., & Forte, B., *The Human Sustainable City: Challenges and Perspectives from the Habitat Agenda, London:* Routledge, 2000.
② 联合国：《变革我们的世界：2030年可持续发展议程》，2015，联合国官网（https://www.un.org/zh/documents/treaty/A-RES-70-1）。

的背景下，为文化作为可持续城市发展基础的作用提供了全球视野。联合国教科文组织前发展总干事伊琳娜·博科娃（Irina Bokova）在前言中指出：文化是城市更新与创新的核心。该报告提供了丰富的见解和具体证据，显示了文化作为建立更具包容性、创造性和可持续性的城市的战略资产的作用。创造力和文化多样性一直是城市成功发展的关键驱动力。文化活动可以促进不同社区之间的社会融合和对话。有形和无形的遗产是城市身份的再利用组成部分，营造了归属感和凝聚力。文化体现了城市的灵魂，使城市得以进步，并为所有人树立了有尊严的未来。这一愿景因充分认识到文化作为可持续发展的强大推动力量，及其作为促进可持续发展的关键因素之一的作用，而再次焕发生机。这是实现"建设包容、安全、有抵御灾害能力和可持续的城市和人类住区"这一可持续发展目标的关键条件。

联合国《新城市议程》考虑了教科文组织的全球报告建议，并探讨了文化在城市环境中的关键作用。《新城市议程》承认文化和文化多样性是人类致富的源泉，并为城市、人类住区和公民的可持续发展做出贡献，使他们能够在发展倡议下发挥积极而独特的作用。《新城市议程》进一步认识到，在促进和实施新的可持续消费和生产方式时应考虑文化，这有助于以负责任的方式使用资源并应对气候变化的不利影响。

《新城市议程》提出将支持利用文化遗产促进可持续城市发展，并认识到文化遗产在激发参与和责任方面的作用。我们将利用尊重的修补与改造的方式，将价值的创造作为根本目标，以期推动古建筑遗址遗迹的创新发展与可持续性利用。我们将促进当地原住居民的积极参与，使大众参与到传播有形与无形文化遗产知识当中，与此同时，利用现代高新技术不断促进传统表现形式与语言的保护。《新城市议程》提出，应支持利用文化遗产促进城市的可持续发展，同时肯定其在提升民众参与度和责任感方面的积极作用。联合国将支持利用文化遗产促进城市可持续发展，肯定文化遗产在提高参与度和责任感方面的作用。他们将促进以创新和可持续方式利用建筑古迹和遗址，旨在通过审慎的恢复和改造创造价值，并且，将在土著人民和地方社区的参与下，通过利用新技术和工艺等，推广和传播有形和无形文化遗产知识，并保护传统表现形式和语言。

在欧洲文化遗产年的框架下，2018年的《达沃斯宣言》强调了文化在以可持续方式塑造生活环境方面的作用："如果文化不是核心，就不可能有民主、和平与可持续的发展。更具体地说，该宣言申明了文化遗产在发展可持续建筑环境中的关键作用：文化遗产是高质量再利用的重要组成部分。我们今天使用、维护和保护文化遗产的方式对未来高质量建筑环境的发展至关重要。"[1]

第二节 文化资本和文化遗产

一、用文化资本定义文化遗产

文化可持续发展的理论基础源于经济学中的文化资本理论。文化资本可理解为能体现或引起文化价值并拥有经济价值的有形和无形资产。这些文化资产或许源远流长，源自历史的传承，因其深厚的文化意义而备受重视。同时，目前通过艺术或文化活动所产生的文化产品和服务，也有望成为推动有形与无形文化资本存量增长的重要力量持续存在。由此可见，一个社区乃至一个国家的文化资本存量，实则蕴含着一种不可多得的宝贵资源，亟须以某种恰当的方式进行管理，而这种管理职能则应在可持续性框架内得到解释。在城市背景下，文化资本由不同种类的城市文化资产组成，不仅涵盖了物质和非物质遗产资产，还可能扩展到自然资产（滨河、绿地、花园、公园）乃至其他城市资产。

确定文化资本（类似于确定历史性城镇景观或遗产缓冲区）、文化资本区（分析物理空间边界）的过程并不是独立的。测绘地图是明确城市的文化资本不可或缺的处理方式。随着时间的推移，一个地方的文化资本不仅能为各类利益相关者（包括私人、公共领域及外部相关方）带来一系列显著的经济效益，还深刻体现了该地区文化资源的可持续利用价值。鉴于经济价值的实现往往难以单一地归因于某一具体古迹或城市文化资产，因此我们倾向于认为，经济价值是伴随着特定文化资本区域的整体发展而共同生成的。

当城市文化资产转化为经济价值时，文化资本就会被激活。文化资本的激活实质上是城市文化资产和城市经济资源在空间上的整合，这一过程同样需要借助制图实现可视化。

文化资产空间整合的推动力量源自许多方面，主要包括文化资产的遗产价值、当地社区与公共机构对其价值的广泛认同、城市文化资产类

---

[1] World Economic Forum, Davos Manifesto 2018, World Economic Forum(https://www.wlrk.com/docs/WEF-_Davos_Manifesto_2018.pdf).

型的多样性、文化资产的保存状况以及整合对提升区域宜居性的重要贡献，如提高土地综合使用率、增强设施邻近性、提升步行友好度。这一综合性的考量框架，与"历史性城镇景观"所倡导的方法不谋而合。

关于文化资本及其空间整合的战略分析有助于为文化资本的新投资、遗产保护与活化利用、城市规划等方面提供参考。加强文化遗产与城市经济资源的空间整合也能助力城市循环经济的发展和可持续发展目标的达成。

二、投资文化资本

《巴拉宪章》将活化利用（Adaptive Reuse）定义为"为建筑遗产找到合适的用途（即容纳新功能），使得该场所的文化价值得以最大限度地传承和再现，同时对建筑重要结构的改变降到最低限度"。遗产建筑的活化利用，作为遗产保护领域的一种创新性再利用方式，其内涵远远超越单纯的经济成本考量，它不仅在平衡历史传承与当代发展需求、优化资源配置方面展现出显著的经济性，更是未来经济体系迈向可持续、包容性及循环发展模式的重要触媒。

从经济角度来看，文化遗产的活化利用被嵌入三层框架中：

（1）具有文化意义的遗产，实则是文化与经济双重价值的载体。文化遗产随着时间的推移产生服务流，进而产生经济和文化价值。作为资本的一种独特形式，文化遗产的时间跨度特别长，需要有专人对其进行维护和保养或定期调整其用途，否则文化遗产的价值就会随着时间的推移而衰退。

（2）城市保护视角下，文化资本面临着难以适应时代变迁与空间整合等具体挑战。城市环境中的活化利用与一种新的"上游"模式高度契合，该模式以全球性的挑战为出发点，将文化遗产视为技术创新和激发当代文化创造力的源泉，从而赋予其更强的抵御广泛威胁的能力。无论是推动旅游业的发展，还是现代城市的建设与更新，抑或是文化遗产的活化利用，其核心目标均在于将可持续价值置于文化遗产保护的首要位置。

（3）文化遗产是由物质和非物质遗产组成的，在活化利用方面需各自采取适当的方法。随着人们对非物质文化遗产的兴趣与日俱增，特别是在非西方国家自然保护浪潮的推动下，我们有必要反思保护对象及保护方法。同时，多标准和多利益相关者的分析有助于深入了解文化遗产与所有者和使用者、社会实践部门等之间的复杂关系，制订最佳兼容再利用方案。

三、循环经济视角下文化遗产活化利用的多维生产力

从循环经济的角度来看，废弃及利用不足的文化遗产与景观的活化利用和再生，被视为推动"增长与能源消耗脱钩"的重要动力。事实上，通过"再利用—回收—翻新—恢复—再利用"的方式活化废弃闲置的文物建筑、遗址及景观，有助于形成循环的遗产旅游经济，进而延长文物资产使用寿命，与此同时，这一举措从废弃物中发掘新用途、催生新的经济机遇，最终创造新的就业机会。

为构建评估文化遗产活化利用"多维生产力"的结构化框架，必须在确立维度和相关标准之前，明确界定与再利用生产力紧密相关的前提：作为生产活动的"生产性"再利用。

可再利用性的生产力反映了由功能强度、功能类型和相互作用共同决定的吸引力。换言之，必须充分认识到文化遗产保护影响的复杂性和多维性，即保护行为带来的"外部效应"。这些附加价值的产生与保护干预的类型有关，涵盖了从活化利用到修复、保存等多样化的措施。活化利用的附加价值往往高于其他保护措施，它可以实现文化遗产的再生。从某种意义上说，活化利用往往能够创造出比其他保护手段更高的附加价值，它实现了文化遗产的具体再生，不仅为私人和社会带来了新的使用价值，而且这种价值能够长期持续，这正是循环经济模式核心理念的生动体现。

文化遗产的活化效应，尤其是其外部效应，需从多维度进行深入剖析与评估，通常包括文化维度（比如教育、交流等）、经济维度（比如旅游吸引力、房地产市场等）、社会维度（劳动力市场、社会网络与关系等）以及在文化遗产所处的自然—空间—城市背景下的本地化。[1] 本评估框架的构建，旨在清晰展现文化遗产活化利用所激发的多维生产力，并强调了可持续发展中所蕴含的复杂价值观念。

---

[1] Brito, V., Buhalis, D., & Gnoth, J., "Cultural Heritage and Its Contribution to Sustainable Urban Tourism Development", in *Cultural Tourism in the Digital Era: Advancing Culture Heritage Information Systems*, edited by Metin Kozak and Andre G. P. M. Meulman, IGI Global, 2012, pp. 3-22.

第三节　文化遗产活化利用的评估维度

一、国外的文化遗产活化评估体系

（一）准则及准则类别

为了消除对评估"标准"可能产生的任何误解，并提供一个对非技术领域的利益相关者有用的统一定义，这里采用自20世纪70年代以来，在科学领域提出并被广泛接受的标准定义——多属性效用理论（MAUT）。该理论是多标准评估的基础。

相关文献中，学者普遍用到"目标""属性""效用""权重"这四个关键术语[1]；麦克·克里蒙（Mac Crimmon）等学者对这四个术语进行了区分[2]；而另一些学者，如菲什伯恩，则倾向于采用较为宽泛的定义方式[3]。

因此，在构建评估问题时，需明确目标、宗旨、评判标准及关键属性。此外，为了评估实践的成效与我们理想中所有目标及标准的契合度，关键在于确立一套与之紧密相关且可量化的指标体系。这一步的核心在于设定一套事后评估的标准，指标可以是定量的和（或）定性的，具体选择则依赖于数据与信息的可得性。对上述所有核心要素进行精确定义是一个最基本的步骤，因为所采用的定义将影响评估结果，同时也展示了如何根据本研究的目的从一般性的评估框架中提炼出关键要素，以确保评估工作的针对性和有效性。

（二）物质遗产评价框架

文化遗产活化利用往往可被视为循环经济不可或缺的一部分，因为两者都致力于在更长的时间跨度内实现使用价值的最大化。

1.基于循环经济理论的文化遗产活化利用原则

（1）实现增长与资源消费的解绑。活化利用文化遗产不仅能推动经济增长，还能有效保护自然资源。

---

[1] Keeney, R. L., & Raiffa, H., *Decisions with Multiple Objectives: Preferences and Value Trade-offs*, Hoboken: John Wiley & Sons, 1976.

[2] MacCrimmon, K. R., "An Overview of Multiple Objective Decision Making." *Multiple Criteria Decision Making*, edited by John L. Cochrane and Milan Zeleny, Columbia: University of South Carolina Press, 1973, pp. 3-12.

[3] Fishburn, P. C., "Mean-Risk Analysis with Risk Associated with Below-Target Returns", *American Economic Review*, Vol. 67, 1977.

（2）闭环循环、闭环代谢，构建促进共生合作的短链。通过多方合作，我们能够在文化遗产的活化利用过程中形成地方层面的城市闭环代谢。

（3）提高生产率，即少投入，多产出。活化利用可以减少土地、材料和能源的消耗，以较少的投入实现城市中满足现代需求的新功能。这意味着，对文化遗产的活化利用能在社会、环境、文化等多个维度上产生积极影响，从而增强循环经济的生产力，促进"多维生产力"的发展。

（4）优化现有资源的利用。文化遗产不仅是文化资源，也是社会、经济和环境资源，活化利用能够最大限度地发挥这些资源的价值。

（5）长期保持使用价值和建筑性能。通过活化利用，我们可以确保文化遗产的使用价值和功能得到长期保护，以适应不断变化的社会需求，从而推动循环经济的发展。

（6）延长建筑寿命，增强耐久性。活化利用能为废弃或未充分利用的建筑注入新的生命力，使文化遗产得以无限期地延续。

（7）随时间的推移展现适应性。活化利用体现了文化遗产对于外部变迁的适应潜力。

（8）促进向服务经济的转型，通过长期有效维护实现盈利。活化利用往往采用"使用"而非"所有"的模式，要求用户在使用建筑时保持其良好的保护状态。这既为供应商和制造商提供了回收材料的机会，也让他们能够通过转售或重新定位获得额外的收入来源，并为更多人员创造就业机会。

（9）将废物视为管理资源。废弃的建筑或场地被重新利用，成为资源而非成本。建筑拆除企业可以转变业务模式，成为材料再利用的供应商和拆卸专家。

（10）发展共享经济、合作经济和社会团结经济。基于社区和多方利益相关者参与的新模式正在成为文化遗产活化利用的有效途径。

（11）激发合作关系再生能力（关系经济）。遗产建筑的再利用能够激发"遗产社区"的活力，促进社区成员的交流与其相互关系的再生，并有助于创造关系经济。

（12）构建相互依存的经济：生态经济。在讨论再利用和转换文化遗产时，我们应摒弃将其视为空置"容器"或遗弃物的做法，而要认识到可持续发展的文化层面与经济、社会和环境层面之间的相互依赖性。因此，我们必须意识到，在经济、社会和环境方面，不加以利用、不重新生成和传播文化价值的保护是徒劳的。这些相互依存关系在生态经济中找到了生存和发展的空间。

2.常用的评估框架

（1）基于循环经济理论的9R评价框架

R0：拒绝（Refuse）。保罗·莱克（Paul Reike）、威廉·弗梅伦（Willem Vermeulen）、桑德·维特斯（Sander Witjes）认为，预防性R0"拒绝"应在其余8R之前。[1] 这种预防措施适用于消费者和生产者。在活化利用情况下，它适用于概念和设计生命周期，但默认情况下会体现出来，因为保护架构师拒绝使用与建筑环境完整性不兼容的材料，因此事先拒绝使用有害材料。

R1：反思（Rethink）。即重新思考产品设计和生产流程，以最小化环境干扰，减少资源使用。活化利用是在原有基础上进行创新性的改造，使其适应现代使用需求，同时保留其历史特色。这个过程涉及对产品的设计、制造、使用和最终处理的每个环节进行反思和创新，以实现更加可持续和环境友好的生产与消费模式。

R2：减少（Reduce）。即减少废物的产生。活化利用可减少建筑物生命周期中的温室气体排放，并减少建筑垃圾和垃圾填埋场。因为活化利用最终目标是保存建筑物的完整性和原真性，只有在极其需要的情况下，即出于安全原因，才涉及拆除建筑物，修建新建筑等。

R3：重复利用（Reuse）。对文化遗产的活化利用减少了全新材料的使用，因为它可以再利用过去已经提取的大部分材料，这确保了资源效率，在开发的整个生命周期中保持物质生产力；并减少不可再生材料的损失。因此，它充分利用新材料，以提高可再生能源、生物基、较少资源密集型或完全可回收的材料。

R4：修复（Repair）。即保养与维修。维护和维修是活化利用项目的组成部分。在活化利用项目中，材料被修复，其正常使用的功能得以维持，实现了遗产的可持续。

R5：翻新（Renew）。即翻新产品。在大型多组分产品的整体结构保持完好无损，而许多部件已更换或维修，从而导致整体"升级"的情况下，使用"翻新"概念似乎最为合适。以这种方式应用，翻新的概念在建筑物大修的背景下也可以从通用语言中得知。显然，文化遗产的活化

---

[1] Reike, D., Vermeulen, W. J. V., & Witjes, S., "The circular economy: New or refurbished as CE 3.0？— Exploring controversies in the conceptualization of the circular economy through a focus on history and resource value retention options", *Resources, Conservation and Recycling*, Vol. 135, 2018.

利用是城市"整修"的组成部分。但是，也要解决创新设计的概念，即在解构和重新组装的同时要牢记将来用途的灵活性。因此，活化翻新不排斥在新设计中引入创新和可持续的材料以及有助于向循环经济发展的新近技术，例如数字平台、产品通行证、3D 打印和标记传感器。新设计和新材料必须保证用户的健康和福祉。

R6：再制造（Remanufacture）。即从旧产品（的一部分）创建新产品。在某些情况下，一些后世的历史建筑使用的是古老建筑的一部分现成的材料构件，例如，在中世纪建筑中使用的更古代的罗马柱。这种"旧遗产部件的再利用"有助于保存许多历史艺术和建筑作品。今天，人们倾向于不拆除历史建筑，但一些为了适应新用途而必须拆除的特定部分可以被再利用来创造新产品。最终目标是确保对安全、健康、可无限重复使用和再制造的材料的再制造。

R7：转用（Recycle）。即产品改用作其他功能、目的。重新利用本质上是活化利用的同义词，这证实了文化遗产的活化利用可以被视为循环经济的组成部分。

R8：回收（Recover）。即材料的加工和再利用。回收和升级循环的概念是 9R 方法的核心，因为它的先决条件是避免使用珍贵的原始材料。选择性拆除文化遗产建筑而来的材料和技术部件可以在其他行业中回收利用。这就是为什么必须保留可追溯数据库，其中涉及材料的成本和状况、所有权、生命周期和保修等等。还必须绘制一个工业和物流企业网络。保持材料所有权可以激励开发人员投资于安全、健康和质量更高的材料，以便他们将来可以出售，重复使用和交换。需要根据本地网络环路内的质量水平和将来的用户对废物、拆卸下的材料进行分类。因此，建立一个具有材料成本、条件、所有权、生命周期和质保相关信息的可追溯数据库至关重要。

R9：复原（Regenerate）。即从材料中回收能源。在文化景观中，特别是农村传统景观中，许多材料被用来回收能源。

9R 方法阐述了循环经济的理念和愿景及其在活化利用方面的潜在应用。为了适应闭环原理，必须收集、分析和调整适应活化利用项目的创新模型，使之服务于经济效益与环境效益。

（2）艾伦·麦克阿瑟基金会的 ReSOLVE 框架

艾伦·麦克阿瑟基金会确定了定义循环经济的三项基本原则：

其一，利用对有限的存量的把握与平衡可再生资源的流动以维护的方法与增值自然资本。

其二，利用在技术和生态循环中以最高效使用的产品、组件和材料的循环的方法以达到增加资源产量的目的。

其三，利用展现和设计消极的外部性的方法以提升系统的有效性。应用这些原则意味着创造一种具有恢复性和可再生性的经济，该经济系统可以保护生态系统并随着时间的推移增加其回报，创造繁荣，并通过从现有基础设施和基础设施中获取更多价值来推动经济增长。

该基金会描述了文化遗产活化利用的主要和次要指标，以监控和测量每个主体的应用程序。此外，它将这三项原则转化为六项具体行动的框架，供愿意向循环经济转型的企业和国家使用。前三种行为——再生、分享和优化，已经体现在活化利用透视图中。然而，剩下的三种——循环、虚拟化和交换，属于创新性实践，比如组织设计、买卖材料循环、虚拟化实践和过程、在建筑设计中整合材料通行证等。文化遗产的活化利用被解释为实践实现了 ReSOLVE 框架的原则（表6-1）。

表6-1 关于文化遗产活化利用的艾伦·麦克阿瑟 ReSOLVE 框架

ReSOLVE 模型	循环经济原则	如何实现活化利用原则
1. 再生	转向可再生能源和材料，维护生态系统健康，回收并再生生物资源，将其返回生物圈	在文化资本的活化利用中，文化资本通过提供新用途保存并增强价值，从而为利益相关者重新创造价值
2. 分享	通过最大化产品利用率，如 P2P 共享私有产品、公共共享产品池、再利用二手产品、维护、维修以及耐久性设计来延长产品寿命，从而减缓产品循环速度	在活化利用过程中，同一资产的不断再利用能够与资产所有者和用户建立长期的合作关系
3. 优化	组织通过提高产品性能和效率，消除生产和供应链中的浪费，利用大数据、自动化、遥感等技术实现优化，这些操作无须改变实际产品或技术	产品设计需考虑未来用途，仅使用在整个生命周期中保持最高价值的组件，以减少原料损失。开发全新的可循环再利用材料，不仅能提升性能，还能满足未来的安全和环保标准，同时消除过程中的浪费

续表

ReSOLVE模型	循环经济原则	如何实现活化利用原则
4.循环	保持组件和材料在闭合回路中，优先考虑内部回路。在技术养分循环中，若材料有限，则进行中继产品或组件的再制造以及材料的回收。在自然养分循环中，循环物质的活动包括厌氧消化和从有机废物中提取生化物质	与企业和物流服务协调，建立回收系统和收集服务，从已处理的产品或副产品中回收有用的资源
5.虚拟化	资源的非物质化，即直接虚拟提供效用（如书籍和音乐），或间接提供效用（如网上购物、虚拟办公室等）	借助数字创新，如定制应用程序，活化利用可以让受损公民以不同方式更紧密地接触文化遗产，同时也让潜在游客或感兴趣的利益相关者能够远程参观项目
6.交换	用先进的不可再生材料替代旧材料，应用新技术（如3D打印）和选择新产品或服务（如多式联运）进行升级	活化利用设计需考虑最先进的技术，这些技术有助于推动循环经济的发展，如数字平台、产品通行证、3D打印和标记传感器等

3.事后评价中的多维标准

（1）可持续发展视角下的文化遗产活化利用的多标准评价

表6-2旨在探讨在可持续发展的框架下定义文化遗产活化利用的标准。经典的可持续发展模式建立在社会、经济和环境三大支柱上，联合国教科文组织在2013年的《杭州宣言》中又将文化作为第四支柱引入。虽然这一标准的适切性仍在讨论之中，但已被视为一种可以用于确定各方在追求可持续发展这一共同目标中所做出的不同贡献的途径。在应对城市环境中活化利用的复杂情况时，可持续发展的四大支柱方法为决策者提供了有力的思维工具，用于测度这些支柱如何相互关联、相互影响。对不同类别标准进行的相关性测试，将深入揭示其多层面复杂的内在联系，例如文化和经济支柱的综合结果（活化利用，可同时从被保存的遗产中获得更多的文化价值，并从被保存的遗产中获得更多的就业机会和收入，或者实现遗产再利用）。支柱之间的相关性分析将表明可持续发展各组成部分之间（不相容）的三种形式：

其一，当来自两个不同支柱的标准之间成正相关关系，表明活化利用对两个支柱的贡献是积极的。

其二，当来自两个不同支柱的标准之间成负相关关系，表明活化利用对一个支柱起积极作用，对另一个支柱起消极作用。

其三，如果来自两个不同支柱的条件之间不存在关联，则没有任何联系。

基于可持续发展的四大支柱框架，针对其中两个或三个不同支柱，提炼出了一系列与特定类别紧密相关的标准（表6-2）。此举旨在凸显各支柱间的潜在相关性，进而促进可持续发展。

此外，由于这些标准旨在应对不同规模城市地区的发展成果，该框架还明确了这些标准（宏观、中观及微观）的空间维度界定。具体而言，宏观层面聚焦于地区，中观层面则细化至城市、市镇、街区，而微观层面则是建筑规模。

表6-2 可持续发展视角下文化遗产活化的评价

维度和相互关系	序号	标准
文化： 活化利用实践有助于维护并提升遗产价值	1	技能、技术、知识和无形资产的传承
	2	景观视觉质量
	3	原真性与完整性
	4	融合历史和当代艺术价值
	5	历史城市景观角度（HUL）
文化—社会： 历史和当代艺术价值的混合活化利用有助于保持和提升遗产价值，也有助于通过循环经济过程促进社会价值的提高	6	微型社区的创建与再生
	7	增强公民的自豪感、身份认同感和地方归属感
	8	加强教育作用
	9	文化遗产作为共同利益的认识
	10	城市安全与安全保障
	11	利益相关者的透明度与问责制度
	12	住房负担能力、文化、健康与流动性
	13	应对气候变化导致的移民趋势与农村人口外流

续表

维度和相互关系	序号	标准
文化—经济： 活化利用的做法有助于维护并增加遗产价值，也有助于通过循环经济过程实现经济价值	14	循环经济的发展推动文化旅游的繁荣
	15	创意产业的兴起
	16	文化服务设施的无障碍性
	17	产出、收入、就业与经济增长
	18	探索另一种社会创新的经济模式
	19	提升地区吸引力
	20	提高土地使用效率
	21	影响房地产价格
	22	产生财政溢出效应
	23	利用金融工具
	24	建立灵活响应的治理机制
文化—环境： 活化利用的做法有助于保持、增加遗产价值，同时有助于通过循环经济过程促进环境价值提升	25	使用耐气候的弹性材料和施工技术
	26	蓝色和绿色基础设施的规划
	27	提升环保意识
	28	生态系统保护与再生
	29	减少建筑废物及废物填埋区的使用

（2）循环经济视角下文化遗产活化的多指标评价

在城市环境中对文化遗产进行活化利用意味着要从文化资本的角度来考虑，所有被考虑的建筑都是城市文化资产的一部分，共同促进了城市的可持续发展，尤其是整个地区的循环经济过程。

在考虑这些标准时，需要特别强调活化利用如何在遵循文化价值（如原真性与完整性）的基础上维系对遗产的有效保护，因为文化价值和最佳保护实践是制定活化利用策略的先决条件。

此外，还应考虑与文化遗产保护工作相关的标准，因为这些标准能够揭示并促进循环经济过程的实施与发展。

最后，还需要考虑活化利用的标准，以了解建筑物的活化如何通过循环经济过程为可持续发展目标做出贡献。有关建筑物用途或功能的决策决定了受保护、保存、活化的文化资本所提供的社会和经济效益的流向。

尽管每个部分的标准和（或）三个部分中的每个标准在很大程度上

存在共通性与复用性，但从循环经济的角度分析活化利用，应遵循以下方法与步骤（表6-3）：

第一，通过适当的保护工作，维持文化遗产地原真性和完整性的准则。

第二，养护工程循环经济程序准则。

第三，针对所考虑的文化遗产区域内建筑物未来使用规划，制定符合循环经济过程的标准。

表6-3　循环经济视角下活化利用的评价

标准	描述
文化保护价值原真性和完整性	再利用的做法保存了建筑设施的原真实性与完整性
当地技术	再利用实践利用了本地的技能、技术、知识
设计新的部件和系统	再利用进行实践设计组件和系统，以提高建筑物的使用寿命
效率	利用效率措施（例如能源、物料及水），进行废物再利用
生态系统	再利用的做法有助于生态系统的保护和再生
废物和垃圾	再利用的做法有助于减少建筑与管理废物及废物堆填区
生物多样性	再利用的做法有助于制止或扭转生物多样性的丧失
优化	再利用实践实现了对现有资源的优化使用
长期	再利用实践从长远的角度考虑了建筑的性能
新创新模式	再利用实践增强了用于融资、业务和治理的新的创新模型
本地投资/就业回报	再利用的做法有助于提高当地投资和就业的长期回报
文化游客	再利用的做法增加了文化游客的数量
共同利益	再利用实践为当地社区提供了公共空间
空间整合	再利用的实践促进了文化资本的空间整合
适应性	再利用的实践增加了建筑未来的灵活性和适应性
提高意识	再利用的做法提高了当地对遗产和循环经济的认识
房地产市场	再利用的实践为房地产市场提供了循环经济的流程
生产力	再利用实践有助于提高生产率，实现少投入多产出
创造力	再利用实践增强了创造性和创新性

续表

标准	描述
公共利益	再利用的做法产生了长期的免费使用特许权
幸福	再利用的做法改善了当地的健康与福祉
微型社区	再利用实践有助于微型社区的创建与再生
身份	再利用的做法有助于增强公民的自豪感、身份认同感和地方归属感

　　文化遗产的活化利用满足了文化、经济和社会可持续发展的要求，为我们的生活环境增添了浓厚的人文理性色彩。从文化的角度来看，这一过程不仅保护了文化遗产中的可再利用元素，加强了身份认同，还揭示了多层次历史中潜藏的，甚至有时被遗忘的章节，极大地推动了学术研究与文化探索。从经济的角度来看，投资文化遗产的活化利用不仅能够催生大量的就业机会，带动居民收入水平的提高，还能吸引众多新兴投资，特别是那些富有创意和创新精神的初创企业，为区域经济发展注入强劲的动力，进而促进旅游业发展。同时，文化遗产活化利用所带来的有形外部效应，如商店、咖啡馆、餐馆、电影院及邻近剧院的兴起与繁荣，不仅丰富了市民的文化生活，更促进了城市结构的优化与再生。从社会的角度来看，它不仅是建筑的价值载体，而且保留了整个社区的特征，从而加强了本地社会对遗产保护和传承的自豪感和参与热情。此外，文化遗产的活化利用还深刻影响着社区的服务质量，提升了居民的安全感与幸福感。从环境的角度来看，文化遗产的活化利用显著降低了对原材料的消耗，有效减轻了运输与能源消耗的压力，实现了能源的节约与高效利用。这一举措还极大地减少了废物产生与垃圾填埋对环境造成的负面影响。此举还能减少碳排放量，与全球可持续发展议程高度契合。

　　文化遗产活化利用已被许多国际再利用参与者认可为可持续发展的推动者和驱动力。在此背景下，本部分旨在推进一种新的认识论研究，即着重剖析将文化遗产的活化利用定位为双赢循环模式的诸多益处。文化遗产的活化利用可以推动一种基于流程循环（循环经济）的新发展模式：借助商业或金融部门的协同作用，依托在社会、文化和机构层面上创新的公私合营伙伴关系，有效管理公地，通过对建筑物和景观的活化利用不仅实现了这一目标，而且反映了能源的高效利用和本土材料使用的环境协同作用。

对废弃和未充分利用的文化遗产进行活化利用，极大地推动了基于"循环城市"或"循环城市区域"理念的新兴发展战略的实施。这一举措尤为显著地体现在能够减少对新土地的消耗，精准评估现有建筑资产的能耗状况，并将城市领土"废弃物"重新引入多维价值生产循环。

本节所介绍的标准旨在为评估和监测框架奠定基础，该框架将循环城市及其区域范围内文化遗产的活化利用作为战略要点纳入其中，构成以生产力再生为核心的多维生产力。不仅涵盖了自然资本中水、能源、土壤及材料的循环高效利用，还关注到文化资本的再生，以及《新城市议程》下更广泛目标的达成。因此，本研究旨在为循环经济视角下文化遗产活化利用的特定议程奠定基础。在这方面，本部分提供了一套系统化的方法论指导框架，用于评估文化遗产循环改造与利用中的最佳实践案例，进而促进普通住宅的保护与新兴循环型城市建设的融合发展。

为了保护、复兴、活化文化与自然遗产，并视其为推动可持续增长战略的核心动力，本章提出了遗产活化利用的多维效益，同时揭示促进可持续发展责任文化的关键要素。这一过程不仅促进了知识的累积与更新，还激发了公民文化的活力，为国民经济、共享经济乃至循环经济的蓬勃发展开辟了新的商业契机。

二、国内的文化遗产活化评价体系

国内关于文化遗产活化的评价，尚没有形成统一的指标体系。已有专家学者从遗产旅游、文化遗产生产性保护等角度，对文化遗产活化及其绩效做了一些探索性研究，形成了视角多元、形式多样的评价指标体系。我们认为，文化遗产活化的关键在于遗产价值的活化。目前，国内基于价值评价的关于文化遗产活化评价体系主要有两套，一套是贺小荣等构建的古村落文化遗产活化的评价指标体系，另一套是顾江教授等构建的文化遗产价值评估体系[1]。

（一）体系一：古村落文化遗产活化的评价指标体系

1. 指标选取的原则

（1）系统性、综合性原则

文化遗产本身具有经济价值、文化价值、审美价值、艺术价值等多维度价值，对其进行活化利用是一个系统工程，能够带来多重收益。因此，构建文化遗产旅游活化成效评估指标体系需要全面系统地体现旅游

---

[1] 参见顾江编著《文化遗产经济学》，南京大学出版社2009年版，第148—149页。

活化过程中所释放的价值，综合考虑各个价值要素及实现程度。

（2）科学性、代表性原则

文化遗产旅游活化实践释放的效益是多维度、多方面的，如果对于每一个效益都设计相应的指标，那么指标体系会变得庞杂，而且指标语义难免重复。为了避免上述情况，应该选择文化遗产旅游活化所释放的代表性价值，设计相对应的评价指标，同时要尽量保证指标间重复性小、彼此独立。

（3）实用性、可操作性原则

建立本次指标体系是为了测量目前文化遗产旅游活化利用实践成效，定量反映目前案例地活化实现的价值程度，因此选择的指标应该切实可行，能够运用于具体的实证研究。同时为了扩大指标体系的应用范围，为国内更多同类型的文化遗产地开展旅游活化实践提供参考，指标变量应该具备一定的普适性，这样才能提高指标体系的可操作性。

（4）灵活性、可调整性原则

由于目前国内关于文化遗产旅游活化成效评估的研究较少，相应的指标体系研究存在较大的探索空间。这就意味着需要我们对文化遗产旅游活化已有研究进行大量归纳，提炼出相应的指标，要多次通过专家判断、实证研究进行指标的删减和增补。中间涉及的流程和步骤较多，甚至需要多次反复操作。因此，指标体系应该是开放灵活的，这样才能根据研究情况和发现进行相应调整。

2. 指标选取的思路

对传统村落进行旅游活化利用，一方面能够为遗产地创造经济收入，促进传统村落科教文卫事业综合发展，提高当地居民的生活水平。同时，能够吸引外出务工人员返乡创业，缓解传统村落"空心化"现象，为传统村落的可持续发展提供人力资源。在这个过程中获得的经济收益又能反哺传统村落的保护，成为保护与传承遗产的主要资金来源。另一方面，在传统村落开展旅游能够将文化遗产融入当地居民的生活逻辑，使遗产在日常生活中焕发生机，赋予遗产可持续发展能力。同时，能够帮助居民和游客具身感受到遗产地生动形象的文化氛围，形成文化认同，提高文化自信，在潜移默化中实现文化有效传承。对传统村落进行活化开发能够改善村落环保卫生条件，提高生态环境质量，回应国家提出的"绿水青山"号召。上述都是文化遗产能够释放的价值，包括经济价值、文化价值、社会价值和生态价值四个维度，这些价值也是在文化遗产地开展旅游活化实践能够获得的效益。

要衡量传统村落旅游活化成效，也就是衡量上述价值在实践中被释放、实现的程度,而这一程度通过居民感知评价能够得到较好测量。因此,本文基于传统村落居民感知视角,参考现有在价值维度上讨论文化遗产旅游活化可行性的相关研究,同时参考各位学者对文化遗产旅游活化提出的建议,从经济价值、文化价值、社会价值和生态价值四个维度出发设计指标。基于目前文旅融合政策导向,以及国家层面优先追求社会效益的价值判断,本次研究将围绕文化遗产可持续发展这一活化核心,重点测量传统村落旅游活化实践所释放的精神文化价值与社会价值。

旅游活化作为传统村落恢复活力的手段之一,先天就带着基于本地文化遗产特色生产高质量旅游产品以振兴村落经济的使命。传统村落衰落的根本原因是原来的经济生产关系发生改变,故而在实践中只强调村落的保护是远远不够的,还要考虑文化遗产在旅游生产过程中的使用合理性及产生的物质效益。在活态传承中要形成以遗产为核心、联动多方主体、生产体验式多元化文化旅游产品的科学发展模式,以推动传统村落的经济生产关系恢复。因此,从遗产资源的使用成本与使用资源产生的物质层面效益出发构建评估指标。

传统村落是承载着本地历史文化的地域实体,是本地居民血脉传承的地域依赖,是人与自然在千百年里和谐共生的结晶与映射。传统村落旅游活化的目标是保护本地文化,包括文化及其载体,充分发挥传统文化的庇佑所功能,扶持并涵养饱受现代化发展冲击的民俗文化、特色文化,提高当地居民的文化认同,为传统文化注入全新的生命力并焕发其生机。因此,从文化涵养、文化认知及文化认同三个层面构建评估指标。

由于长期城乡二元化区别发展,传统村落的青壮年劳动力选择外出谋生,从而引起传统村落的空心化甚至会导致传统村落的衰落。通过发展旅游业活化传统村落,一定程度上可以吸引青年人返乡就业,同心聚力共发展。旅游活化可以激发传统村落的生机与活力,实现资源的保护和开发,释放遗产的教育价值,同时产生记忆延续等其他方面的收益,因此从科教价值、记忆传承、遗产原真性保持、其他综合收益四个层面构建评估指标。

传统村落是山水林田湖草沙共同体的典型代表,早年由于过分追求经济效益,大部分农村村貌村景发生了较大变化,虽然在一定程度上实现了经济效益,但是随之而来的自然、人文环境退化不容忽视。在高质量发展的主题下,旅游活化利用有责任带动村民更加积极主动创设优美的生态环境,因此从传统村落生态环境保护现状及未来发展能力两个方面进行评估。

3. 指标选取的流程

（1）指标初步筛选

我们以"文化遗产""遗产旅游""文化遗产旅游活化""文化遗产价值""传统村落""传统村落旅游活化""遗产地旅游影响""成效评估"为关键词在中国知网、Web of Science 上进行查询，对搜索到的文献资料进行阅读整理，将其中涉及的传统村落旅游活化开发价值、旅游活化实践建议及旅游绩效评价指标进行归纳，提取关键词汇总参考。

为测量案例地文化遗产经济价值释放程度，参考徐进亮（2020）关于建筑遗产修缮成本控制的研究及朱晓芳等（2019）关于历史文化街区传统建筑可持续发展的研究，设计"使用成本"次准则层下 3 个测量指标。"物质效益"次准则层下 7 个测量指标借鉴了顿明明等（2018）、时少华等（2018）、张杰（2018）的研究。[①]

为测量案例地文化遗产文化价值释放程度，参考杨姗姗等（2018）、肖洪未等（2018）、肖星等（2020）的研究，设计"文化涵养"次准则层下 4 个测量指标，同时参考张捷等（2021）和杨姗姗等（2018）的研究，设计了"文化认知"次准则层下的测量指标。借鉴王纯阳、屈海林（2014）关于遗产地居民社会文化获益感知的题项，并参考李文兵（2010）关于张谷英村游客感知价值的研究，设计了"文化认同"次准则层下 4 个测量指标。

为测量案例地文化遗产社会价值释放程度，参考林凇（2017）对文化遗产活化开发具备教育性的阐述，并参考吴必虎等（2018）、林德荣等（2018）的相关研究，设计"科教价值"测量指标。参考张洪昌等（2018）、肖星等（2020）、阮仪三等（2003）的研究，完善"记忆传承"所包含的测量指标。为科学评估"遗产原真性保持"情况，借鉴孙琳等（2019）、孙小龙等（2016）以及蒋婷与张朝枝（2021）的研究，设计测量指标。参考刘雪丽等（2018）、王纯阳等（2014）、桂榕（2015）、张洪昌等（2018）的研究，设计了 11 个测量指标以评估张谷英村文化遗产旅游活化产生的其他综合收益。

为测量案例地文化遗产生态价值释放程度，参考费格森的研究（Ferguson，2010），设计 2 个测量题项以评价案例地生态环境保护情况，并参考张颖（2019）的研究，确定案例地生态环境发展能力评估指标。

借鉴上述相关学者的研究，并结合张谷英村文化遗产实际情况，本

---

① 此处各篇文献见本书参考文献，下同，兹不一一赘列。

章从经济、文化、社会、生态四个维度定义传统村落通过旅游活化所释放的价值,分别设计对应指标,共54个指标,归纳见表6-4。

表6-4 文化遗产旅游活化成效评估初始指标体系

目标层	准则层	子准则层	指标层	参考文献
文化遗产旅游活化价值	经济价值	使用成本	控制遗产修缮成本	徐进亮(2020)
			控制旅游开发成本	
		物质效益	充分利用闲置遗产资源	朱晓芳等(2019)
			旅游产品品质相当	
			促进乡村社会平衡发展	顿明明等(2018)
			促进本地乡村振兴	
			带动区域更新发展	时少华等(2018)
			实现旅游产业与相关产业的融合创新	
			实现差异化旅游竞争	
			经济利益反哺遗产保护	张杰(2018)
	文化价值	文化涵养	深度展示并传播文化遗产精神内涵	杨姗姗等(2018)
			促使居民形成正确的遗产保护观	
			展示本地特色文化	肖洪未等(2018)
			彰显遗产美学价值与旅游吸引力	肖星等(2020)
		文化认知	加深村民对本地文化的认识	
			解说系统丰富完善	张捷等(2021)
			激发居民遗产文化热情	杨姗姗等(2018)
		文化认同	提升居民文化自豪感	
			加强本地与外界的文化交流	王纯阳等(2014)
			加强居民生活方式认同	
			强化游客遗产保护意识	李文兵(2010)
	社会价值	科教价值	促进本地基础教育发展	林淞(2017)
			开展遗产科普教育	吴必虎等(2018)
			开展科学考察活动	林德荣等(2018)
		记忆传承	传承传统技艺	
			实现记忆延续	张洪昌等(2018)
			科学修缮遗产	肖星等(2020)
			保证居民生活延续性	
			传承本地思想传统	
			传承优良价值观	阮仪三等(2003)
			重视本地特色民俗	

续表

目标层	准则层	子准则层	指标层	参考文献
	社会价值	遗产原真性保持	保持文化遗产原貌	孙琳等（2019）
			延续文化遗产用途	
			实现保护与开发并重	
			避免严重商业化	孙小龙等（2016）
			遵循遗产原真性与完整性原则	
			理顺遗产产权	蒋婷等（2021）
		其他综合收益	充分转化文化遗产的场所功能	
			恰当利用遗产的功能和空间	
			活化利用模式符合本村实际情况	
			多元化利用文化遗产	刘雪丽等（2018）
			分类利用文化遗产	
			普及遗产保护观念	
			满足居民精神文化需求	王纯阳等（2014）
			村落景观设计一致	
			促进文化遗产保护和发展	桂榕（2015）
			推动形成文明乡风	
			满足社区功能需求	张洪昌等（2018）
	生态价值	生态环境保护	提高居民环保意识	
			生态治理有效	Ferguson（2010）
		生态环境发展	改善本地卫生环保条件	
			养成居民环保责任意识	张颖（2019）

在得到初步指标体系之后，我们选择了几个古村落为案例地开展预调研。调研期间在当地进行实地考察，并对居民、村委会及景区管理处进行访谈交流，随后根据调研发现初步删改指标体系。本次调研临近春节，疫情防控较严格，且调研人手不足，加之问卷题体量较大（共有60个测量题项，其中有54个传统村落旅游活化成效评估题项，8个人口统计学特征题项），考验受调查者的耐心，因此问卷发放效率较低。第一次预调研最终只收集到三十余份问卷，不适合进行数理分析。虽然不能从数理角度删改指标，但是我们在发放问卷、访谈交流的过程中大致发现目前的指标体系哪些部分需要继续修改，在和专家多次沟通交流后删除

"带动区域更新发展""展示本地特色文化"等9个语义重复题项，最后剩余45个指标。

为了进一步完善指标体系，我们与专家进行多次交流讨论后，遵循指标体系设计原则继续删改语义重复或者非代表性指标，使得指标体系更加清晰。经济价值维度删除"控制遗产修缮成本""旅游产品品质相当"等4个测量指标；文化价值维度删除的2个测量指标具体包括："彰显遗产美学价值与旅游吸引力""加强本地与外界的文化交流"；社会价值维度删除"传承传统技艺""实现记忆延续"等8个测量指标。将"遗产原真性保持"子准则层改名为"遗产保护"，并将"科学修缮遗产"从记忆传承维度转移至遗产保护维度。此时传统村落旅游活化成效评估指标体系共有31个测量指标。

（2）最终指标体系的确定

为进一步完善指标体系，我们继续大量阅读相关研究文献，在第二次预调研得出的文化遗产旅游活化成效评估体系基础上加入13个指标，具体见表6-5。

首先在"遗产本体保护效益"维度下增加"文化基因融入学校教育""提高文化遗产与居民生活相关度"指标，分别评价旅游活化利用对学校教育手段的使用情况以及将遗产与居民日常生活逻辑的融合情况。考虑到目前衡量旅游活化释放的经济价值指标侧重于文化遗产资源的使用价值，因此参考尹华光等（2016）的研究在"社会综合效益"维度下补充指标以评估文化遗产资源的市场价值，具体包括"扩大游客规模""增加旅游产业总收入""优化本地产业结构""提高居民生活水平"，同时参考李宏松（2016）的研究补充"带动文创产业发展"指标。为提高指标表述上的清晰程度，将"改善本地卫生环保条件"修改为"改善本地环保基础设施"。增加"加强环保人力支持"指标，以更好地评价旅游活化利用实践对遗产地生态环境发展的推动作用。

考虑到目前指标体系对文化遗产蕴含的优秀文化传承与传播情况涉及较少，因此参考吴必虎及王梦婷（2018）的研究，增加"提高居民遗产文化熟悉度""居民主动践行遗产文化"题项以评价活化利用过程中对文化基因的提取、传承情况；增加"切实展示遗产文化""提高遗产文化展示参与性""提高遗产文化展示趣味性"题项以评价旅游活化利用实践对特色文化的传播作用。此时指标体系合计34个测量题项，更加贴近研究主题，但是仍需完善。

表6-5 改进的文化遗产旅游活化成效评估指标体系

目标层	准则层	指标层	指标释义
文化遗产旅游活化价值	遗产本体保护效益	解说系统丰富完善	景区内有丰富完善的旅游解说系统
		促进本地基础教育发展	推动了本地基础教育事业发展
		强化游客遗产保护意识	游客注重自身行为自觉保护遗产
		充分利用闲置遗产资源	充分利用了闲置的遗产资源
		多元化利用文化遗产	文化遗产得到了多元化利用
		重视本地特色民俗	本地的特色民俗得到了重视
		开展遗产科普教育	定期开展文化遗产相关的文化科普活动
		实现保护与开发并重	实现了保护与开发并重
		文化基因融入学校教育	学校有专门的课程介绍本地的文化遗产
		提高文化遗产与居民生活相关度	提高了文化遗产与居民日常生活的相关性
	社会综合效益	生态治理有效	本地生态环境状况有了很大的改善
		避免严重商业化	避免了严重的商业化问题
		实现差异化旅游竞争	本地旅游产品有突出的特色
		经济效益反哺遗产保护	遗产旅游带来的经济收益用于遗产保护
		科学修缮遗产	定期对文化遗产进行科学修缮
		理顺遗产产权	理顺了遗产产权问题
		改善本地环保基础设施	改善了本地环保基础设施
		推动形成文明乡风	发展遗产旅游使得本地乡风文明
		扩大游客规模	发展旅游扩大了本地的游客规模
		增加旅游产业总收入	发展旅游增加了本地旅游产业的总收入
		优化本地产业结构	发展旅游优化了本地第一、二、三产业的比重
		带动文创产业发展	发展旅游带动了文创产业发展
		提高居民生活水平	文化遗产活化利用提高了居民的生活水平
		加强环保人力支持	加强了环保人力支持
	遗产文化传承效益	提升居民文化自豪感	提升了居民的文化自豪感
		激发居民遗产文化热情	激发了本地居民学习传承传统文化的热情
		促使居民形成正确的遗产保护观	促使居民在遗产保护与经济发展中做出正确的价值选择
		加强居民生活方式认同	使得村民更加珍视和保护自己的生活方式
		传承本地思想传统	注重传承本地优秀的家风及孝友文化
		提高居民遗产文化熟悉度	居民能够准确理解文化遗产蕴含的优秀文化
		居民主动践行遗产文化	居民在日常生活中践行了文化遗产蕴含的优秀文化
		切实展示遗产文化	设计了为游客切实展示文化遗产底蕴的旅游项目
		提高遗产文化展示参与性	游客能够参与文化遗产的文化底蕴展示活动
		提高遗产文化展示趣味性	开展的文化底蕴展示活动有一定趣味性

(二)体系二：文化遗产价值评估体系[①]

依据文化遗产价值评估的目的与作用，遵循指标构建原则，参考文化遗产核心要素和遗产评估机制要求，并结合当前国内文化遗产保护管理与利用的实际情况，以文化遗产在开发中保护为基本目标，结合文化遗产的定义及特征，本章从文化遗产的情感、社会文化和经济维度等三个层面构建评估体系。

1. 情感维度指标

情感价值是文化遗产的基本价值，共选取精神崇拜、宗教崇拜，惊奇度、神秘感、趋同性、传承性、认同度共7个二级指标。无论是物质文化遗产还是非物质文化遗产，都植根于特定的人文和自然环境，是人们情感寄托或日常生活的产物，与当地居民有着天然的历史、文化和情感联系。

（1）宗教崇拜价值：指此处文化遗产是否为宗教崇拜对象。例如大昭寺，这座有着千年历史的古寺，是西藏地区留存的最灿烂的吐蕃时期的建筑遗址，与此同时也是该地留存至今的最具历史的土木结构建筑，是一座藏传佛教寺院，在藏传佛教中拥有至高无上的地位。

（2）精神崇拜价值：指此处文化遗产是否为精神的寄托物。例如山东曲阜的孔庙、孔林和孔府。据记载，在孔子辞世的第二年（前478）鲁哀公将孔子旧居改建为祭祀孔子的庙宇。这里是中国历代尊崇孔子、推崇儒学的象征，以宏伟的建筑规模和浩繁的艺术藏品而闻名于世，被誉为全世界儒学信仰的圣地。

（3）惊奇度：指是否让非本地人惊叹称奇。例如九寨沟名胜风景区，拥有114个湖泊、17处瀑布群、5处钙化滩流、47眼泉水、11段激流。这些自然奇观以其雪峰、湖泊群、林莽、瀑布群和钙化滩流为亮点，不仅在中国独一无二，在世界上也极为罕见。湖泊、瀑布和滩流的景色随着季节、日照和环境的改变而不断发生变化，令人赞叹不已。九寨沟被西方人誉为"童话世界"，东方人盛赞其为"真仙境也"。毫无疑问，九寨沟具有很高的惊奇度。

（4）神秘感：指是否让人感觉神秘，产生想探究的心境。例如被称为"千古之谜"的埃及金字塔，以其神秘色彩一直吸引人类不断探索。关于金字塔的建造等众多谜题吸引全球众多的学者、旅游者进行科学考察和旅游探险。这种神秘也是文化遗产的重要组成部分。

[①] 参见顾江编著《文化遗产经济学》，南京大学出版社2009年版，第148—149页。

（5）趋同性：指此处文化遗产是否为唯一的，与已发现的其他文化遗产的相似程度。文化遗产大多具有唯一性，例如长城、苏州园林等。

（6）传承性：主要针对非物质文化遗产，通过衡量传承范围和传承人数来评估其价值。我国先后公布了四批非物质文化遗产以及各项遗产的传承人数，从传承人数的多寡和传承地域就可衡量文化遗产的传承性。

（7）认同度：主要指当地群众及参观者的认可程度（分为"非常认可""很认可""认可""不很认可""不认可"），这是一个主观评价指标。例如云南省石林彝族自治县的优秀非物质文化遗产《阿诗玛》，使用口传诗体语言，讲述或演唱阿诗玛的故事，是撒尼人民集体智慧的结晶，具有广泛的群众性，当地群众和旅游观光者十分认可。此外，自《阿诗玛》在有关刊物上发表汉文整理本以来，被翻译成英、法、德、西、俄、日、韩等多语版本并在海外广泛流传，日本甚至还将其改编为广播剧、歌舞剧、儿童剧等艺术作品，在国际上获得了广泛的认可。《阿诗玛》在国内和国际市场得到的认可表明《阿诗玛》具有很高的认同度。

2. 社会文化维度指标

文化遗产的主要价值在于其社会文化价值，这也是文化遗产得以世代延续，并不断发扬的重要支撑。为全面评估文化遗产的价值，选取历史、考古、遗存、建筑美学、艺术、景观、生态、科学、教育与和谐价值共10个二级指标。文化遗产拥有重要的情感价值，即社会文化价值，这也是文化遗产经济价值的根源与基础。

（1）历史价值：即测度文化遗产的历史久远性，是文化遗产最基本的价值属性，历史的久远性是权衡文化遗产历史价值的重要指标。

（2）考古价值：从考古学方面衡量，包括文化遗产的标志性、代表性等。例如甘肃敦煌莫高窟即是标志性的历史文化遗产，具有重大的考古价值。首先，壁画中以描写人物为主，呈现了大量的服饰及纺织物的图像，对研究古代服饰而言，有着独特的研究价值。其次，在敦煌壁画中，还表现了历代社会中的方方面面，有助于研究古代社会。此外，敦煌也是一座民俗史博物馆。由于纸质绘画作品不易保存，宋代以前的民俗画真迹非常少见，因此敦煌壁画具有珍贵的考古价值。

（3）遗存价值：指文化遗产的代际遗存价值以及代内遗存价值。例如北京故宫，是世界上规模最大、保存最完好的古代皇宫建筑群，展示了我国古代的建筑技艺和宫廷生活的精髓，具有深远的历史遗存价值。

世界遗产委员会对其评价为：紫禁城是五百多年最高权力的中心，其丰富多彩的园林景观和包括9000个房间的家具与工艺品在内的巨大建筑集群，见证着明清时期的灿烂文明。

（4）建筑美学价值：主要指物质性文化遗产，为此从美学方面对文化遗产进行评估，包括建筑风格、建筑结构规模设计水平、施工水平等。例如苏州古典园林，素有"江南园林甲天下，苏州园林甲江南"的美誉。苏州古典园林作为至今保存完整、价值极高的城市性建筑群体，不仅在中国历史上极其珍贵，在世界文明史上也较为罕见，它承载着中国历史上政治、经济发展的众多信息，以其深远意境、精美构造、高雅艺术和丰富内涵成为富有建筑美学和历史文化价值的珍贵世界文化遗产。世界遗产委员会对它作出了高度评价：历史文化名城苏州的四大园林是最能体现出独具中国特色设计的古典园林，因为具有独特的艺术设计反映出了中国传统文化博大精深的深远意境。

（5）艺术价值：主要指的是文化遗产的艺术造诣，包括该文化遗产在世界同类文化遗产中的艺术价值与地位。例如我国著名的非物质文化遗产昆曲，其具有悠久的历史，独特的价值，不但是中国独特传统文化的结晶，更是戏曲表演的范例。昆曲艺术内容多样且富有深刻意义，形式独特，具有很高的艺术水准。其拥有的特殊历史文化价值使其在2001年被纳入联合国教科文组织第一批"人类口述和非物质遗产代表作"，并于2008年登上北京奥运会开幕式的舞台。

（6）景观价值：指文化遗产与周围环境的和谐统一程度，以及对周围环境的改善和美化程度。例如世界著名文化遗产云南丽江古城，依山而建，与周围环境构成了有机而完美的统一，是自然美与人工美、艺术与生活的有机结合体。不论是登高览胜，还是临河就水，或者走街入院，都可强烈感受到丽江古城的恬静秀美。世界遗产委员会评价：丽江古城巧妙地将经济和战略要地复杂的地形相结合，完好地保存并再现了原始风貌。这座古城历经多个朝代的洗礼，积累了丰富的历史痕迹，同时也融入了各民族的文化特色，因此广为人知。

（7）生态价值：指文化遗产是否有利于身心放松、美学观赏等。例如黄山，不仅风景优美，而且还具有深厚的文化底蕴。"黄山画"更是中国画历史长卷中最辉煌的一章，使得游客在获得精神和身体放松之时，还同时获得了美学享受和情操熏陶。世界遗产委员会评价：黄山，在16世纪中叶的"山水"风格时期，是中国历史上文学艺术的繁荣时期，受到了广泛的赞誉，被誉为"震旦国中第一奇山"，以其独特的自然风光和神奇的自然景观而闻名于世。

（8）科学价值：表现出来的在施工技术（物质文化遗产）、手工技艺（非物质文化遗产）等各个方面的科学成分和因素。例如民族传统历法，如果能够有效地解决计时和指导农副渔业生产问题，那么它必定具有重要的科学内涵和价值。我国传统的农历历法，便有效地解决了计时和指导生产生活两大问题。

（9）教育价值：主要指是否起到教育作用，包括与文化相关的教育内容、环保意识、科研考古等。例如云南三江并流保护区是由怒江、澜沧江、金沙江及其流域内的山脉所构成的一个独特地理区域。这个保护区是世界稀有的高山地貌与演化的典型代表，也是地球生物物种十分丰富的地区之一；由于印度板块与欧亚板块的碰撞，青藏高原隆起，形成了怒江、澜沧江、金沙江等巨大山脉和横断山脉的主要部分。三江并流区域也被形容为地球演化的历史教科书，吸引着科学家和旅游者前来探索和科考。

（10）和谐价值：指其对于民族团结、凝聚的作用。例如万里长城不仅仅是一座古老的古建筑，更体现出中华民族的独特精神，不但是古代劳动人民智慧的结晶与力量的体现，还是全人类意志力的杰出代表。长城文化具有深厚独特的历史文化内涵，是祖先留下来的巨大精神财富。长城不但代表着勤劳勇敢、珍视和平的精神力量，它激发着人们追求人类文明和社会和谐发展的渴望，同时也是中华民族强大凝聚力的表现。由此可知，长城具有巨大的和谐价值。

3. 经济维度指标

随着全球互联网、信息业的蓬勃发展和对民族特色的大力宣传，文化遗产作为一项日益突出的文化资源，吸引着大量消费者，人们越来越认识到其经济价值的重要性。通过利用文化遗产向全社会提供各种文化消费服务，不仅可以提高人民生活质量，还有助于增加社会就业机会，提高国民收入，并促进区域经济发展。

文化遗产的经济功能，体现在直接和间接两个层面。其直接经济功能指文化遗产本身所具备的经济价值，即是否具备使用价值、交换价值和循环利用的能力。间接经济功能体现在对旅游业的推动作用上。遗产地旅游已成为全球备受欢迎的旅游项目之一，它能够有效促进游客在遗产所在地区的消费活动。文化遗产的价值等级越高，其旅游吸引力就越强，从而产生的旅游消费也会相应增加。文化遗产的间接经济功能则体现在其对相关产业的推动作用以及对本地经济进步所做出的贡献上。在经济发展方面，文化遗产的指标选择以下 7 个二级指标：使用价值、品牌价值、产权价值、商品价值、再利用成本、遗产地旅游价值、经济贡献度。

（1）使用价值：主要是指文化遗产能否在当代社会继续发挥使用价值与在当地社会产生作用的大小。例如浙江省杭州市的张小泉剪刀锻制技艺，至今仍具有使用价值，是日常家居生活的必需品。它不仅在国内广受称赞，而且享誉世界。又如绍兴黄酒酿制技艺，从春秋时的（《吕氏春秋》）记载起，历史文献中会稽美酒的芳名屡有出现。到今天，绍兴黄酒仍是生活常见酒种之一，特别是在江浙地区，成为当地人民的一种生活文化。

（2）品牌价值：主要指文化遗产的知名度（国际、国内）。例如江苏省宜兴市的独特紫砂陶制作工艺，距今已有 600 多年的历史，在宋元时期产生，明代走向成熟。这种技艺的代表作品是紫砂壶，作为一种优质的茶具，紫砂壶具有良好的透气性，能够充分释放茶叶的色、香、味，因此与中国传统茶文化紧密相连，成为其重要组成部分。目前，宜兴紫砂壶在国内外已拥有很高的知名度，品牌价值得到世界承认。

（3）产权价值：指文化遗产是否具有知识产权、产权的经济效益。产权价值是经济价值构成体系中的基础和关键因素。文化遗产，特别是非物质文化遗产的产权价值是近年来我国知识产权保护的重点对象。联合国教科文组织在 1998 年通过设立非物质文化遗产评选的决定，并在 2000 年展开了"人类口述和非物质遗产"的评选。2003 年 10 月，其通过了针对非物质文化遗产保护的《保护非物质文化遗产公约》。世界知识产权组织（WIPO）也在 2000 年成立了"知识产权与遗产资源、传统知识和民间文艺保护政府间委员会"（IGC），专门探讨有关传统文化传承与保护的问题。我国政府自 2005 年以来相继出台了三个有关非遗保护的重要文件，其中包括 2005 年国务院办公厅颁布的《关于加强我国非物质文化遗产保护工作的意见》和《关于加强文化遗产保护工作的通知》。此外，国务院还于 2006 年 5 月 20 日出台了《关于公布第一批国家级非物质文化遗产名录的通知》，以期促进对于知识产权的保护。

（4）商品价值：主要是指文化遗产是否具有品牌价值，能否作为商品出售。例如湖南省浏阳市的浏阳花炮制作技艺，始于唐盛于宋，已有悠久历史，在今天的社会生活中，仍然发挥着很大作用。浏阳花炮已销往全球五大洲一百多个国家和地区，并在国内各省直辖市自治区广泛销售。在传统节日中，人们通常会燃放鞭炮和烟花来表达喜悦之情。而在各种祭祀庆典中，燃放花炮也是一种常见的传统习俗。浏阳花炮已成为著名的民族品牌之一，而浏阳也已成为中国最大的花炮生产和销售地区之一。

（5）再利用成本：重点关注文化遗产能否被循环利用和再利用产生的机会成本。文化循环在当今社会的再利用重点包括对于传统建筑的开发和保护、使用与维护产生的成本。

（6）遗产地旅游价值：是文化遗产经济价值的主要构成要素。其含义为由于文化遗产的吸引所产生的旅游消费，能够经由旅游者数量、旅游天数、人均旅游消费所测度。文化遗产大多具备旅游价值，例如故宫博物院、秦始皇陵及兵马俑坑、武陵源风景名胜区、明清皇陵、龙门石窟、丽江古城、苏州古典园林、拉萨布达拉宫、庐山国家公园、皖南古村落等等，每年都吸引海内外数以千万的游客游览观光。

（7）经济贡献度：文化遗产，尤其是以文化遗产为开展基础的遗产地旅游，对本地经济的拉动水平包含很多方面。主要有：对当地相关产业的带动、餐饮业发展数、交通业发展数、文化娱乐业发展数和对经济的拉动情况等。顾江提出的文化遗产价值评估体系如表6-6所示。

表6-6 文化遗产价值评估体系

一级指标	二级指标	评价因子
情感维度	宗教崇拜价值	受宗教崇拜程度
	精神崇拜价值	精神寄托程度
	惊奇度	非本地人惊奇程度
	神秘感	神秘程度
	趋同性	与其他文化遗产相似程度
	传承性	传承范围
	认同度	传承人数
社会文化维度	历史价值	文化遗产的久远程度
	考古价值	文化遗产的标志性、代表性
	遗存价值	代际遗存价值、代内遗存价值

第六章　文化遗产活化的评价标准

续表

一级指标	二级指标	评价因子
社会文化维度	建筑美学价值	建筑结构
		建筑规模
		设计水平
		施工水平
	艺术价值	文化遗产的艺术地位
		为新作提供艺术灵感的可能性
	景观价值	文化遗产与周围环境的协调程度
	生态价值	有利于人们精神放松、身体放松
	科学价值	包含的科学因素
	教育价值	对民众的教育作用
	和谐价值	有利于民族的团结、凝聚
经济维度	使用价值	继续在当地生活中发挥作用的程度
	品牌价值	文化遗产的国内知名度
		文化遗产的国际知名度
	产权价值	是否具有知识产权
	商品价值	作为商品出售的可能性
		作为商品出售的经济前景
	再利用成本	再利用的费用
		再利用的机会成本
	遗产地旅游价值	旅游人数
		旅游天数
		人均消费额
	经济贡献度	带动相关产业的程度
		本地餐饮业增加值
		本地交通业增加值
		本地文化娱乐业增加值
		对经济增长的贡献水平

第七章　文化遗产活化的绩效评价

旅游活化是一种重要的文化遗产活化方式，其目的是促进人类社会进步。《保护世界文化和自然遗产公约》强调，要加强遗产价值传播，鼓励公众参与。旅游是公众参与的重要方式，一方面，旅游能够促进文化遗产的普及与推广，扩展其价值的传播范围，积极的旅游方式是高效率传递价值的有效手段；另一方面，文化遗产"活态"能够更好地展示其价值，良性的价值传递方式能够提升旅游收益，带动整体效益。因此，在完善旅游基础设施的同时，应提升遗产活化形式，贯彻以人为本的基本原则，以遗产实际价值为根据，以保障其价值为目的，在遴选功能利用形式时重点关注是否与之匹配。另外，需充分考虑周边地区的社会经济发展情况，结合遗产自身特点加以适应，使之成为区域发展的"牵引器"。只有科学评估文化遗产活化的绩效，才能找到问题所在，寻求合适的解决方式，让遗产真正"活起来"。

第一节　历史名城文化遗产旅游活化的绩效评价：以凤凰古城为例

文化遗产是珍贵的历史遗存，为保护这些文化瑰宝，人们采取了许多措施，伴随着时代变迁与科技发展，新时期对文化遗产保护传承提出了新要求。"活化"是对文化遗产的一种特殊保护方式，"旅游"则是一种有效的活化方式。"旅游"和"文化遗产"的结合为文化遗产活化开辟了新思路。随着人们生活水平的不断提高，外出旅游需求日益扩大，各地纷纷开发当地文化遗产旅游资源，建设旅游度假村、主题公园以及旅游古镇等，旅游业已经逐渐成为国民经济的重要产业。以凤凰古城为例，它以"民俗"和"文化"为特色，将当地文化遗产与"旅游"相结合，从一个"历史文化名城"转变为热门景点，吸引了大量游客前来参观，推动了当地经济的快速发展。

一、凤凰古城文化遗产旅游活化概况

（一）凤凰古城文化旅游发展概况

凤凰古城位于湖南省湘西土家族苗族自治州西南部的凤凰县，建于明代嘉靖三十五年（1556），总面积约 10 平方千米，境内居住多达 28 个少数民族。凤凰古城是我国 4A 级景区之一，其命名源于城内一座山峰的形状，传说它如同一只凤凰展翅。因此，这个地区被冠名为"凤凰"。凤凰古城是湖南十大文化遗产之一，2001 年获国务院特批成为国家历史文化名城。凤凰古城文化旅游资源丰富，可谓"满城风光、满城文物"，具有"中国最美小城"的称号，是中国西南地区保有文物建筑最多的县之一。

自 1998 年进入实质性开发阶段以来，凤凰古城旅游产业在十几年内迅猛发展，被外界誉为"凤凰现象"。2019 年，凤凰古城共接待了 2010.93 万名中外游客（其中乡村接待游客数量为 657.12 万人），创造了 200.01 亿元的旅游收入（其中乡村实现的旅游收入为 9.86 亿元）。与前一年相比，这两个数字分别增长了 11.71% 和 17.5%；门票收入达 0.94 亿元，同比下降 32.11%。第一、二、三产业构成比例由 2018 年的 11.2：13.7：75.1 转变为 12.1：19.4：68.5。当地的旅游业为本地居民提供了 4 万个就业岗位，间接满足了 12 万人的就业需求，不但有效缓解了就业压力，更提高了本地居民的生活水平。

近年来，湘西着力打造特色产业小镇，将凤凰等处的特色小镇纳入全省特色产业小镇名单，涌现出花垣十八洞、凤凰菖蒲塘、古丈龙鼻嘴、保靖陇木峒等一批乡村振兴的典型案例。运营"烟雨凤凰"演艺剧场，组织土家族社巴节、苗族赶秋节和跳花节，以及一系列重要的文化活动如武陵山区（湘西）文化生态保护节、吉首国际鼓文化节，这些活动极大地提升了"神秘湘西"旅游品牌的知名度和影响力。

（二）凤凰古城文化遗产资源旅游活化现状

1. 凤凰古城旅游资源

凤凰古城拥有丰富的物质文化遗产旅游资源，包括众多的文物古建筑、古遗址、明清时期特色民居以及各种庙祠馆阁等，是全国现存文物建筑最多的县份之一。除此以外，凤凰古城还有许多历史建筑，例如省级文物保护单位田兴恕故居，建造于清朝咸丰八年（1858），是近现代具有重要历史意义的古建筑。天后宫别名妈祖庙，始建于明朝末年，清乾隆四十五年（1780）重修扩建后成为福建商会馆，成为福建商人集会与祭祀妈祖的重要场所。朝阳宫始建于 1915 年，原名为陈家祠堂，是一座具有典型意义的木结构四合院，展现了湘西民族建筑风格的鲜明特点。文庙始建于清康熙四十九年（1710），是具有儒家文化风格的特色建筑。沈从文故居、杨家祠堂、古城博物馆、东门城楼和崇德堂等五处遗址是凤凰古城九景的重要组成部分，这些景点集中体现了凤凰古城的历史和文化价值，每年吸引大量游客参观。

凤凰古城拥有众多非物质文化旅游资源，展现出丰富多彩的民族文化。这里有许多传统歌舞表演，其中土家族茅古斯舞以其独特的风格和有趣的表现形式，被誉为最具特色的传统舞蹈。凤凰古城还拥有众多具有地方特色的传统节日，如苗族"四月八"节和苗族"六月六"节等。在苗族"四月八"节之时，当地会举办丰富多彩的特色活动，如对山歌、舞花带、上刀梯、钻火圈等，热闹非凡。在苗族"六月六"节之时，年轻人用歌声来表达情感，通过歌唱来寻找意中人。除此之外，凤凰古城还具有众多体现当地特色的特殊工艺品，例如凤凰织锦、蜡染、扎染等。这些非物质文化旅游资源为凤凰古城增添了浓厚的文化底蕴和魅力。

2. 凤凰古城旅游产品

凤凰古城独特的民族特色成为其吸引旅游者前来参观的核心吸引力。当地关注民族特色文化的创新、利用、包装，如将苗族婚俗、端午节习俗、银饰、蜡染巫傩文化等和文学名著结合起来，举办大型实景演出《边城》；基于苗族非物质文化遗产巫傩文化，制作出独具地方特色的情景剧《巫傩神歌》。与此同时，当地注重转变苗族特色村寨、博物馆、产业园区、文化遗迹、特色建筑等众多景观型文化功能，更加促进了景观设施型文化旅游产业的进步。凤凰古城博物馆已注册成为文化产业公司并积极招徕国内外游客。苗族的特色服饰、银饰及当地传统的特色饮食等民俗工艺品由于来访旅游者的需求增长渐渐向工艺制造型文化旅游产业的方向发展。为更好地吸引游客，凤凰古城致力于深掘民族服饰文化、饮食文化、民间艺术、传统工艺技术等众多宝贵的非物质文化遗产，并注重将其和市场相联系，发展出一批具有凤凰民族文化特色的制造业产业，如"苗族银饰""蜡染""凤凰姜糖""凤凰血粑鸭""凤凰腊肉"等。这些举措不仅丰富了游客文化体验，也有效地保护和传承了凤凰古城的珍贵民族文化遗产。

3. 凤凰古城的旅游发展模式

凤凰古城的旅游发展模式遵循"政府主导、市场运作、企业经营、社会参与"的原则。在凤凰古城旅游发展中，政府扮演着主导角色。具体而言，政府通过制定和执行相关政策法规，引导和支持旅游业稳步发展。比如，《文物景点控制性详细规划》《国家级重点文物保护规划》等对凤凰古城的文化遗产进行保护，为凤凰古城文化产业的发展提供了政策上的支持。同时通过了《凤凰古城保护专项资金管理暂行办法》《凤凰县鼓励投资兴建文化旅游项目若干规定》等文件，为凤凰古城的文化遗产开发提供了政策支持。除了颁布各种政策法规，凤凰县还通过利用湖南省"五个三"工程，为凤凰古城的文化产业的发展提供了资金保障。

凤凰县将历史文化旅游的主要经营权交给了凤凰古城文化旅游投资股份有限公司。该公司拥有凤凰古城90%的旅游资源控制权，是一家典型的依赖当地资源发展的旅游企业。自承接凤凰古城旅游业务以来，该公司采取了一系列的文化营销手段，有效地提高了凤凰古城的知名度，吸引了越来越多的游客。

二、研究设计

（一）问卷调查

本研究基于游客视角，从不同方面评价文化遗产旅游活化绩效。问卷主要包括两个部分：第一部分是游客特征，即游客性别、年龄、游客来源、文化程度、职业以及人均月收入；第二部分则依据前文所确定的文化遗产旅游活化绩效评价指标体系，设计调查问卷。本部分的研究采用线上和线下实地发放问卷相结合的方式，对凤凰古城的活化绩效进行问卷调查。线上发放集中于2021年3月25—30日在问卷星平台上发放；线下集中于2021年3月26—30日在凤凰古城景区的凤凰古城酒店、南长城、沈从文故居等地采用随机调查的方式发放。共回收问卷282份，去除无效问卷25份，有效问卷为257份，有效率为91.1%。

（二）问卷分析

1. 人口学特征分析

问卷的第一部分主要涵盖了游客的统计学特征，从游客性别来看，男女比例存在较大差异，男性游客占有效样本的36.2%，而女性游客所占高达63.8%，男性比例低于女性比例。这表明女性对文化遗产旅游有更高的兴趣或更适合参与此类活动。由游客年龄构成可知，主要以19—24岁的年轻人为主，占比41.6%；12岁及以下和47岁以上年龄段的游客相对较少，分别仅占13.9%和15.6%。这一现象可能是因为12岁及以下的儿童需要家长陪伴，外出游玩受到一定限制，而47岁及以上的长者可能因为身体条件等原因不方便游览。在游客的职业方面，学生占比最大，高达59.5%。这可能是因为学生拥有相对充裕的休闲时间和较强的外出游览意愿，人口统计学特征数据见表7-1。

表7-1 凤凰古城游客人口统计学特征数据

游客特征	描述	人数（人）	比重（%）
性别	男	93	36.2
	女	164	63.8
年龄	12岁及以下	1	0.4
	13—18岁	36	14.0
	19—24岁	121	47.1
	25—35岁	53	20.6
	36—46岁	35	13.6
	47—59岁	6	2.3
	69岁及以上	5	1.9
文化程度	小学及以下	1	0.4
	初、高中（中职）	32	12.5
	本科、大专	203	79.0
	研究生及以上	21	8.2
职业	国家公务员	4	1.6
	企业事业单位工作人员	50	19.5
	工人	3	1.2
	农民	2	0.8
	军人	2	0.8
	服务和销售人员	16	6.2
	教师、医生、律师	5	1.9
	学生	153	59.5
	个体经营者	16	6.2
	离退休人员	4	1.6
	其他	2	0.8
家庭人均月收入	低于1000元	59	23.0
	1000—2000元	31	12.1
	2001—3000元	53	20.6
	3001—4000元	47	18.3
	4001—5000元	27	10.5
	高于5000元	40	15.6
客源地	湖南湘西	13	5.1
	湖南其他县市	82	31.9
	湖南省外	162	63.0

2. 信度分析

信度分析也称为可靠性分析，衡量样本回答结果是否真实可靠。研究通过克隆巴赫 α 系数（Cronbach's Alpha）检验调查设计的信度，当问卷的克隆巴赫 α 系数大于 0.7 时，则说明问卷一致性较好，具有较高可信度。利用软件统计分析软件 SPSS20.0 版可以计算出财务维度克隆巴赫 α 系数为 0.976，资源与环境维度的克隆巴赫 α 系数为 0.994，社会与文化维度的克隆巴赫 α 系数为 0.993，三个维度克隆巴赫 α 系数大于 0.7，说明凤凰古城旅游活化的绩效评价的问卷设计具有较高的可信度，详见表 7-2。

表 7-2 信度分析

维度	克隆巴赫 α 系数值	指标项数
财务维度	0.976	3
资源与环境维度	0.994	13
社会与文化维度	0.993	14

3. 效度分析

效度分析是指尺度量表达到测量指标准确程度的分析。研究采用 KMO（Kaiser-Meyer-Olkin）检验，当问卷的 KMO 值大于 0.8 时，则说明问卷的效度高；当问卷的 KMO 值介于 0.7—0.8 之间时，则说明问卷的效度较好；当问卷的 KMO 值介于 0.6—0.7 之间时，则说明问卷的效度可接受；当 KMO 值小于 0.6 时，则说明问卷的效度不佳。利用软件统计分析软件 SPSS20.0 版可以分析出 KMO 值为 0.990，大于 0.8 时，说明本问卷的效度高，详见表 7-3。

表 7-3 效度分析

KMO 值	近似卡方	自由度	显著性值（Sig）
0.990	19431.751	378	0.000

（三）权重设置

根据文化遗产旅游活化绩效评价的需要，运用李克特量表（Likert scale），将凤凰古城旅游活化的绩效评价等级标准分为"优秀""良好""中等""较差"和"差"5 个等级，每个等级系数分别为 5、4、3、2、1，指标体系评分满分为 5 分。根据公式：

$$指标评分值 = \frac{游客评选等级系数}{游客人数总和}$$

可以得出各指标的得分值。然后在前文通过熵权法计算出权重的基础上，将各指标权重与各指标得分相乘，其总值就是凤凰古城旅游活化绩效评价的综合评分，评分为3.64分，这说明凤凰古城的旅游活化绩效评价为中等，而所有指标评分均在3分以上，说明凤凰古城的旅游活化从整体来看是取得了正面发展的，详见表7-4。

表7-4 各指标权重及得分

指标	权重	得分	指标	权重	得分
特色产品的创新性	0.0303	3.60	文化资源的可持续发展	0.0297	3.96
特色产品的丰富度	0.0300	3.57	推行社会公益性活动	0.0300	3.90
特色产业的结构和规模	0.0297	3.91	公益性支出比重	0.0303	3.60
旅游资源保护状况	0.0298	3.98	景区企业社会形象	0.0300	3.78
旅游资源保护规划及实施情况	0.0297	3.62	社区居民生活质量的提高程度	0.0306	3.76
资源保护经费投入强度	0.0301	3.70	景区企业诚信经营	0.0302	3.87
文化资源完整性维持	0.0297	3.96	旅游景区安全指数	0.0298	3.96
文化资源保护宣传、教育	0.0298	3.60	游客满意度	0.0316	3.97
旅游环境保护规划及实施情况	0.0299	3.97	游客忠诚度	0.0291	3.58
环保经费投入强度	0.0299	3.58	社会文化变迁	0.1307	3.63
旅游景区环境保护教育	0.0299	3.95	社会文化宣传力度	0.0300	3.79
旅游景观营造状况	0.0299	3.67	社会文化影响力	0.0294	4.02
旅游景区绿化率	0.0300	3.64	景区员工素质	0.0296	3.93
旅游资源和设备利用率	0.0300	3.66	景区员工工作效率	0.0302	3.56
旅游接待设施利用水平	0.0302	3.71	景区宣传推广投入	0.0299	3.64

（四）存在的问题

通过结合各个指标得分与实际调研结果进行分析，可以发现凤凰古城在旅游活化过程中仍存在一些问题。

1. 旅游产品同质化严重，创新性不足。这种情况的出现，很大程度上是由于从事旅游产品开发的专业人才不足，导致其旅游产品缺乏足够创新性。无论是游玩项目、当地的特色旅游纪念品，还是舞台表演的内容，都与其他景区存在较大的相似性，真正体现凤凰古城本地特色的元素并不多见。

2. 旅游资源开发层次相对较低，缺乏深度。尽管凤凰古城在提升民俗活动娱乐性和游客参与度方面已经取得一些进展，但仍有待加强。例如，当地民俗文化产品缺少足够品位与特色，很难让旅游者切身感受到当地的民风民情。这些问题降低了旅游产品的吸引力，影响了游客的满意度和重游率。如果想要让游客真正领略到凤凰古城的民族特色和独特性，需要在产品设计和开发上下更多功夫。

3. 忽视了对文化遗产的保护。在凤凰古城，一些身穿少数民族服饰的人员甚至会强行拉客、强迫消费，严重影响游客旅游体验，导致游客对凤凰古城的印象逐渐恶化。此外，由于缺乏专业化的保护和管理，凤凰古城的旅游资源未能得到充分保护和合理利用，缺乏全域性旅游的实施，导致游客过度依赖旅行社的产品，无法自主选择景点。这种情况不利于凤凰古城旅游业的可持续发展，也影响了游客对凤凰古城的了解和体验。

4. 基础设施有待进一步提高，景区服务人员素质参差不齐。尽管近几年凤凰古城基础设施不断改善，但节假日大量涌入的游客远远超过了古城的可承载力，对古城中有限的基础设施造成巨大压力。受限于其土地面积，凤凰古城的旅游容量较为有限。此外，景区的旅游路线仅由一条街道贯穿，这限制了凤凰古城旅游容量的扩展。同时，因为凤凰古城旅游业快速发展，旅游管理人员紧缺，在处理游客的矛盾和纠纷时，因为文化背景的差异常常出现处理问题简单粗暴的现象。还有假导游骗取游客财物、导游收回扣、卖家宰游客等不良现象。

5. 宣传力度不足，营销方式少。在时代不断变迁和科技不断创新的背景下，凤凰古城的宣传模式仍然是以"旅行社＋传统广告投放"为主，营销方式过少。在257位参与问卷调查的游客中，有94.9%的游客来自湖南省，湖南省外的游客只占了5.1%。这说明落后的宣传模式已经很难吸引到客源地较远的游客。

三、凤凰古城文化遗产旅游活化绩效提升策略

（一）重视民族特色，发挥景区独特性

凤凰古城所在的湘西土家族苗族自治州是湖南省唯一的民族自治州，土家族和苗族在此聚集，有丰富的民族历史文化和独特的民族特色。凤凰古城应重视其独特的民俗文化及游客的满意度和重游率。民间传统手工艺品，如苗族银饰、苗绣、凤凰姜糖制作等非物质文化遗产，以及具有观赏、游览、教育等功能的苗族聚居古村落，如老家寨等，均可以为游客提供独特的体验和感受苗族文化的魅力。此外，苗族服饰、银饰、苗族花鼓、苗歌、苗族饮食、民俗风情、宗教文化等也是凤凰古城的特色，游客可以在此领略到丰富多彩的苗族文化。

（二）强调政府的指导作用，引进优秀技术人才

在凤凰古城活化过程中，应充分引入人才、技术和资金等增量资源，积极引导和调控。政府需要聘请高水平的专家和有专业技能的开发人员来规划产品质量，避免盲目追求产品种类而忽略质量。旅游产品应注重组合开发，针对不同年龄段的游客推出不同的产品，以提高游客满意度，并完善古城旅游产品体系。凤凰古城苗族和土家族的节事、歌曲、服装、饮食等文化遗产具有较强吸引力，可以开发让游客亲身体验的旅游产品，例如蜡染印花布。在参观历史悠久的蜡染手艺时，游客可以在蜡染坊亲自制作枕头布或桌布，实现体验式旅游。政府还应为凤凰古城的稳步发展提供资金支持，做好财政预算，确保资金及时到位。

（三）加强古城旅游资源保护，促进古城健康发展

保护凤凰古城的传统文化是进行合理规划和建设的重要基础。在规划和建设凤凰古城的旅游项目时，应充分结合古城的自然景观和文化特色，展现凤凰旅游自然内涵和文化内涵的双重性，限制对文化遗产的破坏和过度商业化开发，推广清洁能源和绿色交通方式。此外，凤凰古城应积极主动向游客进行遗产保护教育，提高游客的遗产保护认知水平，让游客在游玩的过程中自觉保护凤凰古城旅游资源，从根本上减小遗产被破坏的可能。

（四）加强基础设施建设，提高景区人员服务水平

凤凰古城应结合古城的自然景观和文化特色，展示其自然内涵和文化内涵。同时，应注重基础设施建设，特别是道路建设，要展现出民族特色。此外，在形成一小时交通圈的基础上，将慢行理念融入凤凰县的旅游文化中，使游客能够在欣赏凤凰县独特的人文景观和民族风情的同

时，感受到其独特的魅力。凤凰古城景区内商铺众多，提供的服务水平参差不齐。为了提高游客满意度和重游率，相关管理部门应加强对景区经营人员的管理。例如，可以实行惩罚制度，以促进经营人员的诚信经营，为游客提供高质量的产品和人性化的服务。这样可以使游客在享受凤凰古城的自然美景和独特文化的同时，也能感受到景区经营人员的热情服务和诚信经营。

（五）丰富营销方式，实现营销方式多样化

当前凤凰古城仍采用"旅行社＋传统广告投放"的宣传模式，应改变既有模式，熟练运用新媒体进行传播。凤凰古城可以通过微信公众号等渠道发布旅游资讯、开展有奖征集、微视频拍摄大赛、转发抽奖等活动，提高粉丝参与度，扩大宣传影响。与此同时，应当重视口碑营销，在新媒体高速发展的时代，游客既是旅游活动的参与者，也是信息资讯的记录者、报道者、传播者。凤凰古城应通过各种方式鼓励游客在新媒体平台分享个人旅游感受，并对旅游产品和服务作出评价，以提高旅游服务的口碑和知名度。同时，凤凰古城是很多名人的故里，如"文化名人"凤凰三杰——沈从文、熊希龄、黄永玉，以及文艺名人宋祖英等，凤凰古城可以通过发挥"名人效应"，提高古城吸引力，让"名人故里"成为当地名片。此外，在各种电视剧、电影高频产出的时代，凤凰古城作为多部电视剧、电影的取景地，也会吸引源源不断的游客来游玩。

第二节　非物质文化遗产活化的绩效评价：以永州"江永女书"为例

一、江永女书非物质文化遗产活化现状

（一）江永女书非物质文化遗产概况

江永县，隶属于湖南省永州市，位于湘南地区，古称永明，秦时立县，历史悠久。南边、西边与广西接壤，东与江华县、北与道县接壤，素有"女书文化之乡"和"中国香柚之乡"的美誉。江永女书是记载地方民俗和方言的一种文字，也是江永妇女几千年来抵抗男尊女卑封建制度的强烈情感生成的产物。除了独特的气候和地理位置，文化背景和民族传统文化的融合也被认为是影响女书发展的重要因素。在这个以男性为主导，女性社会经济地位低下的大家庭环境里，她们的身心极其压抑和苦闷，女书成为她们情感表达的重要窗口，这也成就了人类文明史上

独一无二伟大的文化现象,女书也是中国文字的瑰宝之一。2005年10月,江永女书被正式载入《吉尼斯世界纪录大全》,2006年5月20日江永女书被选入第一批全国级非物质文化遗产名录。女书在社会学、语言学、民族学、历史学等方面具有颇高的学术价值,它被国内外学者誉为"一个惊人的发现"和"汉字史上的一个奇迹"。

(二)江永女书非遗旅游活化现状

1. 女书生态博物馆

江永女书是中国文化的瑰宝与具有世界奇观的写作文化,江永县政府为了能够更好地发展和保护江永女书文化,于2002年筹资数百万元在江永女书文化传人高银仙的故土——上江圩镇浦尾岛进行了旅游开发,该岛被称为"女书复活岛",四面潇水围绕,风景秀丽,民风淳朴。去女书岛唯一的路是浦尾吊桥,神秘的女书文化通过一座摇摇欲坠的吊桥直接与外界保持着很大的联系,离岛不远处的浦尾村本身就是一个原生的女书村,完全遵循了女书文化的自然环境。女书是江永女性聪明才智的展现和智慧的结晶,更是这个原生村子的骄傲。女书生态博物馆(女书园)便坐落在小岛上,是女书遗产活化的重点区域,也是宣传和弘扬女书文化的重要窗口。2002年10月,博物馆全部修建施工完成,占地面积2500平方米,中共湖南省委第十八任副书记文选德为"女书园"命名。女书园全部采用明清时期风格的建筑,美观、简约、优雅、实用,体现了深厚的湖南地域历史文化。园内分别设有一个前厅和一个后院。前厅是一个可以供参观者进行游乐的区域,有独立的休息室和娱乐房间。后院设有一堂四厅,一堂,即位于中间的第一堂女书学堂;四厅,即左边一楼的综合楼,二楼的女书社区红厅,右边一楼的女书社区艺术品展览会及二楼的女书社区绘画作品展览会及二楼的展厅。女书园以文字、图片、实物、声音等多种形式,展示了大量关于女书本原件的文献、著作、技巧、书法、学术成果与当地民俗风情。

2. 具体形式

传统习俗、节日:女书复活岛通过过庙节、乞巧节、坐歌堂、斗牛节、女子结拜、吹凉节等女书发源地独特的传统习俗,复兴了女性文字文化,推出了女书生态文化体验旅游精品线路。

女书三朝书书法、歌谣、女红:女书艺术作品主要是用手写在精美的布面上,即手书、扇子、布、纸上,分别被人们统称为"三朝书""歌扇""帕书""纸文"。有的绣在手绢上,叫"绣字",妇女们曾经有唱歌堂的习俗,众人都聚集到歌堂里,一边唱着女红,一边学习女书,这样的活动也就被人们称为"读纸""读扇""读帕"。女书传承者逐渐将女书书写方法固化成一套完整体系向后人传授,也将女书特有的读法融入歌谣吟唱。

文创产品:女书文化创意产品主要是由部分当地设计师和女书继承者开发,主要产品有箱包、扇子、服装等。其中不仅产品款式陈旧,而且价格高昂,不符合当代人物美价廉的消费理念,图案大多是简单文化元素的生搬硬套,游客很难被产品吸引,如单纯将女书临摹在包和扇子上。这些常见的设计无法满足游客的购物需求,目前尚未成为江永女书独特的资源。

女书旗袍:在2012年由中国湖南女子学院附属中国女书艺术文化遗产保护与宣传发展专业协会举行的"女书文创大赛"中,19岁的大二女学生周京晶将女书图案绣于自己的一件旗袍上,在大赛中的旗袍图案可以仔细划分为五件不同图案形状和红、黄、青、蓝、紫各种颜色,姿态万千的"女书"被分别镶嵌在自己的一件旗袍上,构成了精美、秀丽的旗袍图案。经过多次国家知识产权委员会专利审批,5件知名中国品牌女书包和旗袍分别成功荣获中国外观设计和新技术两项专利证书。

女书文化旅游节:江永女书文化旅游节一般于十月下旬举办,一般与女书文创比赛等活动联系在一起,其目的主要是宣传江永特色文化、特产等文旅、农旅资源,并打造女性主题的夜色旅游品牌。

女书舞台剧:这是一种通过借助舞台的形式来体现女书交响音乐文化的一种传承和发展方式,微电影交响音乐史诗《女书》已经逐步走向了国际,编剧兼导演谭盾先生表示,他在未能充分了解女书文化之前,对于女性的理解仅仅局限在他的妈妈和女友,通过对女书的探索和寻访才了解到女性的伟大,于是创作了已经逐步走向国际的微电影交响音乐史诗《女书》;除微电影交响音乐史诗《女书》外,还有群舞作品《女书·吟》、现代舞《女书》、女书史诗剧《八角花开》以及走上银幕的《雪花秘扇》等多个女书题材的舞台剧。

二、研究设计

(一)评价指标选取及确定

1. 评价指标选取

在进行评价指标时,不仅要充分考虑它们所反映的效果,而且要保证其合理性、科学度。当前学者们围绕非物质文化遗产旅游资源开发价值积累了一定成果,通过构建指标体系进行综合评价,其中,张希月等以苏州市为例，选取了体现游览过程趣味性、可参与性、可展示方式多样性等在内的多项因子。[①] 彭思婷以芙蓉镇为例，构建了游客感知基础上的旅游资源活化效果评价体系。[②] 在参考相关研究成果的同时，本研究根据江永女书园的实际情况初步选取了15个指标构建综合评价体系，具体见表7-5。

表7-5 江永女书旅游活化效果指标要素

序号	要素	序号	要素
01	非遗展现方式	09	参与体验价值
02	非遗活动的参与性	10	知名度
03	非遗活动的趣味性	11	保护力度
04	非遗活动的创新性	12	经济效益
05	非遗项目的满意度	13	基础设施
06	游览观赏价值	14	环境质量
07	教育保护价值	15	文化认同感
08	休闲度假价值		

2. 评价指标确定——因子分析

因子分析可以检查问卷有效性，并且可测量问卷结构是否有效、合理。通过对以上指标进行预调查，收集50份数据进行因子分析。

在进行因子分析之前，需要对15个指标进行KMO指数和巴特利特球形检验（Bartlett's Test of Sphericity），检验结果如表7-6所示。结果显示，KMO值为0.818，根据Kaiser给出的KMO常用度量标准，该值在0.8以上，表明数据适合进行因子分析；同时，巴特利特球形检验的值较大，且P值接近0，表明相关系数矩阵与单位矩阵存在显著差异，也适合作因子分析。

[①] 参见张希月、虞虎、陈田等《非物质文化遗产资源旅游开发价值评价体系与应用——以苏州市为例》，《地理科学进展》2016年第8期。
[②] 参见彭思婷《游客感知视角下芙蓉镇非物质文化遗产旅游活化效果评价研究》，硕士学位论文，湘潭大学，2020年。

表 7-6　KMO 检验和巴特利特球形检验

KMO 值		0.818
巴特利特球形检验	近似卡方	588.055
	自由度	105
	显著性值（Sig）	0.000

随后，对调查项目进行主成分提取，并对特征值大于 1 的数据进行截取。结果显示，这 15 个问题可以被 3 个因子很好地解释，分别是活化感知因子、活化价值因子、活化效果因子。这 3 个因子的累计解释方差比例为 78.694%，表明它们较好地涵盖了之前的 15 个变量的信息。SPSS 因子分析的结果如表 7-7 和表 7-8 所示。

表 7-7　总方差解释

成分	初始特征值			提取载荷平方和			旋转载荷平方和		
	总计	方差百分比	累计百分比	总计	方差百分比	累计百分比	总计	方差百分比	累计百分比
1	5.986	37.907	37.907	5.686	37.907	37.907	4.587	30.580	30.580
2	3.669	24.459	62.366	3.669	24.459	62.366	3.996	26.638	57.218
3	2.449	16.328	78.694	2.449	16.328	78.694	3.221	21.475	78.694
4	0.500	3.335	82.028						
5	0.451	3.004	85.033						
6	0.412	2.750	87.782						
7	0.336	2.241	90.023						
8	0.310	2.067	92.091						
9	0.256	1.704	93.794						
10	0.241	1.605	95.399						
11	0.190	1.267	96.667						
12	0.171	1.138	97.805						
13	0.134	0.892	98.697						
14	0.117	0.783	99.480						
15	0.078	0.520	100.000						

＊提取方法：主成分分析。

表 7-8　旋转后的成分矩阵 a

指标	成分		
	1	2	3
非遗展现方式	0.896		

续表

指标	成分 1	成分 2	成分 3
非遗活动的参与性	0.826		
非遗活动的趣味性	0.887		
非遗活动的创新性	0.863		
非遗项目的满意度	0.897		
游览观赏价值		0.859	
教育保护价值		0.900	
休闲度假价值		0.847	
参与体验价值		0.900	
知名度			0.853
保护力度			0.835
经济效益			0.858
基础设施			0.871
环境质量			0.887
文化认同感			0.884

* 提取方法：主成分分析。
* 旋转方法：Kaiser 标准化最大方差法。
* a. 旋转在 4 次迭代后已收敛。

根据旋转成分矩阵可以判断各个题目的因子归属，其中非遗展现方式、非遗活动的参与性、非遗活动的趣味性、非遗活动的创新性、非遗项目的满意度 5 个指标属于因子 1，其因子荷载均大于 0.8，根据问卷内容将其命名为"活化感知"维度。游览观赏价值、教育保护价值、休闲度假价值、参与体验价值 4 个指标属于因子 2，其因子荷载均大于 0.8，根据问卷内容将其命名为"活化价值"维度。知名度、保护力度、经济效益、基础设施、环境质量、文化认同感 6 个指标属于因子 3，其因子荷载均大于 0.8，根据问卷内容将其命名为"活化绩效"维度。通过因子分析证实了以上题目和指标的可行性与合理性，可以展开正式问卷调查。

（二）样本数据分析

使用 SPSS 22.0 统计分析软件对问卷调查结果进行统计分析，所采用的数据分析方法包括描述性统计分析、信度检验、效度检验、主成分分析以及模糊综合评价法等。

1. 描述性分析

就目前285份问卷的数据结果来看，女性较多，约占调查人数的三分之二，男性只占34.7%；游客年龄以18—28岁的中青年为主，这一年龄段的群体有足够的空闲时间，收入可观，身体状态良好，并对于新奇文化更加向往，学生占比将近一半，说明学生更为愿意投入金额和时间前往旅游目的地了解传统文化，拓宽视野；在学历方面，本科及以上学历占比超过一半，更能说明学历越高，出游意愿则更为强烈；学生与其他收入群体相比，更愿意在旅游时进行休闲消费；同时当前游客主要局限于湖南省内，占总数的55.5%。具体特征详见表7-9。

表7-9 永江女书旅游游客特征统计表

游客特征	类别	样本数（人）	比例（%）
性别	男	99	34.7
	女	186	65.3
年龄	17岁及以下	2	0.7
	18—28岁	158	55.4
	29—39岁	54	18.9
	40—50岁	44	15.4
	51岁及以上	27	9.5
学历	初中及以下	21	7.4
	高中、中专及职校	41	14.4
	大专	29	10.2
	本科	166	58.2
	硕士及以上	28	9.8
职业	公司白领	23	8.1
	教师、医生、律师	28	9.8
	学生	136	47.7
	个体经营者	40	14.0
	工人、农民	21	7.4
	政府工作者	2	7.0
	其他	17	6.0

续表

游客特征	类别	样本数（人）	比例（%）
客源地	湖南永江	64	22.5
	湖南其他县市	94	33.0
	其他省、直辖市	120	42.1
	特别行政区	1	0.4
	其他	6	2.1
月收入	2000元及以下	113	39.6
	2001—4000元	59	20.7
	4001—6000元	54	18.9
	6001—8000元	30	10.5
	8001元及以上	29	10.2

2. 信度检验

问卷总共收集285份，线上收集180份，线下发放问卷105份，剔除无效问卷37份，有效问卷248份。遗产活化评价量表包括活化感知、活化价值、活化效果3个维度，克隆巴赫α系数值分别为0.834、0.840、0.877。因为克隆巴赫α系数值在0.6以上为可接受范围，所以量表3个维度的内部一致性较高，说明量表的科学性和稳定性较好，所选指标合理，具体见表7-10。

表7-10　信度分析表

维度	指标	克隆巴赫α系数值
活化感知	非遗展现方式	0.834
	非遗活动的参与性	
	非遗活动的趣味性	
	非遗活动的创新性	
	非遗项目的满意度	

续表

维度	指标	克隆巴赫 α 系数值
活化价值	游览观赏价值	0.840
	教育保护价值	
	休闲度假价值	
	参与体验价值	
活化效果	知名度	0.877
	保护力度	
	经济效益	
	基础设施	
	环境质量	
	文化认同感	

3. 效度检验

在开始进行因子分析之前要经过 KMO 和巴特利特球形检验说明数据效度，由表 7-11 可知，KMO 的平均值为 0.950，大于 0.8，且显著性 Sig 值为 0.000，说明可以通过主成分分析求取权重。

表 7-11 效度分析

KMO 值		0.950
巴特利特球形检验	近似卡方	1998.423
	自由度	105
	显著性值（Sig）	0.000

4. 主成分分析确定权重

权重的确定是评估活化过程的关键步骤，对于客观真实地反映活化效果有着重要作用，目前常用赋权方法包括：历史资料法、专家赋权法、多维度分析法等，每种方法均有利有弊。综合来看，主成分分析是一种客观、简单、科学的分析方法，可以更合理地确定指标权重。由于文中所用方法为量表打分式调查，各指标趋向一致，因此不需要数据标准化处理，各个指标权重参照表 7-12。

表 7-12　遗产活化评价指标权重表

一级指标	权重	二级指标	权重	三级指标	权重
遗产活化成效	1.0000	活化感知	0.3401	非遗展现方式	0.1914
				非遗活动的参与性	0.2219
				非遗活动的趣味性	0.1993
				非遗活动的创新性	0.2007
				非遗项目的满意度	0.1868
		活化价值	0.2654	游览观赏价值	0.2524
				教育保护价值	0.2622
				休闲度假价值	0.2342
				参与体验价值	0.2512
		活化效果	0.3946	知名度	0.1769
				保护力度	0.1604
				经济效益	0.1675
				基础设施	0.1487
				环境质量	0.1630
				文化认同感	0.1835

5. 模糊综合评价

模糊综合评价方法主要是以模糊数学理论为基础，将模糊难以确定的影响因素进行量化，对被评估事物所在等级的状态作出综合评估，通常采用李克特量表评价，以 1—5 分分别表示"非常好""比较好""一般""不好""非常不好"。

（1）利用模糊综合评价模型计算出活化感知 R1、活化价值 R2、活化效果 R3、因素层面的评价矩阵。

$$R1 = \begin{Bmatrix} 0.2056 & 0.4435 & 0.2863 & 0.0403 \\ 0.2056 & 0.4355 & 0.2863 & 0.0484 \\ 0.2540 & 0.3629 & 0.3145 & 0.0605 \\ 0.1935 & 0.3387 & 0.4073 & 0.0484 \\ 0.2581 & 0.4677 & 0.2298 & 0.0282 \end{Bmatrix}$$

$$R2 = \begin{Bmatrix} 0.2581 & 0.3790 & 0.2863 & 0.0524 \\ 0.3226 & 0.3387 & 0.2621 & 0.0403 \\ 0.2742 & 0.3911 & 0.2742 & 0.0444 \\ 0.2581 & 0.4113 & 0.2581 & 0.0524 \end{Bmatrix}$$

$$R3 = \begin{Bmatrix} 0.2177 & 0.4113 & 0.2944 & 0.0565 \\ 0.3024 & 0.4194 & 0.2339 & 0.0363 \\ 0.1935 & 0.3589 & 0.3589 & 0.0685 \\ 0.2379 & 0.3750 & 0.3065 & 0.0524 \\ 0.2016 & 0.3629 & 0.3508 & 0.0484 \\ 0.2823 & 0.4556 & 0.1935 & 0.0484 \end{Bmatrix}$$

（2）计算出活化感知S1、活化价值S2、活化效果S3层面的评价集。

S1=（0.1914　0.2219　0.1993　0.2007　0.1868）×R1
　=（0.2227　0.4092　0.3057　0.0455　0.0170）
S2=（0.2524　0.2622　0.2342　0.2512）×R2
　=（0.2788　0.3794　0.2700　0.0474　0.0245）
S3=（0.1769　0.1604　0.1675　0.1487　0.1630　0.1835）×R3
　=（0.2395　0.3987　0.2880　0.0519　0.0220）

（3）对二级指标层活化感知E1、活化价值E2、活化效果E3进行模糊评价，计算出各指标层综合得分。

E1=3.7553

E2=3.8406

E3=3.7817

（4）利用模糊综合评价法计算遗产活化成效的最终评价集A。

A=（0.2526　0.4086　0.2974　0.0499　0.0217）

（5）计算遗产活化成效=（5 4 3 2 1）×AT=3.9115，具体见表7-13。

表 7-13　遗产活化评价指标得分表

一级指标 （权重）	评价值	二级指标 （权重）	评价值	三级指标	评价值
遗产活化成效 （1.0000）	3.9115	活化感知 （0.3401）	3.7553	非遗展现方式	3.7661
				非遗活动的参与性	3.7500
				非遗活动的趣味性	3.7944
				非遗活动的创新性	3.6532
				非遗项目的满意度	3.9234
		活化价值 （0.2654）	3.8406	游览观赏价值	3.7944
				教育保护价值	3.8710
				休闲度假价值	3.8629
				参与体验价值	3.8347
		活化效果 （0.3946）	3.7817	知名度	3.7500
				保护力度	3.9718
				经济效益	3.6371
				基础设施	3.7419
				环境质量	3.6452
				文化认同感	3.9315

（三）结果分析

遗产活化成效得分为 3.9115 分，由评价结果可知，江永女书非物质文化遗产活化利用效果达到"非常好"的占比为 25.26%，效果达到"比较好"的占比为 40.86%，效果为"一般"的占比是 29.74%，效果为"不好"的占比是 4.99%，效果为"非常不好"的占比是 2.17%。根据模糊数学理论中的最大隶属度原则，说明江永女书非物质文化遗产旅游活化评价达到"比较好"及以上的占比为 65.84%，表明当前开发情况较好，效果慢慢好转，但江永女书的竞争力还需继续提升。由表 7-13 可知，无论是从活化感知、活化价值、活化效果 3 个二级指标，还是从非遗展现方式、非遗活动的趣味性、创新性等 15 个三级指标，其评分均未超过 4 分，说明了国家及江永县政府虽然有意识地对江永女书进行保护性活化，但其效果不佳；综合来看，游客认为，通过开发江永女书园传承女书文化，可以增强文化认同感，提高其保护力度。

本节所采用的评价集为"非常好""比较好""一般""不好""非常不好"。主要是由游客根据自己的实际体会和感知进行选择，其判断依据如表 7-14 所示。

表 7-14 判断依据表

评语集	非常好	比较好	一般	不好	非常不好
判断依据	超额高出预期	高于预期	达到预期	未达预期	体验感极差

1. 活化感知

由活化感知评估结果可知，活化感觉达到"非常好"的占比为 22.27%，效果达到"比较好"的占比为 40.92%，效果为"一般"的占比为 30.57%，效果为"不好"的占比为 4.55%，效果为"非常不好"的占比为 1.70%。根据模糊数学理论中的最大隶属度原则，活化感知评价等级为"比较好"。综合来看，游客对于女书园非遗活化项目展现方式的可参与性、趣味性、创新性及满意度的评分都高于 3.5，说明游客的活化感知是较为可观的。

2. 活化价值

由活化价值评估结果可知，其活化效果达到"非常好"的占比为 27.88%，效果达到"比较好"的占比为 37.94%，效果为"一般"的占比为 27.00%，效果为"不好"的占比为 4.74%，效果为"非常不好"的占比为 2.45%。根据模糊数学理论中的最大隶属度原则，活化感知评价等级为"比较好"。综合来看，游客认为遗产活化能够带来游览观赏价值、教育保护价值、休闲度假价值和参与体验价值，这对于当地居民生活水平的提高、遗产的保护以及更多游客愿意前往该地旅游都有一定的促进作用。

3. 活化效果

由活化效果评估结果可知，其所能够带来的各个方面效益达到"非常好"的占比为 23.95%，达到了"比较好"的占比为 39.87%，而"一般"的占比为 28.80%，"不好"的为 5.19%，"非常不好"的为 2.20%。根据模糊数学理论中的最大隶属度原则，活化感知评价等级为"比较好"。综合来看，游客认为遗产活化能够提升目的地知名度，加大各方面对非遗的保护力度，提高环境质量的同时带来一定的经济效益，基础设施也相应得到改善，最为重要的是文化认同感的增强。

三、江永女书旅游活化创新策略

（一）创新传播路径

一方面，以女书文化为主题，创作微电影、短视频。随着互联网的快速发展，各类电脑、手机应用程序遍及人们的生活，公交车、红绿灯路口、商场、餐馆等各地都可以看见大家使用抖音、快手、微信视频号等新兴媒介。中青年是旅游业的主要消费群体，这种快速便捷又能突出主题的传播方式更适合当代年轻人的生活节奏，通过这一媒介普及女书知识，可以使更多人认识女书。调查显示，当地居民对女书认可度不高，他们对女书在文学、戏剧学等方面的价值难以理解，因此需要政府有所作为，促进居民参与到文化保护与传播过程中。虽然说女书文化自古以来是传女不传男，但是倘若广大男性可以更多感受到女书的魅力，对于婚姻、母子、父女或友谊关系都是有百利而无一害的。

（二）创新活化方式

1. 游客自主DIY文创产品。现今大多旅游目的地都是由商家和当地居民根据本地特色，制造文创产品，但就大多数游客而言，其新鲜感保留时间较短，所蕴含的文化底蕴并不能真正得到发扬，手工DIY从几年前便很受年轻人欢迎，由游客亲手制作出一些文创产品则更有意义，也会带来一些更为明显的社会效益与经济效益。

2. 将科技元素注入女书文化。对于非遗文化来说，文化载体对于传承与展示无形文化是尤为关键的，如今随着科技的发展，从3D到4D再到5D技术日益精进，能够让非物质文化遗产以更加活灵活现的呈现方式出现在大众视野，通过虚拟现实、全息技术等数字化技术，更加赋予女书文化生命力，再现文化魅力。

（三）多领域融合进一步实现非遗活化

1. 江永女书+节庆模式。将非物质文化遗产优势与庆祝节日所带来的效应相结合，例如在过庙节、乞巧节、坐歌堂、斗牛节、吹凉节时，举办一些应景的活动，配合一些营销手段，运用互联网实时直播，邀请网络红人等在女书传承人的协同下体验节日的传统习俗，利用"明星效应"吸引游客前往。

2. 江永女书+走进校园。学校是学生学习的主要场所，也是保护非物质文化遗产的必争之地，将非遗课程纳入学校教学体系中，不仅可以丰富学生的课外知识，促进学生全面发展，也可以为女书传承培养继承人。同时，非遗传承者可以参与校本课程编排，让学生回归家庭以后将其所学的非遗知识分享给家人，这种方式能够增强人们的尊严感、荣誉感和民族认同感。

第三节　工业遗产类文化遗产活化的绩效评价

一、醴陵"中国陶瓷谷"（原醴陵瓷谷）工业遗产活化情况

"中国陶瓷谷"是位于湖南省醴陵市的经济技术开发区核心区域，是

"一谷一城一园"发展战略的首要组成部分,同时也是醴陵市参与长株潭一体化发展的首个区域,以及长株潭"两型社会"改革试验区的核心部分。选取醴陵的"中国陶瓷谷"作为工业文化遗产旅游活化绩效评价的案例地,主要原因体现在以下三个方面。

第一,工业文化遗产底蕴深厚。醴陵的陶瓷工业文化遗产源远流长,具有上千年历史。这里的窑火延续不断,陶瓷制品从民用的普通瓷器到官用的高档瓷器,以及用于国宴的专用瓷器和出口到国际市场的日用瓷器,种类繁多。醴陵创烧了釉下五彩瓷,并进一步发展了出口炻瓷、特种陶瓷和电瓷等品类。在江西景德镇之后,醴陵成为中国的第二个古瓷都。2008年,醴陵釉下五彩瓷烧制技艺已被列入国家非物质文化遗产名录,体现了其独特的文化价值。

第二,工业文化遗产活化具有代表性。中国陶瓷谷以开发醴陵五彩陶瓷特色产业小镇为中心,先后构建了众多子项目,如世界陶瓷艺术城、中国陶瓷谷国际会展中心、釉下五彩城和创新创业园等。这一系列项目充分展现了"彩瓷之谷'链'动世界"的独特魅力。该区域已成功举办了五届国际陶瓷产业博览会,吸引了来自全球近3000家参展商。陶瓷艺术建筑群融合了中西设计理念,瓷器口风情文化街则汇聚了丰富的民俗文化特色,国际陶瓷展览中心展示了卓越的创意,而醴陵市陶瓷博物馆已成为文化标杆之一。这些项目是陶瓷产业活化的具体表现形式,围绕陶瓷形成了"产、创、展、商、游"于一体的工业文化遗产活化路径,并荣获"首届湖南省创新奖—文化类"的荣誉。

第三,工业文化遗产旅游典型性。"旅瓷结合,瓷旅相融。"中国陶瓷谷已成为株洲市的重要景点,并获得了首批国家工业旅游创新单位、国家工业遗产旅游基地、湖南省十大研学旅行基地以及湖南省工业旅游示范点等多项荣誉。中国陶瓷谷以陶瓷文化为主题,融合了文化交流、会务会展、研发设计、研学旅游、大型歌舞演出及地产开发等多种元素,成为湖湘大地上独特的陶瓷文旅地标。与此同时,以醴陵窑为核心,醴陵市已完成整体规划设计,并积极申报国家考古遗址公园、醴陵窑世界文化遗产和国家5A级景区等项目,凸显了其在陶瓷产业中的重要地位。

二、研究设计

(一)指标体系构建

本研究采用定性和定量相结合的混合研究方法,构建具有信度、效度、准确度和质量的指标体系。首先,研究团队采用小组座谈和深度访谈等定性研究方法，进行探索性因子分析、验证性因子分析和回归分析，以验证指标体系的可靠性。由于工业文化遗产旅游活化绩效评价指标的相关研究较少，团队先期梳理了工业文化遗产适宜性评价、使用后评价、工业文化遗产价值评价、遗产地治理绩效评价等相关文献，并根据工业文化遗产的概念和特点，初步确立了42个工业文化遗产旅游活化绩效评价指标。随后，邀请具有旅游学、旅游地理学、人文地理和管理学研究背景的教授、博士等5人组成小组展开座谈，并与相关领域专家进行了半结构性访谈。在剔除表达歧义和意义重复的指标后，最终得到了32项活化绩效评价指标。随后，进行初步调研，通过调查问卷对指标体系进行了效度和信度分析。（在剔除"安全保障度、娱乐设施丰富度、停留时间数、产业绿色化"等8项指标后），最终得到了包含旅游体验、资源活化、价值活化和活化环境4个维度共24项指标的工业文化遗产旅游活化绩效评价体系。该体系详见表7-15。

表7-15 工业文化遗产旅游活化绩效评价体系

一级指标	二级指标	指标解释	一级指标	二级指标	指标解释
旅游体验	具身体验感	游客可以参与到遗产旅游活化项目中感官体验、身体感知	资源活化	遗产原真性	遗产地保持原有建筑的构造、风格、文化内涵等
	信息便捷性	旅游信息获取的方便与快捷程度		遗产完整性	遗产整体建筑的外貌、功能、布局保持完整
	环境舒适度	遗产旅游地的卫生环境维护程度		现代融合度	遗产在原有基础上与其他现代产业融合发展，新型业态涌现情况
	组合协调度	遗产旅游活化项目与工业产区生产活动的协调程度		形式创意度	遗产地的旅游吸引物开发具有鲜明、独特的吸引力和不可复制性
	质量把控度	遗产旅游地的整体旅游服务质量水平		文脉传承度	对工业文化遗产的保持与传承力度
	基础设施完善度	公共卫生间、导览标识系统、游步道、垃圾桶、游憩座椅等旅游基础设施数量和完善程度		反哺保证度	遗产活化在各种形式上为反哺遗产保护提供的利好

续表

一级指标	二级指标	指标解释	一级指标	二级指标	指标解释
价值活化	历史厚重性	遗产资源历史价值的保持状况	活化环境	交通可达性	内外部交通有效衔接的程度
	产业带动力	对居民就业和当地产业转型升级的促进作用		商业氛围感	遗产地所呈现的商业气氛，表现为商店数量、商业繁华程度、商品齐全程度、品牌规模等
	活化经济力	遗产活化对区域GDP的贡献程度		文化氛围感	遗产地的文化气氛和情调、主题意境、历史文化底蕴、人文风貌及文化原真性等
	情感调动力	遗产活化对旅游者、居民认同感和归属感的提升程度		资金多元化	遗产活化投资的多元化和稳定性程度
	建筑科学化	遗产建筑活化后的价值以及相关活化规划的科学化、合理化水平		政府支持度	政府对遗产活化的支持程度
	艺术审美性	遗产活化后建筑的艺术性和视觉感受		市场潜在力	遗产地能够吸引游客前来游览的能力

（二）问卷调查

本研究采用多种方法收集一手数据，包括拦截式问卷访问调查、限制IP地点网络问卷调查和深度访谈。整个过程分为4个阶段：预调研和网络问卷发放、现场问卷发放和深度访谈、补充调研以及专家咨询确定二级绩效评价指标。

第一阶段，2022年7月，研究团队进行预调研活动，通过实地考察，深入了解醴陵陶瓷谷的工业文化遗产活化改造情况，并初步探访中国陶瓷艺术设计中心、醴陵陶瓷博物馆、瓷器口风情文化街等重要旅游景点。为评估测评指标体系的科学性，研究团队采取限制IP地点的网络问卷形式，共收集到125份有效问卷，有效率高达94.3%。通过信度和效度分析，剔除了安全保障度、娱乐设施丰富度、产业绿色化等8项指标。

第二阶段，2022年8月，研究团队组成一个6人团队前往案例地进行调查。在人流量较大的醴陵陶瓷博物馆、瓷器口风情文化街、1915醴陵国际陶瓷文化特色街区等景点，我们进行了拦截式问卷调查。同时，还与当地居民（部分为景区或厂区的工作人员）、旅行社人员以及不同类型的旅游者进行了深度交流。访谈内容涵盖了活化项目与工业产区的协调程度、旅游服务的质量评价、遗产的原真性、遗产的完整性以及活化项目的经济效益等。本次调研现场发放问卷 268 份，访谈 56 人（含调查问卷），有效问卷 250 份，有效率 93.3%。其中，向旅游者发放 135 份，非景区或厂区工作居民发放 86 份，景区或厂区工作人员发放 47 份。访谈对象共计 56 人，访谈时长共计 32 小时。

第三阶段，2022 年 9 月，研究团队对景区负责人和部分政府工作人员进行补充调研。调查涵盖了相关人员对遗产资源历史价值的认知、遗产活化对遗产保护的积极影响、遗产文化内涵的挖掘程度、遗产建筑本身科学价值以及科学的遗产活化规划等议题的理解。所有访谈均以书面和录音形式进行记录，以便于后续整理和分析。

第四阶段，邀请旅游领域的 5 位专家组成专家小组，其中既有高校学者，也有政府工作人员，通过集中讨论对评价指标体系进行优化，并依据重要程度，对其权重进行评分。

（三）研究方法与步骤

1.AHP—熵值法

AHP—熵值法是一种综合主客观赋权方法的组合，它既能够反映决策者对不同指标的重视程度，又可以避免决策者的过度主观性，从而在一定程度上确保了赋权的科学性。

首先构建二级指标的判断矩阵，并邀请 5 位旅游领域的专家采用萨蒂（Saaty）九标度法对这四个指标进行逐一对比判断，专家根据各指标的重要性程度对三级指标进行了两两打分。随后，采用方根法来计算判断矩阵的特征向量和特征值。随后，计算从三级指标到二级指标、二级指标到一级指标的权重。最后，通过计算一致性比率来检验计算结果是否通过了一致性检验。AHP 层次分析法是一种常用的主观赋权方法，在此不再赘述。使用软件 YaAHP 来获得权重，并发现四个指标层的一致性比率 CR 均小于 0.1，通过了显著性检验。

熵是对信息不确定性的测度。熵值与所包含的信息量与不确定性成正比，基于熵的这一特性，研究过程中常常通过熵值来判断某一测量指标的离散程度，从而确定该测量指标对综合评价的影响程度，即权重。熵值法计算测量指标的权重仅取决于所收集数据的离散程度，因此更加客观公正。

熵值法赋予指标权重步骤如下：

步骤1：数据标准化。为了避免指标单位和量纲不同带来的影响，对原始数据采用归一化和标准化处理。为了避免出现零值的情况，对数据进行平移处理。

正向指标：

$$U_{ij} = \frac{X_{ij} - \min(x_{ij})}{\max(X_{ij}) - \min(X_{ij})}(i=1,2,\cdots,n;j=1,2,3,\cdots,m) \quad (1)$$

负向指标：

$$U_{ij} = \frac{\min(X_{ij}) - X_{ij}}{\max(X_{ij}) - \min(X_{ij})}(i=1,2,\cdots,n;j=1,2,3,\cdots,m) \quad (2)$$

步骤2：采用比重法对数据进行无量纲化处理。

$$Z_{ij} = \frac{X_{ij}}{\sum_{i=1}^{n} X_{ij}} \quad (3)$$

步骤3：计算第j个指标的熵值。

$$H_j = -\frac{1}{\ln n_i} \sum_{i=1}^{n} Z_{ij} \ln Z_{ij}, \text{若} Z_{ij}=0, \text{则令} Z_{ij}^n \ln = 0 \quad (4)$$

步骤4：计算第j个指标的差异系数。

$$e_j = 1 - H_j \quad (5)$$

步骤5：计算第j个指标的权重。

$$D_j = \frac{e_j}{\sum_{j=1}^{m} e_j} \quad (6)$$

为保证研究结果的严谨性和科学性，学者们常采用AHP层次分析法和熵值法相结合的主客观综合赋权方法进行分析。为了减少专家评价过程中的主观偏差，避免因数据不完整或质量不佳导致的客观偏差，采用等权重加权平均的方法将主客观权重进行整合。具体来说，将AHP层次分析法和熵值法计算得到的权重均值作为综合权重，从而得出工业文化遗产旅游活化绩效评价指标的综合权重。

2. 耦合协调度和相对发展度模型

通过借鉴孙九霞等学者的研究，引入耦合协调度模型，对工业遗产旅游活化绩效评价指标体系的4个维度之间的协调效应或贡献、相互作用强度以及协调发展程度进行定量评估。这种评价方法为遗产旅游活化绩效水平提供了科学客观的评价依据。

遗产旅游活化绩效水平协调发展指数公式如下，用 T 表示，其中 U_i 为第 i 个维度（二级指标）值，$U_i \in [0,1]$；α_i 为第 i 个维度权重。在工业文化遗产旅游活化绩效评价体系中，$n=4$，且认为旅游体验、资源活化、价值活化和活化环境 4 个维度同样重要，故 α_1、α_2、α_3、α_4 均取 1/4。

$$T = \sum_{i=1}^{n}(\alpha_i \times U_i), \sum_{i=1}^{n} \alpha_i = 1 \qquad (7)$$

选择具有更高效度和区分度的耦合协调发展度修正模型，以充分说明工业文化遗产旅游活化绩效评价体系 4 个维度间良性相互作用的程度，从而表征旅游体验、资源活化、价值活化和活化环境是高水平上相互促进还是低水平上相互制约。

$$C = \sqrt{\left[1 - \frac{\sum_{i>j,j=1}^{n} \sqrt{(U_i - U_j)^2}}{\sum_{m=1}^{n-1} m}\right] \times \left[\prod_{i=1}^{n} \frac{U_i}{\max(U_i)}\right]^{\frac{1}{n-1}}} \qquad (8)$$

$$D = \sqrt{C \times T} \qquad (9)$$

其中，耦合度 $C \in [0,1]$，当各维度之间越离散，C 值越低，反之各维度联系越紧密，C 值越高。D 为耦合协调度，且 $0 \leq D \leq 1$。

为进一步测度工业文化遗产旅游活化绩效评价体系各维度之间的相对发展类型，构建相对发展模型。其中 γ 表示相对发展程度，U_i 和 U_j 分别代表任意两个维度。结合已有研究成果，将耦合协调度按照表 7-16 标准划分。

$$\gamma = \frac{U_i}{U_j} \qquad (10)$$

表 7-16 耦合协调度和相对发展度类型划分

区间	耦合协调度	特征	相对发展度	亚类型
$0 < D \leq 0.3$	低度协调	协调度低，无整体协同效应	$0 < U_i/U_j \leq 0.8$	低度协调——U_i 滞后
			$0.8 < U_i/U_j \leq 1.2$	低度发展
			$U_i/U_j > 1.2$	低度协调——U_j 滞后
$0.3 < D \leq 0.5$	中度协调	基本协调，协同效应呈现	$0 < U_i/U_j \leq 0.8$	中度协调——U_i 滞后
			$0.8 < U_i/U_j \leq 1.2$	中度发展
			$U_i/U_j > 1.2$	中度协调——U_j 滞后

续表

区间	耦合协调度	特征	相对发展度	亚类型
0.5 < D ≤ 0.8	高度协调	较为协调，整体协同效应较好	$0 < U_i/U_j \leq 0.8$	高度协调—U_i滞后
			$0.8 < U_i/U_j \leq 1.2$	高度发展
			$U_i/U_j > 1.2$	高度协调—U_j滞后
0.8 < D ≤ 1	极度协调	共同发展，协调共生	$0 < U_i/U_j \leq 0.8$	极度协调—U_i滞后
			$0.8 < U_i/U_j \leq 1.2$	极度发展
			$U_i/U_j > 1.2$	极度协调—U_j滞后

3. 多元回归分析

以遗产活化体验质量和遗产活化认同度为因变量，旅游体验、资源活化、价值活化和活化环境为自变量，通过构建多元回归模型，可以探究这4个维度对遗产活化体验质量和认同度的影响差异。这一研究将为工业文化遗产旅游活化质量的进一步提升提供有益的探索和实证支持。

三、工业文化遗产旅游活化绩效评价

（一）确定综合权重

由表7-17可知，权重排名最高的指标是旅游体验维度的质量把控度，其值为0.0725。这表明无论是专家主观意愿还是基于信息熵的客观事实，工业文化遗产旅游活化后，旅游体验质量都被视为最重要的因素。此外，遗产原真性和遗产完整性这两个指标的权重也相对较高，分别为0.0572、0.0606，说明在遗产旅游活化过程中，不仅要关注旅游者的体验感受，还要兼顾工业文化遗产的原真性和完整性，这是保障其发展动力的重要支撑。另外3个指标如活化经济力、市场潜在力和政府支持度分别排在第三、第五和第六位，权重为0.0599、0.0564和0.0558，与遗产原真性和遗产完整性等指标权重相似。这表明遗产旅游活化不仅需要维持一定的客源量与关注度，同时也离不开政府在政策发布、业务审批、流程管理等方面的支持。综合权重最低的是现代融合度（0.0242），意味着遗产旅游活化应更多关注文化遗产原真性、完整性，体现遗产本身的艺术美，适当与现代科技、工艺流程相结合，切忌为迎合当代审美，过

多吸收现代产业元素而忽视本身特色。

(二)耦合协调度分析

根据测算结果,中国陶瓷谷的整体耦合协调度 D 为 0.8475(T=0.7403,C=0.9702),属于极度协调类型。旅游体验、资源活化、活化价值及活化环境这 4 个维度间相互耦合,协调共生,说明中国陶瓷谷在旅游活化过程中,整体协调度较高,较少出现顾此失彼、头重脚轻的现象。然而,仅仅关注工业文化遗产旅游活化发展的整体性,往往容易忽略各维度间的内在联系。因此,我们将耦合协调度模型应用于各维度间,深入探究其内在联系。为了保持良好的旅游体验,离不开活化环境的支持。首先测算旅游体验维度和活化环境维度的耦合协调度,经测算 D 值为 0.8363(T=0.7520,C=0.9594),属于极度协调类型。这说明中国陶瓷谷的旅游体验和活化环境已经达到了协同效应。资源和价值作为工业文化遗产活化的核心,两者的耦合协调程度 D 为 0.8600(T=0.7384,C=0.9836)。这表明资源活化和价值活化两个维度之间的耦合协调水平最高,表示中国陶瓷谷在活化方面既保持了工业文化遗产的原真性又凸显了其现代价值。这种状态有利于文化遗产活化的可持续发展,同时也对当地的经济和产业具有带动作用。旅游体验、资源活化和价值活化间的 D 值为 0.8491(T=7384,C=0.9763),资源活化、价值活化和活化环境间的 D 值为 0.8583(T=T.7502,C=0.9821)。这些数据进一步证实了中国陶瓷谷在旅游体验、资源活化、价值活化和活化环境等方面的协调共生,为提高整体耦合协调度提供了有力支撑。

上述研究仅从综合权重层面确定各维度间的重要程度,耦合协调度也只能解释不同维度间协调程度的差异。为了更加全面地评估旅游体验、资源活化、价值活化和活化环境在不同发展阶段的耦合协调度相对水平,我们引入相对发展度。根据耦合协调度模型测算,发现旅游体验、资源活化等 4 个维度都属于极度协调,因此可以通过计算各维度的分值来评估整体的发展度。从表 7-18 中可以看出,这 4 个维度间不存在相对滞后的问题,它们之间的两两关系都属于极度发展。

根据综合指标权重、耦合协调度模型和相对发展度的相关结果,研究表明中国陶瓷谷工业文化遗产旅游活化绩效处于极度协调状态。各维度均衡发展,不存在任何滞后现象,这充分说明了选择中国陶瓷谷作为研究案例地的典型性。在具体的维度分析中发现资源活化和价值活化的耦合协调度最高,表明中国陶瓷谷在遗产活化过程中非常注重遗产本身的价值开发和保护。这一结论也与访谈对象所说的"我们现在还是可以看得到很多以前的老东西，和小时候一个模样嘞"相符。另外，从权重角度来看，旅游体验维度的比重最高，而价值活化维度的比重较资源活化维度略低。这说明中国陶瓷谷未来应该在旅游项目开发和维护过程中更多地释放文化遗产价值，以产生更多活化效益。

表7-17 验证性因子分析结果及指标权重

维度	测量指标	标准化载荷	t值	CR	AVE	AHP权重	熵值法权重	综合权重
旅游体验	具身体验感	0.536	5.684***	0.793	0.593	0.0409	0.0428	0.0419
	信息便捷性	0.767	5.987***			0.0087	0.0743	0.0415
	环境舒适度	0.696	5.921***			0.0224	0.0398	0.0311
	组合协调度	0.600	5.798***			0.0186	0.0439	0.0313
	质量把控度	0.579	5.763***			0.1043	0.0407	0.0725
	基础设施完善度	0.462	5.494***			0.0550	0.0477	0.0514
资源活化	遗产原真性	0.623	5.917***	0.829	0.648	0.0726	0.0419	0.0572
	遗产完整性	0.526	5.794***			0.0852	0.0359	0.0606
	现代融合度	0.540	5.815***			0.0111	0.0374	0.0242
	形式创意度	0.561	5.845***			0.0213	0.0438	0.0326
	文脉传承度	0.471	5.691***			0.0249	0.0422	0.0335
	反哺保证度	0.592	5.884***			0.0349	0.0508	0.0429
价值活化	历史厚重性	0.746	6.097***	0.788	0.585	0.0388	0.0366	0.0377
	产业带动力	0.646	6.054***			0.0689	0.0396	0.0542
	活化经济力	0.577	5.999***			0.0847	0.0352	0.0599
	情感调动力	0.544	5.963***			0.0193	0.0397	0.0295
	建筑科学化	0.670	6.068***			0.0268	0.0322	0.0295
	艺术审美性	0.508	5.911***			0.0116	0.0415	0.0266
活化环境	交通可达性	0.423	5.359***	0.810	0.628	0.0481	0.0389	0.0435
	商业氛围感	0.597	5.262***			0.0142	0.0446	0.0294
	文化氛围感	0.722	5.920***			0.0147	0.0367	0.0257
	资金多元化	0.814	6.004***			0.0347	0.0277	0.0312
	政府支持度	0.571	5.153***			0.0616	0.0500	0.0558
	市场潜在力	0.707	5.904***			0.0768	0.0361	0.0564

表7-18 相对发展度

	旅游体验	资源活化	价值活化	活化环境
旅游体验	1			
资源活化	1.0125	1		
价值活化	1.0830	1.0696	1	
活化环境	1.0646	1.0515	0.9831	1

（三）影响因素分析

1. 验证性因子分析

通过使用验证性因子分析，对工业文化遗产旅游活化绩效评价指标体系进行信度、效度和拟合度的检验。从表7-19中可以看到，每个维度的组合信度（CR）和平均提取方差（AVE）都大于最小临界值0.7和0.5，表明各维度的分类信度较高，内部一致性达到了可接受的水平。效度检验包括区分效度和聚合效度两种。从表7-19中可以看到，所有标准化载荷都高于最小临界值0.4，t值都达到了1%的显著性水平，表明该指标体系具有良好的聚合效度。此外，4个维度的平均提取方差都大于任意两个维度相关系数的平方，这表明该指标体系的不同维度间存在显著差异，具有良好的区分效度。同时，从各项拟合指数来看，卡方自由度比（$\chi^2/df=1.619$，$\rho=0.100$）、适配度指数（GFI=0.927）、渐残差均方和平方根（RMSEA=0.071）、比较适配度指数（CFI=0.987）、规范拟合指数（NFI=0.959）和非规准适配度指数（NNFI=0.918）都通过了检验，这表明该指标体系的总体拟合度良好。综上所述，本研究所提出的工业文化遗产旅游活化绩效评价体系具有良好的信度、效度和拟合度，可以作为后续研究的基础。

表7-19 测量模型的相关矩阵

	旅游体验	资源活化	价值活化	活化环境
旅游体验	1			
资源活化	0.308[***]	1		
价值活化	0.320[***]	0.348[***]	1	
活化环境	0.467[***]	0.313[***]	0.314[***]	1

2. 多元回归分析

结合已有研究，从旅游者和遗产地居民视角出发，以遗产活化体验质量和遗产活化认同度为因变量，选取旅游体验、资源活化、价值活化和活化环境作为自变量，进行多元回归分析，分别从旅游者和居民的角度探究了其对遗产旅游活化绩效的影响。

由表7-20可知：旅游体验、资源活化、价值活化和活化环境对遗产活化体验质量和遗产活化认同度的影响均具有显著的统计学意义（$p<0.05$）。从旅游者角度来看，旅游体验对遗产活化体验质量的影响最为显著，回归系数为0.897，意味着旅游者对工业文化遗产活化后的旅

游体验给予了高度关注。相对而言，他们更少关注遗产活化带来的经济效益、情感寄托以及资源价值等方面。然而，对遗产地居民而言，他们更加重视工业遗产活化后的价值属性。因此，价值活化对遗产活化认同度的影响最为显著，回归系数为0.870。这表明居民更看重工业文化遗产活化后所体现的价值属性。相比之下，他们对于旅游体验的影响相对较弱。这可能与遗产地居民更加关注遗产旅游活化带来的经济效益和工作机会有关，而对政府支持度、市场潜在力等活化环境的关注度较低，导致活化环境对遗产活化认同度的回归系数最低。尽管旅游者和遗产地居民对遗产活化质量的认同存在一定争议，但在遗产活化体验质量和遗产活化认同度方面，资源活化维度的回归系数均较高。这表明只有合理利用工业文化遗产资源，才能提高遗产活化体验质量和认同度，并获得旅游者和遗产地居民的价值认同。

表7-20 多元回归分析结果

因变量	自变量	标准化回归系数	标准偏差	t 值	p 值
遗产活化体验质量 $R^2=0.660$ $F=70.598$	旅游体验	0.897	0.166	5.417	0.000***
	资源活化	0.627	0.198	3.172	0.002***
	价值活化	0.460	0.204	2.261	0.027**
	活化环境	0.549	0.205	2.680	0.009***
遗产活化认同度 $R^2=0.700$ $F=74.820$	旅游体验	0.549	0.211	2.598	0.011**
	资源活化	0.626	0.194	3.229	0.002***
	价值活化	0.870	0.238	3.655	0.000***
	活化环境	0.544	0.223	2.436	0.017**

四、活化建议

旅游为工业文化遗产注入了新的活力，但要使之成为备受瞩目的旅游焦点，还需要在遗产活化利用上实现更高的水平，并积极探索创新发展的新途径和多种模式。根据上述研究结果，可以从以下三个方面来提升工业文化遗产旅游活化绩效水平，让"工业锈带"变为"旅游秀带"。

打造旅游体验—遗产保护—经济效益的协调发展模式。在推动工业文化遗产旅游活化过程中，必须重视保持遗产的原真性和完整性，同时根据实际情况进行适宜性的再利用。此外，要充分挖掘当地的独特文化元素，因地制宜地开发出具有吸引力的旅游项目和主题线路。同时，还需深入考虑不同地段的潜在市场价值、交通地理位置和城市整体规划，并重视活化成本、开发强度与经济效益的平衡，实现旅游体验、遗产保护和经济效益的耦合互馈。

在工业文化遗产旅游活化过程中，由于旅游者和遗产地居民的视角不同，他们对活化绩效的评价存在感知差异。为了平衡各方利益和需求，一方面，应充分信任遗产地居民，尊重他们的社会需求，让他们在遗产活化过程中发挥更大的作用；另一方面，应通过技能培训提高居民综合素质，让他们更好地融入旅游决策和旅游发展的过程中。同时，在开发旅游业过程中，应保障遗产地居民的正常生活节奏，既要考虑给予游客便利，又要满足居民需求，通过以上措施，有助于推动工业文化遗产的可持续发展，实现旅游者和遗产地居民的互惠共赢。

开创遗产资源活化新局面。工业文化遗产资源具有情感属性，它能够触动人的内心情感。对于年轻人来说，他们通常具有猎奇心理，对未知的、新奇的事物充满好奇和探索欲望。而对于中年人来说，他们往往怀旧情怀更浓，对过去的事物和经历有着深深的眷恋和怀念。因此，在对创意空间等要素进行旅游活化时，应注重调动游客的情感共鸣。摒弃传统开发模式，而是以原有工业为基础，借助现代文化创意模式，融合现代服务设施与设备，充分体现工业文化的特色。通过以上方式，有利于形成工业文化遗产创意产业基地的全新运营模式，让游客感受到独特的工业文化氛围，体验到与其他旅游景点不同的魅力。

第四节 古村落文化遗产活化的绩效评价
——以湖南张谷英村和陕西袁家村为例

一、湖南张谷英村文化遗产活化绩效评价

（一）张谷英村文化遗产旅游活化概况
1.张谷英村文化遗产旅游发展情况

张谷英村位于湖南省岳阳市，是中国首批历史文化名村，有着"天下第一村"和"民间故宫"的美誉。村落坐落在渭洞笔架山和龙形山之下，渭溪河穿流而过，充分体现了风水观念中顺应天时、地利的思想。由于其具有珍贵的历史、科学和艺术价值，张谷英村受到了当地政府的重视。岳阳县政府将"旅游兴县"作为一项重要战略，以张谷英村的民俗历史文化为依托，大力发展休闲观光、度假旅游、特色民宿、特色农

副产品等旅游业态,并在市场上取得了良好的反响。

经过 20 年的旅游发展,张谷英村已成为湖南省的重要旅游景点。景区年均接待游客超过 60 万人次,门票收入和旅游收入均累计过亿元。当地不断探索多样化的旅游发展模式,现有 300 多个土特产摊位和 140 多家农家乐,吸引了许多在外务工、经商的村民回乡寻找商机。村民主要提供餐饮、住宿、土特产加工和销售等多项旅游服务,其中 70% 的村民收入和 80% 以上的村委会收入都来自旅游业。自保护开发以来,村民人均年收入从 3000 元增加至近 1.8 万元。总的来说,张谷英村的旅游业发展状况良好,其合理利用和开发文化遗产资源,在一定程度上推动了当地的经济发展。

2. 张谷英村文化遗产旅游活化现状

为保护张谷英村内部的明清古建筑群,当地政府专门设立了张谷英管理处,以"在保护的基础上发展"和"以发展带动保护"为主要工作思路,促进文化遗产活化传承。为了有效识别本村遗产的价值要素和文化基因,岳阳市人民政府于 2009 年制定了《湖南省张谷英历史文化名村保护规划(2009—2030)》。此外,张谷英管理处还聘请了专业的规划团队,制定了《张谷英村文物保护规划(2022—2035)》和《张谷英历史文化名村保护规划》等发展规划,为该村的遗产活态传承工作提供了科学指导。景区管理处不定期在村内开展遗产知识和遗产保护有关法律宣讲活动,但宣讲重点集中在建筑群防火宣传教育。为了持续推进古建筑修缮项目,村中修建了孝廉家风传承馆,定期举办家风教育活动,有利于营造良好的社会氛围,深化村民对遗产的认识。然而,文化遗产保护工作仍不够深入。景区有时会开展趣味性文化活动,向游客展示本村特色文化,吸引游客参与,但此类活动的开展频率不高,互动性与参与深度仍待提高。此外,当地政府经常邀请官方媒体前往景区拍摄纪录片或是进行专题报道,在一定程度上也推动了张谷英村特色文化向外传播。但目前仍存在大片未开发的市场空间。

为进一步激活传统村落所承载的文化遗产,当地政府选择通过旅游业来实现活态传承的目标。为此,设立了专门的旅游产业引导资金,并每年投入大量资金进行各项建设,以促进村落保护与开发的良性互动。日前,景区内已成立了多家文旅开发公司,包括官方背书的张谷英旅游发展有限公司和主要依靠民间资本成立的岳阳中雅文化产业有限公司等。多家企业的入驻为景区旅游业的发展提供了有力的推动。随着张谷英村旅游业的发展,越来越多的居民选择回到家乡参与旅游经营。这在一定程度上有助于改善村落的"空心化"现象，为村落活化提供了人力支持。然而，尽管取得了一定的先进经验，但张谷英村文化遗产旅游活化的水平仍有待进一步提高。遗产旅游产业仍需进一步完善和改进。

张谷英村作为首批"中国历史文化名村"，拥有丰富的文化遗产资源，并一直致力于深入挖掘本地的文化基因，将遗产保护融入居民的日常生活。在长达20余年的旅游开发历程中，张谷英村已初步摸索出一条既注重文化遗产保护，又推动旅游开发利用的可行发展路径。尽管还存在一定的局限与不足，但张谷英村的成功经验对于国内同类型传统村落的活态保护工作仍具有宝贵的借鉴和参考价值，具有相当的代表性和典型性。因此，选择张谷英村作为本次研究的案例地是切实可行的。

（二）研究设计

1.指标体系构建

在大量阅读遗产活化相关的文献并归纳整理出初始指标体系的基础上，研究团队前往案例地进行了两次预调研和一次正式调研。结合调研收集的资料和专家建议，同时考虑案例地旅游活化实践情况，我们对成效评估指标体系进行了不断完善。最终，我们得到了张谷英村旅游活化成效评估指标体系（表7-21），并基于这一指标体系进行了后续的研究和分析。

表7-21 张谷英村旅游活化成效评估最终指标体系

目标层	准则层	指标层	指标释义
文化遗产旅游活化价值	文化遗产赋活效益	文化基因融入学校教育	学校有专门的课程介绍本地的文化遗产
		开展遗产科普教育	定期开展文化遗产相关的文化科普活动
		重视本地特色民俗	本地的特色民俗得到了重视
		多元化利用文化遗产	文化遗产得到了多元化利用
		提高遗产文化展示参与性	游客能够参与文化遗产的文化底蕴展示活动
		避免严重商业化	避免了严重的商业化问题
		充分利用闲置遗产资源	充分利用了闲置的遗产资源
		提高遗产文化展示趣味性	开展的文化底蕴展示活动有一定趣味性

续表

目标层	准则层	指标层	指标释义
	生存环境优化效益	改善本地环保基础设施	改善了本地环保基础设施
		生态治理有效	本地生态环境状况有了很大的改善
		推动形成文明乡风	发展遗产旅游使得本地乡风文明
		加强环保人力支持	加强了环保人力支持
		理顺遗产产权	理顺了遗产产权问题
	文化认同提升效益	提升居民文化自豪感	提升了居民的文化自豪感
		加强居民生活方式认同	使得村民更加珍视和保护自己的生活方式
		激发居民遗产文化热情	激发了本地居民学习传承传统文化的热情
		居民主动践行遗产文化	居民在日常生活中践行文化遗产蕴含的优秀文化
		传承本地思想传统	注重传承本地优秀的家风及孝友文化
	经济释放效益	扩大游客规模	发展旅游扩大了本地的游客规模
		增加旅游产业总收入	发展旅游增加了本地旅游产业的总收入
		优化本地产业结构	发展旅游优化了本地一、二、三产业的比重
	利益相关者带动效益	强化游客遗产保护意识	游客注重自身行为自觉保护遗产
		实现保护与开发并重	实现了保护与开发并重

2. 问卷设计与分析

问卷主要分为两部分。第一部分是问卷的核心部分，旨在调查案例地居民对于本地文化遗产开展旅游活化实践所产生成效的感知和评价，包含 23 个测量语句。第二部分是受访者的人口统计学特征，包括 8 个测量语句。本问卷采用李克特量表，由 1—5 分别代表"非常不同意"到"非常同意"。这种计分方式可以更准确地捕捉受访者对问题的态度和看法，进而为评估文化遗产旅游活化的成效提供有力支持。

为了收集本研究所需的数据，调研队于 2021 年 11 月 13 日至 16 日第三次前往案例地进行正式调研，调研范围涵盖张谷英村旅游景区及其周边受旅游辐射影响的地区。考虑到入户发放问卷效率低、难度大，以及发放电子网络问卷存在随意填写的可能性，本次调研结合了实地发放问卷和网络发放问卷两种方式。我们请求民宿老板和当地居民将电子问卷转发至微信和QQ亲友群，同时调研队分组行动，亲自拜访案例地居民，说明来意后邀请居民填写问卷。在调研期间，我们共收集线下问卷196份，其中有效问卷191份，回收有效率为97.4%；收集电子问卷39份，其中有效问卷30份，回收有效率为76.9%。最终合计回收问卷235份，其中有效问卷221份，回收有效率为94%。

（1）人口统计学特征分析

在本次问卷调查中（表7-22），参与者的性别比例为男性47.5%、女性52.5%，女性数量略高于男性，总体上接近1∶1的比例。从年龄结构来看，被调查者主要集中在18—50岁之间，占总人数的75.6%。自案例地发展旅游业以来，许多青壮年劳动力选择返乡创业，利用自家的古建筑开展旅游经营业务或为游客提供其他服务来维持生计。因此，本次调查中青壮年人群所占比例较高。此外，大部分被调查者的最高教育经历为中学（包括初中、高中或中专），而部分调查对象的最高文化程度仅为小学文化，反映出本次调查对象的整体文化水平一般。

从收入角度来看，43.9%的被调查者家庭月收入在2001—5000元之间，显示出村民整体的收入水平并不高。此外，相关数据显示，由于近两年疫情的反复，案例地景区经常关闭，对当地旅游业发展产生了一定的冲击，因此旅游营业收入相比之前也有所下降。值得注意的是，在本次问卷调查中，存在一部分祖籍非本地的受访人。他们主要是那些在当地政府或景区管理处工作的公职人员，已经对本地旅游发展情况有了一定程度的认识和了解。从在本地居住的时间来看，超过20年的受访者人数占比达到57.5%。他们深刻认识到案例地旅游业的发展情况和文化遗产的保护状况，并形成了自己的见解和判断。

在本次正式调研的问卷调查对象中，参与旅游经营的居民数量相对较少，这与当地的旅游发展情况密切相关。尽管案例地发展旅游业已有较长时间，但由于其主要的旅游吸引物——古建筑数量有限，且景区面积相对较小，导致能够直接参与旅游经营的居民户数有限。此外，疫情对本地旅游业造成了冲击，许多旅游经营户的家庭成员选择外出谋生，而其他家庭成员则留在家里继续从事旅游经营。这些居民参与旅游经营的方式相对简单，主要是为游客提供餐饮住宿、销售土特产或提供其他服务。

表 7-22 张谷英村游客正式调研被试样本的人口统计学特征

特征变量		频率	比率	特征变量		频率	比率
性别	男	105	47.5	家庭月均收入	8001—15000 元	24	10.9
	女	116	52.5		15001—30000 元	8	3.6
年龄	18 岁以下	13	5.9		30000 元以上	6	2.7
	18—30 岁	64	29	是否为本地人	是	176	79.6
	31—40 岁	53	24		否	45	20.4
	41—50 岁	50	22.6	本地居住时间	5 年以内	50	22.6
	51—60 岁	29	13.1		5—10 年	15	6.8
	61—70 岁	9	4.1		10—15 年	15	6.8
	70 岁以上	3	1.4		15—20 年	14	6.3
文化程度	小学及以下	23	10.4		20 年以上	127	57.5
	初中	78	35.3	主要经济来源	参与旅游经营	77	34.8
	高中或中专	62	28.1		不参与旅游经营	144	65.2
	本科或大专	44	19.9	主要参与旅游方式	为游客提供餐饮	25	11.3
	硕士及以上	14	6.3		为游客提供住宿	23	10.4
家庭月均收入	没有收入	23	10.4		为游客提供特产商品	19	8.6
	2000 元以下	23	10.4	主要参与旅游方式	为游客提供其他服务	10	4.5
	2001—3500 元	52	23.5		景区工作人员	15	6.8
	3501—5000 元	45	20.4		从事行业与旅游业无关	129	58.4
	5001—8000 元	40	18.1				

（2）数据检验

①信度检验

在本次正式调研中，我们首先对设计的测量量表进行了信度检验，即进行可靠性分析。与预调研的思路一致，我们通过计算克隆巴赫 α 系数来反映指标体系的一致性程度，并采用相同的判断标准。使用 Stata

17.0 软件计算，量表的整体克隆巴赫 α 系数为 0.951，说明本次正式调研使用的测量量表各题项之间一致性较高，可以进行后续的研究和分析。

②效度检验

随后，我们对正式调研中使用的量表进行了巴特利特球形检验和 KMO 检验，以确认各测量变量之间的相关性（表 7-23）。同样，我们使用 Stata 17.0 软件进行计算，得到的测量量表的 KMO 值为 0.929，巴特利特球形检验的伴随概率值 P=0.000。这表明我们本次正式调研使用的测量量表非常适合进行后续的探索性因子分析。

表 7-23　正式调研问卷效度检验

KMO 值		0.929
巴特利特球形检验	近似卡方	5068.815
	自由度	561
	显著性 Sig	0.000

③探索性因子分析

本部分使用 Stata 17.0 软件进行最大方差法与主成分分析，筛选出旋转后因子载荷值低于 0.5 或同时在两个因子的载荷值都大于 0.4 的指标，并加以删减。经过筛选，最终在遗产本体保护效益维度删除了"解说系统丰富完善"等 3 个指标，在社会综合效益维度删除了"实现差异化旅游竞争"等 5 个指标，在遗产文化传承效益维度删除了"提高居民遗产文化熟悉度"等 3 个题项，合计删除了 11 个测量题项。

经过筛选，剩余的 23 个题项组成了我们的量表。这个量表的 KMO 值为 0.903，巴特利特球形检验的伴随概率值 P=0.000。这表明我们的量表适合进行因子分析。通过因子分析，我们成功地提取了 5 个特征值大于 1 的公因子，这些公因子的方差累计贡献率最高的达到 69.51%。这表明这 5 个公因子能够很好地解释测量变量的大部分信息。我们对这 5 个公因子进行了命名，同时明确了每个公因子所包含的测量指标，具体见表 7-24。

表 7-24　正式调研数据探索性因子分析结果

测量指标	因子载荷	提取公因子	旋转方差载入	方差累计贡献率
文化基因融入学校教育	0.794	文化遗产赋活效益	18.29%	18.29%
开展遗产科普教育	0.765			
重视本地特色民俗	0.688			
多元化利用文化遗产	0.676			
提高遗产文化展示参与性	0.636			
避免严重商业化	0.611			
充分利用闲置遗产资源	0.608			
提高遗产文化展示趣味性	0.513			
改善本地环保基础设施	0.870	生存环境优化效益	17.85%	36.13%
生态治理有效	0.846			
推动形成文明乡风	0.784			
加强环保人力支持	0.773			
理顺遗产产权	0.658			
提升居民文化自豪感	0.816	文化认同提升效益	14.98%	51.12%
加强居民生活方式认同	0.778			
激发居民遗产文化热情	0.745			
居民主动践行遗产文化	0.717			
传承本地思想传统	0.583			
扩大游客规模	0.806	经济释放效益	10.68%	61.79%
增加旅游产业总收入	0.750			
优化本地产业结构	0.727			
强化游客遗产保护意识	0.816	利益相关者带动效益	7.71%	69.51%
实现保护与开发并重	0.780			

（3）确定权重

不同的测量指标具有不同的权重，对文化遗产旅游活化成效的反映程度也各不相同。因此，首先需要计算各个测量指标的权重，本次研究采用熵值法。我们基于收集的问卷数据进行了客观计算，以确定各个指标的权重。

具体公式及步骤如下，可以计算出各个测量指标的熵权 W_j。

①构造数据矩阵，一共有 m 个样本，n 个指标，则 X_{ij} 被定义为第 i 个样本在第 j 个指标上的数值。

$$X = (x_{ij})\, mn,\ x_{ij} \geq 0,\ 0 \leq i \leq m,\ 0 \leq j \leq n \tag{1}$$

②处理正式调研所收集的数据，计算在第 j 项指标下第 i 个样本值占该指标的比重 p_{ij}。

$$p_{ij} = \frac{x_{ij}}{\sum_{i=1}^{m} x_{ij}} \tag{2}$$

③计算第 j 项指标的熵值。

$$e_j = -k \sum_{i=1}^{m} p(x_{ij}) \ln p(x_{ij}) \tag{3}$$

其中，$k = 1/\ln(p_{ij}) > 0$，满足 $e_i \geq 0$。

④计算信息熵冗余度（差异）。

$$d_j = 1 - e_i \tag{4}$$

⑤计算权数。

$$a_j = \frac{d_j}{\sum_{j=1}^{n} g_j} \tag{5}$$

⑥计算各测量指标的权重。

$$W_j = \sum_{j=1}^{n} a_j p_{ij} \tag{6}$$

根据上述公式，运用 MATLAB 软件计算各指标权重，同时基于正式调研数据因子分析的旋转后方差贡献率计算各维度权重，最后汇总整理所有权重值（表 7-25）。

表 7-25　文化遗产旅游活化成效评估指标体系权重

准则层	权重	指标层	熵值	权重
文化遗产赋活效益	0.263	文化基因融入学校教育	0.988	0.216
		开展遗产科普教育	0.992	0.148
		重视本地特色民俗	0.994	0.118
		多元化利用文化遗产	0.994	0.105
		提高遗产文化展示参与性	0.995	0.093
		避免严重商业化	0.994	0.109
		充分利用闲置遗产资源	0.992	0.144
		提高遗产文化展示趣味性	0.996	0.068
生存环境优化效益	0.257	改善本地环保基础设施	0.997	0.191
		生态治理有效	0.997	0.182
		推动形成文明乡风	0.997	0.194
		加强环保人力支持	0.997	0.173
		理顺遗产产权	0.995	0.261

续表

准则层	权重	指标层	熵值	权重
文化认同提升效益	0.216	提升居民文化自豪感	0.997	0.187
		加强居民生活方式认同	0.997	0.176
		激发居民遗产文化热情	0.996	0.198
		居民主动践行遗产文化	0.995	0.255
		传承本地思想传统	0.997	0.185
经济释放效益	0.154	扩大游客规模	0.997	0.273
		增加旅游产业总收入	0.998	0.197
		优化本地产业结构	0.993	0.530
利益相关者带动效益	0.111	强化游客遗产保护意识	0.997	0.512
		实现保护与开发并重	0.997	0.488

（4）综合得分计算

尽管本次研究涉及了5个评估维度，但并未完全涵盖初始设计的所有测量指标。此外，由于被调查者的主观感知与客观实际之间可能存在难以避免的差异，这进一步增加了遗产地旅游活化成效量化评估的难度。因此，本研究采用模糊综合评价法对张谷英村旅游活化成效进行评估分析。

①确定评价因素集

根据前文的因子分析结果，我们可以将5个因子及其对应的测量指标分为两个层次的评价指标集。其中，因子层评价因素集合T包括以下5个因子：文化遗产赋活效益T_1、生存环境优化效益T_2、文化认同提升效益T_3、经济释放效益T_4和利益相关者带动效益T_5。

②确定评语集

本次问卷调查采用的是李克特量表，其中1分代表非常不同意，2分代表不同意，3分代表一般，4分代表同意，5分代表非常同意，将张谷英村旅游活化成效的评价分为五个级别，即评语集$V=$（差，较差，一般，较好，好），并对应赋值为1、2、3、4、5。

③确定指标权重

根据前文熵值法计算的权重，得到各维度权重为：

W–T=（0.263，0.257，0.216，0.154，0.111）

各指标相对于其对应因子的权重为：

W-CT1=（0.216，0.148，0.118，0.105，0.093，0.109，0.144，0.068）

W-CT2=（0.191，0.182，0.194，0.173，0.261）

W-CT3=（0.187，0.176，0.198，0.255，0.185）

W-CT4=（0.273，0.197，0.530）

W-CT5=（0.512，0.488）

④构建隶属度矩阵

采用 $R_{ij}=q/Q$ 公式计算隶属度，即计算在第项测量指标选择第 j 种李克特量表等级的人数 q 占总人数 Q 的比重，基于正式调研收集的数据，汇总呈现受访居民对案例地旅游活化成效的评价情况，具体见表7-26。

表7-26 张谷英村旅游活化成效评价信息

指标层	非常不同意	不同意	一般	同意	非常同意
文化基因融入学校教育	3.62%	28.96%	32.58%	19.91%	14.93%
开展遗产科普教育	0.91%	16.29%	34.84%	28.96%	19.01%
重视本地特色民俗	0.00%	13.58%	29.86%	39.37%	17.20%
多元化利用文化遗产	0.00%	9.50%	38.01%	34.84%	17.65%
提高遗产文化展示参与性	0.45%	5.43%	30.77%	41.63%	21.72%
避免严重商业化	1.36%	6.34%	33.94%	38.91%	19.46%
充分利用闲置遗产资源	0.91%	14.48%	37.56%	26.70%	20.36%
提高遗产文化展示趣味性	0.45%	0.45%	26.24%	43.89%	28.96%
改善本地环保基础设施	0.00%	2.26%	13.58%	28.51%	55.66%
生态治理有效	0.00%	2.26%	12.22%	34.84%	50.68%
推动形成文明乡风	0.45%	1.36%	14.48%	39.37%	44.34%
加强环保人力支持	0.45%	1.36%	9.96%	29.86%	58.37%
理顺遗产产权	0.45%	4.98%	21.72%	46.15%	26.70%
提升居民文化自豪感	0.00%	1.81%	19.01%	45.25%	33.94%
加强居民生活方式认同	0.00%	0.91%	20.81%	46.15%	32.13%
激发居民遗产文化热情	0.45%	1.36%	19.46%	46.15%	32.58%
居民主动践行遗产文化	0.45%	2.72%	25.34%	35.29%	36.20%
传承本地思想传统	0.00%	1.81%	21.27%	48.87%	28.05%
扩大游客规模	0.45%	1.36%	14.48%	38.91%	44.80%
增加旅游产业总收入	0.00%	1.36%	8.15%	40.72%	49.77%
优化本地产业结构	0.00%	11.77%	28.05%	32.58%	27.60%

续表

指标层	非常不同意	不同意	一般	同意	非常同意
强化游客遗产保护意识	0.45%	1.81%	14.48%	47.06%	36.20%
实现保护与开发并重	0.45%	0.91%	18.10%	50.23%	30.32%

由此可构建如下 5 个隶属度矩阵：

$$R-CT1 = \begin{pmatrix} 0.036 & 0.290 & 0.326 & 0.199 & 0.149 \\ 0.009 & 0.163 & 0.348 & 0.290 & 0.190 \\ 0.000 & 0.136 & 0.299 & 0.394 & 0.172 \\ 0.000 & 0.095 & 0.380 & 0.348 & 0.176 \\ 0.005 & 0.054 & 0.308 & 0.416 & 0.217 \\ 0.014 & 0.063 & 0.339 & 0.389 & 0.195 \\ 0.009 & 0.145 & 0.376 & 0.267 & 0.204 \\ 0.005 & 0.005 & 0.262 & 0.439 & 0.290 \end{pmatrix}$$

$$R-CT2 = \begin{pmatrix} 0.000 & 0.023 & 0.136 & 0.285 & 0.557 \\ 0.000 & 0.023 & 0.122 & 0.348 & 0.507 \\ 0.005 & 0.014 & 0.145 & 0.394 & 0.443 \\ 0.005 & 0.014 & 0.100 & 0.299 & 0.584 \\ 0.005 & 0.050 & 0.217 & 0.462 & 0.267 \end{pmatrix}$$

$$R-CT3 = \begin{pmatrix} 0.000 & 0.018 & 0.190 & 0.452 & 0.339 \\ 0.000 & 0.009 & 0.321 & 0.208 & 0.462 \\ 0.005 & 0.014 & 0.195 & 0.462 & 0.326 \\ 0.005 & 0.027 & 0.253 & 0.353 & 0.362 \\ 0.000 & 0.018 & 0.213 & 0.489 & 0.281 \end{pmatrix}$$

$$R-CT4 = \begin{pmatrix} 0.005 & 0.014 & 0.145 & 0.389 & 0.448 \\ 0.000 & 0.014 & 0.081 & 0.407 & 0.498 \\ 0.000 & 0.118 & 0.281 & 0.326 & 0.276 \end{pmatrix}$$

$$R-CT5 = \begin{pmatrix} 0.005 & 0.018 & 0.145 & 0.471 & 0.362 \\ 0.005 & 0.009 & 0.181 & 0.502 & 0.303 \end{pmatrix}$$

随后，采用模糊算子加权平均的方法，将指标层隶属度矩阵与对应的指标层权重向量矩阵相乘，得到指标层的模糊评价结果向量。

Z-CT1=W-CT1·R-CT1=（0.013　0.146　0.334　0.318　0.189）
Z-CT2=W-CT2·R-CT2=（0.003　0.026　0.150　0.366　0.455）
Z-CT3=W-CT3·R-CT3=（0.002　0.018　0.215　0.438　0.329）

Z-CT4=W-CT4·R-CT4=（0.001　0.069　0.204　0.359　0.367）
Z-CT5=W-CT5·R-CT5=（0.005　0.014　0.162　0.486　0.333）
随即构建因子层隶属度矩阵：

$$R-T = \begin{pmatrix} 0.013 & 0.146 & 0.334 & 0.318 & 0.189 \\ 0.003 & 0.026 & 0.150 & 0.366 & 0.455 \\ 0.002 & 0.018 & 0.215 & 0.438 & 0.329 \\ 0.001 & 0.069 & 0.204 & 0.359 & 0.367 \\ 0.005 & 0.014 & 0.162 & 0.486 & 0.333 \end{pmatrix}$$

将因子层权重矩阵 W–T 与因子层隶属度矩阵 R–T 相乘，计算得出因子层的模糊评价结果向量：

A=W-T·R-T=（0.005　0.061　0.222　0.381　0.331）

⑤评价结果计算

将因子层模糊评价结果向量、指标层模糊评价结果向量的计算结果分别与评价等级对应的分值相乘，即可得到张谷英村旅游活化成效综合评价得分 S 与各维度评价得分。

S=0.005×1+0.061×2+0.222×3+0.381×4+0.331×5=3.976

S-Z-CT1=0.013×1+0.146×2+0.334×3+0.318×4+0.189×5=3.526

S-Z-CT2=0.003×1+0.026×2+0.150×3+0.366×4+0.455×5=4.243

S-Z-CT3=0.002×1+0.018×2+0.215×3+0.438×4+0.329×5=4.076

S-Z-CT4=0.001×1+0.069×2+0.204×3+0.359×4+0.367×5=4.021

S-Z-CT5=0.005×1+0.014×2+0.162×3+0.486×4+0.333×5=4.130

经计算，张谷英村旅游活化成效的综合评价得分结果为 3.976 分。因此，可以认为张谷英村旅游活化的整体成效介于"一般"和"较好"之间。这表明当地文化遗产活化实践已经取得了一定的成果，仍有待提升。

进一步观察，张谷英村在旅游活化方面表现出色，尤其是在生存环境优化、利益相关者带动、文化认同提升和经济释放等维度上均取得了较高的得分，分别为 4.243、4.130、4.076 和 4.021。然而，在文化遗产赋活维度上的得分仅为 3.526，表现一般。尽管如此，整体而言，该案例地的旅游活化利用表现仍然较好，充分挖掘并释放了文化遗产的内在价值，实现了综合的社会、生态、文化和经济效益。不过，活化评估的综合得分未超过 4 分，说明目前的活化成效与理想状态仍存在一定差距，还有提升的空间。因此，对于该案例地，仍有必要继续深入挖掘和探讨其旅游活化的潜力。

（三）张谷英村文化遗产旅游活化的不足与提升路径

1.张谷英村旅游活化不足

根据前文分析可知，张谷英村在旅游活化利用过程中存在一些问题，如旅游产业发展遭遇瓶颈、文化遗产活化工作有待加强，以及旅游活化中多主体之间的矛盾等。这些问题具体可见图7-1。如果案例地在活化实践过程中存在的不足得不到解决，会导致实践矛盾加剧，而这些矛盾又会放大这些不足。只有准确识别并梳理文化遗产保护利用实践中的短板和问题，才能避免陷入"木桶效应"困境，实现传统村落文化遗产的可持续发展。

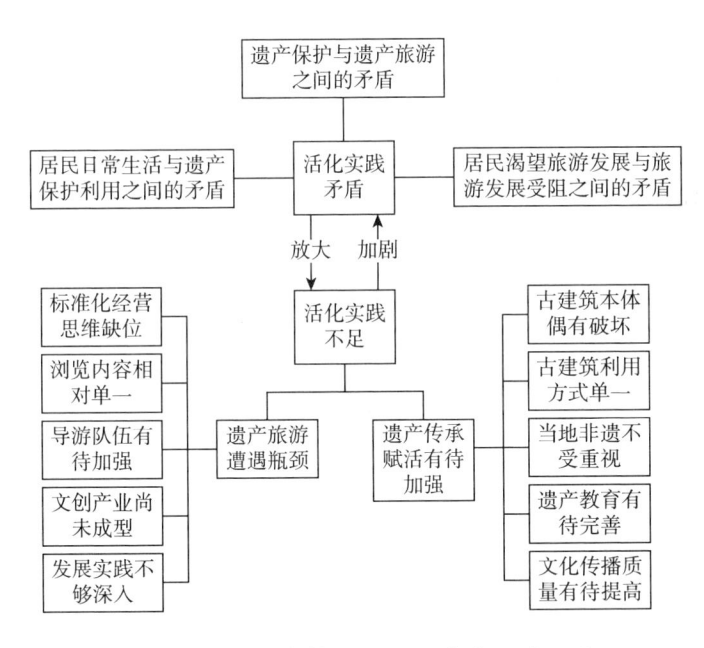

图 7-1 张谷英村旅游活化实践现存问题

（1）遗产旅游发展遭遇瓶颈

第一，旅游服务质量一般，标准化经营思维缺位。在核心景区内，居民参与旅游经营的主要方式是开设餐馆和民宿。许多居民将临街房间改建为餐馆，当游客前来休息和用餐时，他们便在自家厨房烹制饭菜。然而，由于居民烹饪水平不一，且食品安全问题难以得到完全保障，这给游客带来一定风险。许多居民在景区主干道摆摊售卖小吃或廉价小商品，虽然为游客提供了便利，但由于缺乏统一规划和整体管理，这些摊位显得散乱无章。有些摊位由于卫生条件不佳，引来大量蝇虫，严重影响景区形象。民宿是由居民自家房间改建而成，经过简单装修后提供给游客居住。然而，房间内部设施设备较为简陋，且大多数民宿之间的差异不大，缺乏特色。目前，当地政府尚未制定出切实可行的旅游行业生产经营标准，尤其是民宿经营标准和餐饮业安全卫生标准与监督机制。这使得居民拥有较大的经营自主权，例如自行决定房间价格，无须为游客办理登记手续等。有些民宿老板为了争夺客源，降低房价，导致当地出现了严重的低价竞争现象。

第二，游览内容单一，缺乏完善的旅游项目。张谷英村在发展旅游业时，将农耕文化和民俗文化作为重要推广点，但在游览过程中，游客体验到的文化内涵相对较少。尽管有导游带领游客参观景区，但游览项目质量不高，不能满足游客文化体验需求。目前，景区内仅有一座民俗博物馆供游客参观，且其中陈列的老物件数量有限，并缺乏专业讲解员，导致游客难以真正理解这些老物件背后的故事和文化内涵。走出民俗博物馆后，导游通常会推荐游客前往溪边的花田拍照，但花田面积较小，周边环境杂乱，景观效果一般。此外，景区内有一个爬上龙形山俯瞰全村风貌的游览项目，然而这座山的高度较低，且没有设置观景台，登山步道又简陋且缺少栏杆扶手，大大降低了游客的观赏兴致。每年，景区会接待大量前来研学或写生的学生，他们在景区内过夜，但当地的夜景布置较为普通，只有河道里的彩灯在晚上呈现五光十色的灯光效果（2021年1月安装完毕），此外没有其他夜景可供观赏。

第三，导游队伍人手不足，专业素养有待进一步提高。张谷英村景区目前仅有8名导游，在旅游旺季时经常人手不足，无法满足游客需求。这些导游主要是嫁入张谷英村的媳妇或是在村里长大的张氏后人，她们对村子的了解程度不尽相同，旅游讲解的内涵深度也不同。导游通常只带领游客在景区内快速穿梭，背诵讲解词，偶尔会补充自己小时候的亲身经历。而目前使用的讲解词大多为介绍性语句，趣味性不足，故事性较弱，游客只是被动接受导游介绍，来不及回味就立刻被带到下一个景点。在为游客简单介绍景点后，导游便让游客自行参观，自己在一旁休息或是玩手机，当游客用手触碰老物件时也视若无睹。此外，导游表示外国游客往往不会主动要求讲解服务，他们通常会自己阅读张贴在景区内的英文介绍词。然而，由于语言问题，这些英文介绍词并不能完全反映本地文化的独特性，严重影响景区的文化传播。

第四，文创产业尚未成型，旅游纪念品创新性不足。尽管张谷英村进行了多次文创探索，仍未能发展出具有本村特色的文化创意产业。景区内仅有一家销售文创产品的商店，仅在节假日期间营业。商店内陈设的产品缺乏张谷英村的特色，且远离核心景区，游客数量有限，因此文创产业一直未能成长。游客从这里带走的纪念品只有白辣椒、腊肉、油豆腐等居民自制的农副产品，这些产品在菜市场就能买到。许多来张谷英村进行研学活动和写生的学生和老师都表示失望，他们期待能够带回展现张谷英村特色的旅游纪念品。因此，案例地需要思考如何开发具有本村特色的文创产品，以满足游客的需求并提升旅游业的吸引力。

第五，发展实践不够深入，与旅游规划存在差距。据管理处工作人员介绍，当地政府计划将张谷英村打造为"以民俗文化与古建筑观赏为核心，以古迹和近现代历史陈迹寻访为辅助，结合自然风光与生态旅游"的综合性旅游区。在官方宣传中，古建筑群、农耕文化以及特色民俗等当地重要的旅游资源被视为发展的重点，具有悠久历史的明清建筑和独特的文化成为营销的主要卖点，吸引着大量游客前来参观。然而，在实际发展过程中，当地仅通过一座民俗博物馆来集中展示农耕文化，仅在节假日或重要场合进行民俗表演来展示民俗文化。游客到达景区后，发现关于古建筑的旅游项目相对较少，主要通过导游讲解来了解古建筑背后的故事，或者入住由古建筑改建而成的民宿，是难以深入了解其古建筑文化的。而与古建筑群密切相关的特色文化大多仍停留在静态展示的层面，缺乏形式多样的文化传播项目。尽管有这样的差距，但在如何利用古建筑群、充分展示当地特色文化方面，仍有很大的发展空间。目前，案例地的旅游业态仍以传统的观光式游览为主，缺乏沉浸式、互动式、参与式和体验式的旅游项目。

（2）遗产传承赋活工作有待加强

第一，古建筑本体偶有破坏，有待进一步落实保护工作。张谷英村因其保存完整且构造独特的古建筑群而闻名，然而，研究者在进行实地调研时发现，尽管当地政府在前期宣传上投入了大量精力，但在遗产保护的实际执行环节上却显得较为薄弱。景区管理处主要通过入户宣传的方式向居民提出保护古建筑的要求，而村委会则主要通过在喇叭中播放保护口号来进行宣传。然而，居民有时并不知道自己的某些行为可能会对古建筑造成破坏。例如，绣楼作为古代女子日常生活的地方，其建筑内的楼梯在夜晚会被翻起，以防陌生男性进入。然而，自从绣楼被改建为民宿后，民宿老板为了确保游客上下楼梯的安全性，私自安装了木制扶手，使之被固定不再能活动。这种行为的出发点可以理解，但却破坏了文化遗产的原真性，等到管理处发现时已经造成了难以逆转的损害。此外，由于古建筑群内部复杂的巷道布局，张谷英村也被称为"民间迷宫"。许多游客被"晴不曝日、雨不沾鞋"的巷道所吸引，但一看到随处可见的空调外机就失去了兴趣。在墙体上安装空调外机不仅破坏了整体美感，还对建筑本体造成了伤害，实在令人惋惜。

第二，古建筑利用方式单一，活化思路不够明晰。当前学术界和业界已经达成共识，即文化遗产应该"活化"，以更生动的方式融入人们的日常生活。在遵循保护底线的前提下，应充分挖掘和利用遗产的多元化价值，以释放其最大的社会和经济影响力。然而，在案例地，对古建筑的利用方式较为单一，仅限于提供餐饮住宿服务和销售农副产品。这种停留在遗产表层的利用方式缺乏对自身特色的充分挖掘，导致同质化现象较为明显。对于景区内部闲置的古建筑，开发管理处尚未形成明确的开发策略。这主要源于两方面因素的制约：一方面是受到严格的文化遗产保护要求的限制；另一方面则是在文化遗产保护与利用之间的价值选择困境。由于国家对文化遗产保护的高度重视以及古建筑群的结构特性，管理处在实际工作中会更加注重遗产的保护。当前案例地旅游业的发展陷入了两难的境地：政府既希望通过加大营销力度吸引更多游客，以增加当地收入和推动经济发展，又担心游客体验不佳，损害张谷英村的品牌形象。因此，政府在对待文化遗产旅游开发的问题上表现得十分谨慎，步伐迟缓。

第三，非物质文化遗产关注度不高，保护工作不够深入。传统民俗是传统村落中最重要的非物质文化遗产之一，它凝聚了当地居民的生活智慧，是朴素生产生活经验的总和。虽然一些民俗文化可能不适合现代社会的生产需求，但它们在现代人的生活仍有着独特的闪亮点。然而，研究者在调研中发现，张谷英村的遗产旅游活化实践存在失衡现象——物质文化遗产得到了更多的关注，而非物质文化遗产则被视为补充和配角。在张谷英村，民俗活化被简单地理解为民俗表演，而对于民俗背后的文化知识、科学知识以及对现代社会的映照缺乏深入的解释。此外，民俗活动通常只在节假日期间或领导视察时才会得到展现，平时则难以看到。面对家风文化、孝友文化等优秀传统文化，管理部门不知道如何将其与旅游活动相结合，同时由于保护成本较高，这些隐形文化遗产便逐渐被忽略。相比之下，物质文化遗产的保护工作难度较小，更容易进行旅游开发，并能更快地实现价值变现。而非物质文化遗产的传承需要制订系统且长远的传承人计划，要投入更多的成本才能产生收益。在当前经济利益至上的价值取向下，非物质文化遗产的保护工作难免被忽视。

第四，优秀文化代际传承不够通畅，遗产教育有待完善。张谷英村文化遗产教育相对不足，学校没有开设专门的遗产相关课程，社区里的遗产科普教育活动开展频率也不高。古建筑的奥秘、家风文化、孝友文化和民俗技艺等仅完整地存在于年长一代人的记忆中，逐渐在年轻人中淡出。由于不能全面学习本地传统文化的相关知识，且缺少足够的学习渠道，许多留在村里的年轻人在旅游淡季只能将休闲时间用于打麻将等娱乐活动。而在外谋生的年轻人则由于客观条件限制，很难系统地学习本村的民俗技艺和特色文化。据村民反映，目前村子里只有几位老人掌握传统技艺，有时在村里表演打铁的人并非来自本村，而是从外地聘请的艺人。这表明传统技艺的传承形势较为严峻，传承氛围不尽如人意。如果当地百姓对遗产及其文化底蕴认知有限，那么何谈传承。因此，加强文化遗产教育，提高大众对传统文化的认识和重视程度，对于保护和传承这些珍贵的文化遗产至关重要。

2.张谷英村文化遗产旅游活化提升路径

（1）积极释放旅游业发展的综合效益

第一，提高社区参与积极性，拓展多样化的参与方式。张谷英村应鼓励居民积极参与旅游经营，利用自身的地理和资源优势，将古建筑改建为特色民宿，保留老物件以增添房间特色，同时满足游客的基本需求。民宿应走向差异化路线，参照装修独特的张乙谋茶酒铺和保留古时绣女闺房特色的绣楼民宿的经营模式，发挥自身特色。居民可开办农家菜馆提供风味十足的柴火饭，或摆摊销售手工制作的农副产品，丰富游客的游览体验，提高游客的旅游获得感。

第二，追求高质量发展，积极寻求旅游产业创新。当地政府和社区应积极探索新的发展途径，并寻找新的增长点。景区应充分挖掘学生这一细分市场，成立写生基地，鼓励居民成立研学旅游公司，利用景区的特色建筑和地理环境，吸引艺术院校的师生前来写生实践，并以特色农耕文化为主题，组织学生开展研学活动。这些活动能够扩大游客规模，增加旅游产业的收入，并提高游客的参与感和对外推广本地的特色文化，达成一种理想的旅游经营业态。

第三，优化人居环境，提升村落宜居度。张谷英村应不断完善基础设施，保障交通、通信等设施设备的稳定性，优化当地医疗、教育、卫生等条件，提高居民生活便利程度，满足社区日常需求。古建筑作为主要的旅游吸引物与文化遗产，要定期维护修缮，保障建筑产权清晰、地界明朗，每家每户互不干扰。在遗产活化过程中，应引导当地居民在优秀文化感召和启迪下自觉规范自身行为，睦邻友好，形成文明乡风。

（2）拓展文化遗产传播形式

第一，定期维护修缮古建筑，重现传统民俗。张谷英村是一个拥有丰富物质文化遗产和非物质文化遗产的宝地，其中国家重点保护的文物和流传至今的家风文化、孝友文化和特色民俗文化都是不可或缺的部分。当地政府可设立专项资金对古建筑外墙进行科学修缮和维护，组织消防演习、培训居民使用灭火器、进行消防安全知识教育等确保遗产本体的完整性。此外，村内可安装实时监控火情的红外线探测器，全方位防范火灾风险，并组织义务消防队配合消防队工作，切实保障国家重点文物保护单位的实体安全。为保护传统民俗不致失传，可在景区内定期组织不同主题的民俗表演活动，如皮影戏、烫粉皮、剪窗花、纺纱织布等，向本村的年轻人和外来游客展示当地习俗和旧时生活状态。此外，可组织居民学习本地文化遗产知识，对其进行科普教育，传承历史记忆、延续文化血脉。

第二，挖掘遗产精神内涵，推广特色文化。张氏家族传承的家训"耕读继世，孝友传家"体现了古代淳朴的价值观，对今天的社会仍有启示意义。为了传承和发扬优秀传统文化，当地政府和社区可以编排以尊老爱幼为主题的花鼓戏曲、开展"孝友行"体育休闲活动、组织家风主题宣讲活动、亲子活动和成人礼等一系列活动，让更多的人了解和传承传统文化，形成良好的文化氛围。政府可以出台相关政策，对文化传承活动给予资金支持和政策倾斜，鼓励村民积极参与文化传承工作，设立文化传承奖励机制，对在文化传承方面做出突出贡献的村民进行表彰和奖励。

第三，提升村民文化认同感，自觉传承优秀文化。深化文化教育，在村内定期举办传统文化讲座和研讨会，邀请专家学者或老一辈村民分享张谷英村的历史、文化和传统，让村民更加深入地了解自己的文化根源。在学校中加强文化教育，将张谷英村的优秀传统文化融入课程，使学生从小就能接触并理解自己的文化。在村内建设文化广场、文化长廊等公共设施，为村民提供学习和交流文化的场所。通过积极宣传文化遗产的价值，使村民充分认识到文化遗产保护和弘扬工作的重要作用，唤醒他们的文化归属感，激发他们的文化自主性。

二、袁家村文化遗产活化绩效评估

（一）袁家村文化遗产旅游活化概况

1. 袁家村文化遗产旅游发展概况

袁家村位于陕西省咸阳市礼泉县，拥有得天独厚的自然和文化资源，所在地区山峦起伏、峰峦秀丽，是登山、攀岩的好去处；河流清澈见底，适合开展漂流、划船等水上活动；森林覆盖率高，空气清新，是进行森林浴、野营的理想之地。袁家村拥有丰富多彩的民俗文化活动，如社火、皮影戏、木马勺脸谱等，反映了当地的历史和文化传统。经过多年的发展，如今的袁家村已成为享誉中外的乡村旅游目的地，先后被评为中国十大美丽乡村、中国十佳小康村、国家特色景观旅游名村、中国乡村旅游创客示范基地和国家4A级旅游景区。2019年7月，文化和旅游部发布《关于公示第一批拟入选全国乡村旅游重点村名录乡村名单的公告》，袁家村位列陕西入选的11个乡村首位。目前，袁家村汇集了1000多个创客，吸纳了周边村民及外地3000多人就业，年接待游客达600万人次以上，年旅游收入超过10亿元，当地居民的年收入据统计已经超过10万元。

2. 袁家村文化遗产旅游活化现状

袁家村以其丰富的历史文化遗产和独特的民俗文化为基础，通过一系列有效的活化措施，成功地将这些资源转化为具有吸引力的旅游产品，实现了文化遗产的活化与传承。袁家村保留了大量明清时期的古建筑和历史遗迹，如古民居、庙宇、戏台等，这些建筑和遗迹在修复和保护的基础上，被充分利用起来，成为游客体验关中传统生活的重要场所。同时，袁家村还通过举办各种民俗文化活动，如社火、皮影戏、木马勺脸谱等，让游客能够亲身参与并体验当地的历史和文化传统。其中，弦板腔皮影戏是出自袁家村的国家级非物质文化遗产，起源于宋代，其唱腔既可豪放悲壮，也可温婉细腻，能够表现出多样的人物情感，适用于多种场合。袁家村注重将传统手工艺与现代旅游相结合。当地的传统手工艺，如刺绣、剪纸、陶哨等，不仅得到了有效的保护和传承，还通过开发成旅游产品，为游客提供了独特的购物体验。在旅游活化过程中，袁家村通过设立互动体验区、开展民俗表演等方式，让游客能够更深入地了解和体验当地的文化遗产。

（二）研究设计

1. 问卷设计和调查

通过问卷调查综合评估袁家村非遗旅游活化的影响。经过预调查后，正式问卷主要包括两大部分：第一部分是基础信息，即游客的社会人口特征；第二部分是主要内容，调查游客对袁家村非遗旅游活化影响的认知。一方面，线下问卷能够联系游客但回收困难；另一方面，线上问卷更便捷但随意性高。经过比较两种方式的优缺点，采用地区线下和线上问卷相结合的方式进行考察。2022年4月1—7日，线上共收集105份问卷，其中有效问卷105份，有效率100%。2022年4月3—6日，在袁家村发放了215份调查问卷，回收了195份，有效率90.6%，具体见表7-27。

表 7-27 袁家村游客样例的人口特征

游客特征变量		数量	百分比
性别	男	152	50.6
	女	148	49.4
年龄	18 岁以下	94	31.3
	18—30 岁	121	40.3
	31—40 岁	20	32
	41—50 岁	35	11.6
	51—60 岁	18	6
	60 岁以上	12	4
文化层次	高中及高中以下	55	18.3
	专科	88	29.3
	本科生	104	34.6
	硕士及以上	53	17.6
住所	省内	219	73
	省外	81	27
职业	机构人员	32	10.6
	公司员工	106	35.5
	导师	12	4
	学生	55	18.6
	个体劳动者	25	8.3
	工人	30	10
	农民	11	3.6
	退休人员	17	5.6
	自由职业者	15	5

续表

游客特征变量		数量	百分比
月收入	2000 元以下	78	26
	2000—4000 元	95	31.6
	4001—6000 元	112	37.3
	6001—8000 元	78	26
	8001 元以上	15	5

根据表 7-27 的数据可以看出，袁家村旅游者的性别构成中，男性稍多于女性，比例分别为 50.6% 和 49.4%。大多数旅游者年龄介于青年人和中年人之间，主要是 18—30 岁的年龄段。这一年龄段游客通常拥有更多的闲暇时间、健康的体魄和较高的收入，渴望出游的经历。统计结果表明，袁家村的游客主要是员工和公司职员，学生也会利用假期去旅游，体验新的环境、学习新知识和拓宽视野。在受教育程度方面，34.6% 的人获得了学士学位及以上。旅游者教育水平较高意味着出游动机更强烈，袁家村学生的占比最大，仅次于中等收入的样本集合，这反映出学生群体有文化消费的出游意愿。最后，根据居住地的统计结果，大部分袁家村游客来自陕西省省内，总数达 73%。

2. 数据分析

（1）描述性数据分析

利用 SPSS19.0 软件，对袁家村旅游活化绩效进行分析。结果显示（表 7-28），6 个指标得分大于 3.5，说明袁家村非遗旅游活化的总体效果良好。其中，原真性、支持性和保护氛围得分大于 3.5，高于满意水平。非遗的原真性、居民对于非遗的支持、非遗的展示方式、非遗的宣传、非遗保护和传承的意识与氛围得分都处于 3.5—4.0 的范围内。然而，非遗的传承性活动得分低于 3.5，这表明当前非遗旅游产品的质量和趣味性不足，目前袁家村仅通过节庆和大规模活动让旅游者体验非遗文化，形式较为单一。非遗传承活动的平均分为 2.7863，景点非遗活化创新的分数为 2.6762，这是旅游评价认知系统中得分最低、最值得关注的方面，说明当前袁家村非遗传承人较为缺乏，传统舞蹈、技能、民俗文化和其他一些无形的文化主要依赖老一辈人传给继承人，途径较为单一，同时，非遗活动创新性不足，仅通过传统模式传播非遗文化，传播形式有待更新。

表 7-28 指标要素评价维度得分

评价指标	权重	认知元素	认知元素得分	教学评价指标平均值	评价维度得分
F1 非遗 认知	0.278	C6 非遗传承活动	0.0678	2.7863	0.7657
		C5 讲解服务	0.0654	3.0195	
		C3 非遗的宣传	0.1087	3.5067	
		C4 非遗的原真性	0.3015	3.9972	
		C7 居民对于非遗的支持	0.2335	3.7751	
F2 非遗 体验	0.4789	C10 非遗活化交互兴趣	0.3987	2.6529	1.5640
		C2 袁家村非遗	2.6142	3.234	
		C11 非遗活动的创新	0.3567	2.6762	
		C8 非遗的展示方式	0.2341	3.6120	
		C9 非遗活动的参与	0.2456	3.2078	
		C12 体验非遗活动后的知识增长	0.1165	3.1519	
F3 非遗 融合	0.4234	C13 非遗保护和传承的意识	0.1278	3.5032	1.4201
		C14 非遗与当地生活的融合	0.6785	3.2708	
		C15 非遗保护与传承氛围	0.1563	3.5210	
		C16 满意度	0.4563	3.3457	

（2）因素分析

经过计算，整体量表的克隆巴赫 α 系数值为0.862，大于0.8，内部一致性高，信度检验通过。KMO值为0.8769，大于0.7，巴特利特球形检验的Sig值为0.000，达到显著水平，证明了其适于进行因子分析，通过效度检验。随后，采用特征根大于等于1和方差最大的方法提取了14个知觉变量的主成分并进行旋转。Kaiser标准化正交旋转6次迭代后收敛，因C12体验非物质文化遗产活动后的知识增长和C16满意度小于0.5而被淘汰。因子分析结果（表7-29）显示，C3非物质文化遗产的宣传、C4非物质文化遗产的原真性和C5讲解服务三个感知变量在主成分1上有较高的负荷。基于上述表达，我们将新的共同因子F1命名为"非物质文化遗产认知"。C6非物质文化遗产传承活动、C7居民对于非物质文化遗产的支持和C9非物质文化遗产活动的参与等3个感知变量对主成分2有较高的负荷。基于上述表达，将共同因子F2命名为非物质文化遗产体验。C14非物质文化遗产与当地生活的融合和C15非物质文化遗产保护与传承氛围两个感知变量对主成分3的负荷较高。根据以上基础，将公约数F3命名为非物质文化遗产融合。三个公因子旋转后的累积方差贡献率为68.804%，能够解释原始变量的大部分信息。

分量得分系数矩阵揭示了各指标变量与提取的公因子之间的紧密联系。从分析结果中可以发现，某一公共因子的得分越高，该指标与之的联系就越紧密。具体而言，与公共因子F1非物质文化遗产认知相关的四个感知变量按其重要性贡献程度（得分系数）从高到低依次为：C3非物质文化遗产的宣传、C4非物质文化遗产的原真性、C5非物质文化遗产解说服务和C8非物质文化遗产展示。

对于F2非物质文化遗产体验，五个相关的感知变量按重要性贡献程度由高到低依次为：C6非物质文化遗产传承活动、C7居民对非物质文化遗产的支持、C9非物质文化遗产参与和C10非物质文化遗产活化交互兴趣。

至于F3非物质文化遗产融合，与之相关的三个感知变量分别为：C14非物质文化遗产本土融合、C15非物质文化遗产保护与传承氛围和C17满意度。

表7-29　游客认知变化的因素变化

维度	认知元素	主成分1	主成分2	主成分3	主成分1	主成分2	主成分3
F1非遗认知	C3非遗的宣传		0.760			0.354	
	C4非遗的原真性		0.754			0.362	
	C5非遗讲解服务		0.743			0.395	
	C8非遗的展示方式		0.752			0.389	
F2非遗体验	C6非遗传承活动		0.781			0.456	
	C9居民对非遗的支持		0.719			0.404	
	C10非遗活动的参与		0.745			0.352	
	C10非遗活化交互兴趣		0.675			0.324	
	C11非遗活动的创新		0.567			0.345	

续表

维度	认知元素	主成分1	主成分2	主成分3	主成分1	主成分2	主成分3
F3 非遗融合	C14 非遗与当地生活的融合		0.742			0.543	
	C15 非遗保护与传承氛围		0.659			0.453	
	C17 满意度		0.657			0.345	

（3）结论

从游客感知角度出发，基于马斯洛需求层次理论和体验学习理论，构建了游客感知非物质文化遗产旅游激活效果评价指标体系。根据权重计算结果，第二级指标层得分由高到低依次为：经验与学习水平（0.4302）、心理水平（0.4148）、认知水平（0.2150）。根据问卷调查数据，袁家村非物质文化遗产旅游激活效果最终评价结果为67.32，认为袁家村非遗旅游激活效果一般。为了提升非遗旅游激活效果，建议增强游客对非遗旅游的体验，提高非遗激活的创新程度，扩大非遗文化的影响范围，并注重培养非遗传承人。

（三）袁家村文化遗产活化绩效提升策略

在构建传统村落旅游活化提升路径模型基础上，研究团队聚焦案例地当前存在的不足与矛盾，从高质量旅游发展和遗产保护与传承两个角度来阐述袁家村旅游活化提升路径，为案例地景区及相关文化遗产地管理部门提供参考。

1. 尊重遗产原真性，推进本地旅游产业规模化、品牌化发展

第一，要基于本地特色制定旅游规划，推动本地特色文创产业的发展。当地古建筑等物质遗产与非遗可进行深入结合，如充分利用古戏台上演弦板腔皮影原汁原味的传统剧目和与时俱进的新编剧目，使游客沉浸式体验当地戏曲文化。针对年轻人，可以古建筑为场地，开发与当地非遗相关主题的特色剧本杀、咖啡馆、书吧、酒吧等。目前，袁家村旅游纪念品较为单一，与市场上的同类产品并无显著差异，对游客的吸引力有限。为了实现更好的发展，应该推动本地特色农副产品的规模化生产和标准化生产，以降低生产成本并改进产品包装。同时，要抓住本村独特的文化要素，开发出具有特色的旅游纪念品，如与动漫IP联动的皮

影或剪纸小品、皮影及剪纸图案的 3D 拼图、古建筑等造型的冰箱贴等精致的小物件，以刺激游客的购买欲望。此外，合理安排文创产品商店的选址也是关键，可以考虑与居民合作销售，为游客提供更加便捷的购买体验。

第二，延伸旅游产业链，将核心景区范围向外延伸，融入更多的农耕价值要素，扩大旅游产业规模，打造一个集山水林田湖于一体的综合体。与旅行社合作，设计文化主题旅游线路，合理规划旅游项目，以延长游客的停留时间并提高过夜率。此外，要发挥旅游业的辐射效应，带动发展本地的相关产业。借助旅游业的东风，可以发展第一产业和第二产业，例如蔬菜种植业或竹制品加工业。这样可以推动本地产业结构的优化和调整，实现经济多元化发展。

第三，要注重打造本地旅游品牌，形成品牌效应，并加强对外推广。袁家村拥有独特的传统建筑群和乡土民俗，这些是其特有的遗产资源。因此，要以此为着力点，打造袁家村对外旅游名片。目前，袁家村每年都会进行对外旅游推广，但营销地域一直偏向于周边省份。为了进一步扩大影响力，管理处应将重点放在开拓省内市场，并借助多种渠道进行营销推广。例如，可以通过承包地铁广告、在电视上投放宣传短片，或是通过网络直播或短视频平台来展示袁家村的特色。这些举措将有助于吸引更多的游客来到袁家村旅游，促进其旅游业的快速发展。

2.秉持发展成果共享，提高遗产地居民服务水平与职业素质

第一，加强导游队伍建设，提高服务专业化水平。可以聘请专业的导师对导游员的着装、礼仪、讲解词进行全方位的优化，以增强讲解的深度和趣味性。同时，可以引入绩效考评机制，将游客的评分纳入考核指标，以此为基础进行激励。为扩大景区内的导游队伍，满足不同类别游客的讲解需求，可以考虑与当地的旅游专业院校合作，将袁家村设为定点实习基地。通过这种方式，可以吸纳更高素质的从业人员，提升导游队伍的整体素质。

第二，要提高居民的服务意识，增强游客的互动性体验。良好的主客互动能够提高游客的游览质量和旅游获得感，同时也能促进本地旅游业的良性发展。当居民面对外来游客时，他们应该主动提供帮助，向游客宣传袁家村的特色文化，介绍村子的历史和有趣的故事，并帮助解决游客在游览过程中遇到的问题。具有互动性的旅游体验能够拉近游客与居民的情感联系，帮助游客对袁家村形成积极态度，从而提高游客的重游率。

第三，要督促居民严格遵守国家相关法律法规，提高规范经营意识。景区管理方应定期检查餐饮卫生质量、住宿质量，并督促民宿主做好游客入住登记，以保障游客的权益。随着在线旅游业（OTA）的发展，越来越多的游客选择在网络平台预订酒店。然而，目前许多村民不懂如何将房源信息发布在网络平台上，只能被动等待游客上门。为了解决这一问题，旅游管理处应全力帮助村民，通过开展经营技能培训，提高居民的经营水平，确保不让任何一个村民掉队。

3.平衡现代化与乡土性，加强遗产本体保护

第一，要加大对遗产保护宣教工作的力度。就袁家村而言，虽然许多被调查者都认为本地的旅游业发展离不开古建筑的保护，但在实际生产生活中，还是或多或少地存在对建筑本体的破坏行为。这表明文化遗产的保护传承工作仍然面临着重大的挑战，需要加强对群众的遗产保护宣传教育工作。因此，应以每月一次或每季度一次的频率在社区内开展遗产保护宣传教育活动。宣教内容不应仅限于消防知识，还要向居民传达遗产保护的重要性，可以组织居民集体学习文物保护法，明确告诉他们哪些行为是应该被禁止的破坏行为以及相应的处罚措施，以增强居民的遗产保护意识。

第二，要加强对非物质文化遗产的重视程度，思考如何挖掘和释放非物质文化遗产的价值。为此，可以推进民俗文化传承人计划，安排村内的青壮年劳动力在闲暇时间学习纺纱、织布等传统农耕技艺。同时，为民俗表演者提供荣誉称号和物质激励，以激发他们对学习民俗文化的热情。即使旅游业存在淡旺季，仍可以在淡季的周末安排村民表演特色民俗，向游客展示本地的文化。此外，可以将家风文化、孝廉文化等融入戏剧表演和话剧表演中，在旅游旺季或接待研学团时面向成人和少儿游客进行展演，以丰富游客的游览体验，使优秀文化变得具体可感。

4.完善本地遗产教育，加强文化认同

第一，积极推广文化遗产走进校园的活动。当地政府应联合地方学校，设计出具有本地特色的校本课程，将袁家村及其周边地区的特色文化生动地呈现在中小学生面前。例如，可以在校园内开设形式多样的选修课程，邀请当地的居民担任老师，教授学生打糍粑、唱皮影戏、剪纸等传统技艺。此外，还可以家风文化为主题举办演讲比赛，以古建筑为主题举办绘画比赛等特色活动。这些活动将有助于培养学生的地方认同感和文化归属感，为遗产传承培养新的力量。

第二，景区管理处应注重提高居民文化认同感。为此，应增加本地

文化宣讲活动频率，为遗产地居民提供系统、科学、全面的文化普及，帮助他们扩充知识储备，形成对本地文化的整体认知，并激发他们的文化自豪感。可以面向村内居民开展形式多样的遗产知识学习活动，如知识竞赛、民俗竞演活动或评选民俗传承人，这些活动都有助于居民更深入地了解村落文化。

第三，提高外来游客对袁家村的文化认同感。景区管理方应设计体验式的文化旅游活动，为游客提供深入了解、学习本地特色文化的机会，促进文化传播。例如，可以举办汉服摄影大赛、用黏土复刻古建筑等活动，或者开设剪纸等民俗体验课程，邀请当地居民手把手指导游客完成剪纸。这些活动不仅能够丰富游客的游览体验，还有助于提高游客对当地文化的认同感。此外，景区内要充分展现文化遗产元素，增强文化视觉系统设计，统一景区装修视觉风格，营造遗产教育氛围。

5. 延续乡村肌理，持续改善传统村落人居环境

第一，注重延续乡村肌理，即保持传统村落的格局分布、传统风貌和空间环境。科学保护建筑群内的建筑和巷道分布，并定期对古建筑进行修缮，以保持其建筑风貌和原真性。同时，要尊重村落内的山脉、河流和植被原貌，避免进行破坏性的开发，如挖山开矿、填湖造田等。融入张氏祖先的"天人合一"的朴素价值观，实现景区内部空间和外延范围的科学与合理布局。在延续肌理的前提下，对乡村风貌进行提质改造，加速完成农田美化工程，规划休闲空间，建设更加美好的乡村。

第二，继续推进遗产活化实践，充分释放文化遗产价值。袁家村之所以拥有文明乡风和融洽的邻里关系，主要得益于重视家风文化和孝友文化的实践。为了保持和优化这一良好的社会环境，管理方应继续加强遗产活化实践，以教化居民。同时，可以考虑每年举办家风文化代言人选举活动，树立道德楷模，为代言人颁发奖状和铭牌，并通过媒体宣传推广村内的好人好事，营造良好的社会氛围。

第三，改善村内生态环境。尽管袁家村的生态环境已有显著改善，但仍存在不足之处。为了科学地指导村内农业生产，避免过度使用农药和化肥对当地生态环境造成损害，必须采取措施加强对景区外居民的环保教育。

第八章 文化遗产活化的潜力评估

　　文化遗产活化方式多样，通过文化旅游方式进行活化是其中成效较为明显的途径。在依托文化遗产进行文化旅游产品开发的过程中，或多或少都会威胁到其可持续发展。因为过度开发会损害景观外在和无形的价值，从而导致来访游客数量减少。过少开发会导致用于保护该景点的资金不足或用于维持该景点的来自当地的支持减少。从理论上来说，将旅游流从过度热门景区引导至较冷门地区的方法是非常合理的。这样能合理分配资源，从而形成一种可持续发展的旅游模式。这要求旅游业发展模式必须在游客愿意参观比较冷门的景点，同时那些景点能够为游客提供良好的旅游体验的前提下进行。然而研究表明，大多数游客都集中在比较热门的景点，其中最主要的原因就是这些冷门景点无法提供切实可行的文化旅游产品。而且，当今评估文化遗产旅游潜力的机制几乎一片空白。因此，本章旨在从理论上建构文化遗产资源通过旅游活化之后的发展潜力评估体系和方法。

第一节　工业建筑类遗产活化的潜力评估

　　工业建筑类文化遗产的活化利用是城市资源和内在社区潜力利用势在必行的观点，也是当地城市可持续发展的基本组成部分。城市可持续性的讨论已见诸大量的活化利用案例研究。利益相关者理论已广泛传播，社区可以从这种变革性的遗产活化进程中获益，这一点毋庸置疑。但旅游业究竟如何参与到遗产活化利用现象中呢？在明确遗产活化利用概念的基础上，本节主要探讨丰富城市可持续发展在遗产活化利用项目与旅游业联系方面的研究。

　　遗产建筑活化利用是一种特殊的翻新形式，对建筑设计师而言无疑是一项极具挑战的工作。它要求改变建筑原有的功能分类，从而引入新的监管要求和可能涉及的分区许可。然而，这一选择具有明显的经济、环境和社会效益，对开发商而言极具吸引力。在某些政策导向明确的情况下，废弃的公共资产通过活化再生，不仅能获得占地面积比例的提升，还可能被授予特许经营权，进一步激发其市场价值。近年来，不少废弃的城市写字楼被改造成高品质的住宅公寓，不仅吸引了人们重返城市，更在无形中使城市恢复活力。

遗产活化利用已成功应用于许多类型的设施，包括国防建筑、机场、政府大楼和工业建筑。工业建筑的活化改造即改变已废弃或闲置的工业建筑遗产的原本用途，尽可能保持原有的结构，同时提高性能以达到当下的标准。希腊雅典由老 FIX 啤酒厂改造成的希腊国家当代艺术博物馆（EMST）即为一例。希腊雅典 FIX 的大楼由塔斯基·泽内托斯（Takis Zenetos）和马加里蒂斯·阿波斯托利迪斯（Margaritis Apostolidis）的建筑事务所设计，采用了 20 世纪 60 年代建筑运动的原则，其注定成为现代建筑和雅典城的历史地标。尽管如此，这座建筑还是在 1971 年被废弃了。在 20 世纪 90 年代，FIX 大楼已经破旧不堪，最初设计的最北部部分被拆除以用于地铁建设。这一事件一直受到建筑师、遗产保护者、城市规划师、学者和周边地区居民的尖锐批评，因为它彻底改变了这座标志性建筑的原貌。2000 年，在进行了大量的磋商和考虑之后，当局决定对 FIX 啤酒厂的旧场地进行活化利用，作为新建立的希腊国家当代艺术博物馆的场馆建筑。该项目由 3SK Stylianidis 建筑事务所承担，由建筑师 K. 孔托佐格卢（K. Kontozoglou）、I. 穆扎斯基（I. Mouzakis）和顾问建筑师蒂姆·罗纳德（Tim Ronalds）合作完成，并于 2014 年底完工。

奥斯卡·纽曼（Oscar Newman）论述了与历史建筑再利用有关的各种政策问题，指出在许多情况下，保护都是以再利用为前提的，同时需要在开发商、业主和保护倡导者之间找到一个平衡，这一过程中利益相关者的参与至关重要。[1] 菲利普·鲍尔（Philip Ball）发现，长期空置的建筑物与新空置的建筑物相比，再利用的能力较低。因此，时间性是识别遗产活化利用潜力的一个重要特征。[2]

在决定建筑应被再利用、拆除还是重建时，活化利用的方案往往能够考虑较多能源物资和废物处理成本问题，这可以更大程度地推动能源使用向更可持续的方向转变、减少新材料的滥用、促进现有建筑材料循环利用。与新建工程相比，翻新改造工程能更多地创造就业机会。肖

---

[1] Newman, O., *Creating Defensible Space*, US Department of Housing and Urban Development, 2001.

[2] Ball, P., "The Reuse Potential of Long-Term Vacant Buildings", *Journal of Sustainable Architecture & Urban Development*, Vol. 1, 1999.

恩·塔利（Shawn Tully）指出，由于翻修工作是典型的劳动力密集活动，翻修每平方米建筑面积所创造的就业机会比建造新建筑多25%。[①]

一、遗产活化利用的潜力评估

（一）遗产活化利用潜力模型

克雷格·朗斯顿（Craig Langston）等描述了一种识别并对现有建筑的遗产活化利用潜力（ARP）进行排序的方法的概念框架。[②]该模型需要对建筑物的预期物理寿命和建筑物的当前年龄进行估计，两者都以年为单位。它还对建筑物物理、经济、功能、技术、社会和法律上的陈旧程度进行评估，客观地计算建筑物的使用寿命，以百分比表示再利用潜力指数。因此，在一个投资组合所涉的现有建筑物，或一个城市或地区内的现有建设物，可以根据它们提供的遗产活化利用的潜力进行排序。该模型认为当某建筑物的楼龄接近且小于其使用寿命时，就应该开始采取相应规划。

使用寿命由公式（1）确定。公式的形式应用了使用寿命是实际寿命折现的概念，公式的构建基础在于长期建立的折现方法，该公式中"折现率"为每年废弃因子的总和（即因子除以 L_p）。

$$L_u \frac{L_p}{(1+\sum_{i=1}^{6} O_i) L_p} \quad (1)$$

式中，L_p 表示物理寿命（年）；O_1 表示物理性报废率（%）；O_2 表示经济性报废率（%）；O_3 表示功能性报废率（%）；O_4 表示技术性报废率（%）；O_5 表示社会性报废率（%）；O_6 表示法定报废率（%）。

使用该方法，能够确保建筑物在各类报废情境下实现损失最小，其使用寿命将以其物理寿命的三分之一计算。

根据建筑的遗产活化利用潜力，计算出一个指数，并以百分比表示这种潜力。指数高的建筑潜力最大，指数为零的建筑没有潜力。图8-1总结了该算法。

[①] Tully, S., "The Real Key to Creating Wealth", *Fortune*, Vol. 128, 1993.

[②] Langston, C., Shen, L., & Wong, F., "The Application of ARP Modeling to Adaptive Reuse Projects in Hong Kong", *Journal of Sustainable Architecture & Urban Development*, Vol. 1, 2007.

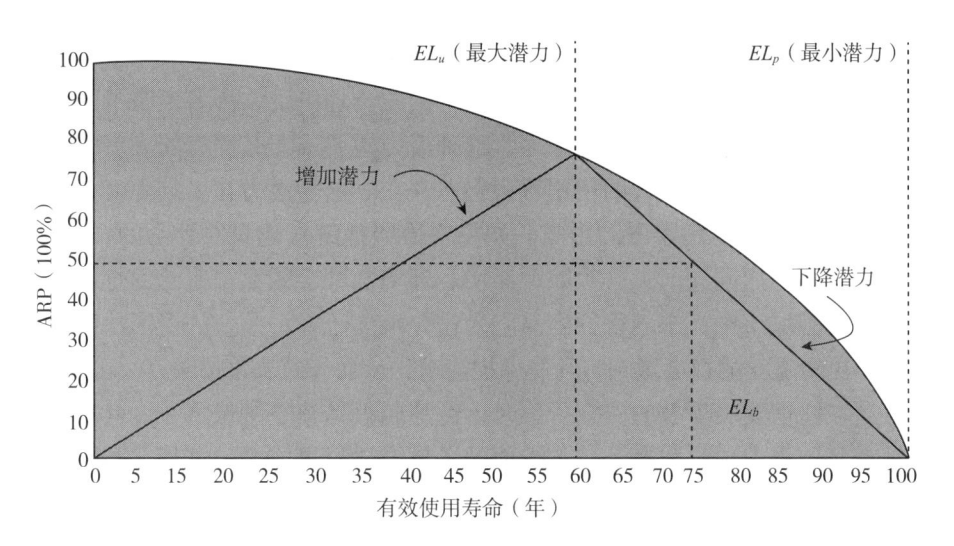

图 8-1 遗产活化潜力指数

EL_u（有效使用寿命）、EL_b（有效建筑年龄）和 EL_p（有效物理寿命）的值分别通过将 L_u、L_b 和 L_p 乘 100 并除以 L_p 来确定，故 x 轴和 y 轴的最大范围为 100。L_b 的定义是建筑物的当前年龄（以年为单位）。

ARP 的可行区域是由公式（2）定义的曲线下的阴影区域（x 在 0 到 100 之间）定义的，采用负指数的形式。

$$y = 100 - \frac{x}{100} \quad (2)$$

遗产活化利用潜力增加的直线和遗产活化利用潜力减少的直线分别由公式（3）和（4）给出。

$$ARP_{(increasing)} \frac{100 - \frac{EL_u}{100} \cdot EL_b}{EL_u} \quad (3)$$

$$ARP_{(decreasing)} \frac{100 - \frac{EL_u}{100} \cdot (100 - EL_b)}{100 - EL_u} \quad (4)$$

式中，EL_u 表示有效使用寿命（年）；EL_b 表示有效建筑年龄（年）。

ARP 值在 50 以上被认为具有较高的遗产活化利用潜力，在 20—49 范围内为中等，在 1—19 范围内的遗产活化利用潜力较低，ARP 值为零表示没有潜力。当 EL_u 和 EL_b 相等时，将生成构建生命周期中该阶段可能的最大 ARP 值。高于 85 的数值强烈表明相关活化利用应开始规划。ARP 值独立评估遗产活化利用的潜力，不受遗产的历史长短及其文化意义大小的影响。

（二）多标准评估

然而，如何处理这些排名仍然是个问题。理论上，排名表明了建筑在遗产活化利用方面的巨大潜力，这种潜力主要基于其固有的物理耐久性，即便超过原先设计的使用寿命仍然存在。这种潜力在一定程度上受到了建筑当前使用年限的影响。如果要恰当地解释建筑对社会的贡献，在探讨再利用问题时，必须兼顾经济、环境和社会效益。遗憾的是，在许多大型城市中，规划往往容易陷入过分聚焦于经济效益的误区，而忽视了更为宽泛的社会影响与环境保护需求，从而导致决策偏颇。

在评估发展项目的资金价值时，经济回报是核心考量之一，但对于社会基础设施项目而言，其他方面的考量同样不可或缺，且其重要性正与日俱增。例如，功能优化与资源利用效率等议题，对于在更广泛的社会背景下评估可持续发展至关重要。由于不存在一个能够覆盖所有问题的单一评判标准，面对此类复杂多变的决策，采用多标准决策方法优势明显。

在追求战略性发展的过程中，必须将社会成本和效益（包括与环境影响和遗产有关的成本和效益）纳入全面评价体系中，并在实践中适当考虑这些因素。不应简单地将社会成本与收益和传统的现金流折现方式进行类比，因其与财务事务关联甚微，且其价值重要性并不会随时间的推移而呈现出指数级的衰减趋势。相反，鉴于环境问题可能日益成为公众关注的焦点，未来的世代很有可能比当下更加重视环境保护问题。

目前，已研究出能够全面替代传统成本效益分析的新方案，该方案创新性地采用了无需将环境或社会成本与效益货币化的技术手段。成本效益分析和环境影响评估是这方面的主要解决方案。此外，还有专家建议，应引入以其他方式衡量环境成本的技术手段对成本效益分析进行补充。

在评估项目和设施时，重要的是要从整体上看问题。约翰·艾尔金顿（John Elkington）在1997年提出了三重参数概念。这种方法需要考虑金融、社会和环境参数（即所谓的利润"profit"、人员"people"和地点"place"的3p）。这是一种得到广泛国际认可和采用的方法。有些人提倡用第四个参数，即道德，来处理代际公平问题。这些方法体现多标准决策分析的运用。

有几种方法和算法为决策者提供有关选择的建议，但使用起来要么复杂，要么昂贵，要么重点覆盖面小。此外，在传统的决策过程中，对每个标准进行加权是一个非常困难的过程，并且在很大程度上取决于决策者的个人偏好。应当使用适当匹配的方法来衡量各种标准，并将其组合成一个单一的决策模型。

SINDEX 是一款较新的软件工具，使用多种标准来计算可持续性指数，该方法可能完全取代传统的净现值法（NPV），实现对项目的排名和选择。基于全面的文献回顾、广泛的行业调查以及该领域内的实证测试，核心目标锁定在四个关键维度：财富（投资回报）最大化、效用（功能性能）最大化、资源（能源使用）最少化、影响（生境丧失/栖息地受破坏）最小化。SINDEX 方法是一种基于标准化加权准则的新方法，这一理论框架的详细阐述与进一步分析，可参见丁慧与保罗·朗斯顿（Paul Langston）的研究。[1]

财富是以收益/成本比率来衡量的，涵盖了生命周期成本的所有方面（例如维护、耐久性、未来更换）。以加权评价矩阵（标准和性能）来定量地衡量效用。能源使用（包括实体能源和运行能源）按年度千兆焦耳（GJ）或单位面积下的千兆焦耳（GJ/m^2）计算。评估计分卡（问卷）用于量化案例地（环境和文化）的损失，并可表示为风险概率因子。当上述四个标准结合在一起时，一个索引算法（公式）应运而生，该算法旨在根据项目和设施对可持续发展的贡献进行排序。因此该算法被称为"可持续发展指数"。由于各标准原始测量单位不同，最终需对其进行标准化与加权合并处理，所有标准均保持同等权重。

（三）以湘江新区裕湘纱厂为例的活化潜力评估应用

下文以湖南长沙湘江新区一个案例，应用 ARP 模型和 SINDEX 来验证这种潜力可以通过一系列金融、社会和环境标准来实现。模型在湘江新区裕湘纱厂研究中应用。

湘江新区裕湘纱厂建造于 1912 年，目前建筑年龄超过百年，其工程寿命保守估计在 150 年。建筑物的有效使用年限会受包括物理、经济、功能、技术、社会和法律标准等因素的影响较预期年限而减少。

物理废弃度可以通过维护策略和性能的检查来衡量。如果建筑基础没有得到适当的维护，其使用寿命就会大大减少。在成熟的评估体系中，对建筑物的预期使用寿命有着明确的衡量标准。具体而言，享有高额维护预算的建筑，其预期使用寿命的减少分值为 0%，而维护预算低的建筑

---

[1] Ding, H., & Langston, P., "SIndex: A Scalable Learned Index for String Keys", in Proceedings of the 11th ACM SIGOPS Asia-Pacific Workshop on Systems, Association for Computing Machinery, 2020, pp. 1-8.

其预期使用寿命则会减少 20%，至于平均维护强度下的建筑，其预期使用寿命降低为中间值 10%。对于裕湘纱厂而言，鉴于其长期以来维修不足，且近期更是陷入了年久失修的困境，综合考量后，决定采用 20% 的打分标准来评估其预期使用寿命的减少情况。

经济废弃度可以通过建筑物与城市中心或中央商务区所处的相对位置来衡量。如果建筑位于人口相对较多的地区，建筑寿命不会减少，低人口密集度地区的建筑寿命会减少 20%，中间值为平均人口密集度地区，建筑寿命减少 10%。湘江新区裕湘纱厂位于长沙人口最密集的地区之一的湘江新区金融中心区域，所以其经济废弃度减少的使用寿命为 0%。

功能废弃度的衡量可以通过建筑设计中体现的灵活性来确定。如果建筑布局无法灵活改变，使用寿命将明显减少。其衡量标准为，低改造成本的建筑，使用寿命减少分值为 0%，而高改造成本的建筑，使用寿命减少 20%。标准改造成本的建筑寿命减少为中间值 10%。湘江新区裕湘纱厂建筑位于湘江边，紧邻渔人码头，大部分采用开放式设计，可以招徕较低的改造成本，因此减少的值定为 5%。该建筑没有关于改造成本的实际数据。

技术废弃度可以通过建筑的运行能耗来衡量。如果建筑为了给居住者提供舒适的环境而依赖较高的能耗，其使用寿命就会明显减少。其衡量标准为，低能源需求的建筑使用寿命降低 0%，而高能源需求的建筑则为 20% 的减少。普通运转能耗的建筑寿命降低的值为 10%。裕湘纱厂建筑有一个小而狭窄的平面、很高的天花板、巨大的通风口，以及周围的一个大型阳台。它几乎不依赖机械系统的使用。因此，技术废弃度分值为 0%。

社会废弃度可以通过建筑功能和市场之间的关系来衡量。如果建筑的功用是基于外部营收，其使用寿命就会有显著减少。其衡量标准为，有着完全的自有度和空间使用度的建筑，其寿命减少 0%，空间完全出租的建筑，使用寿命减少分值为 20%；自营和租赁平衡时，寿命减少分值为中间值 10%。裕湘纱厂建筑虽然最初只是开设店面，并在上面有人居住，但此后一直依靠出租或住宿服务获得收入，因此减少分值为 20%。

法律废弃度可以用原始设计的质量来衡量。其理由是，更高的质量可以符合更高的质量标准，以应对未来（通常是不断增加的）法定要求。如果建筑按照低标准设计和建造，使用寿命就会显著减少。其衡量尺度为，高质量的建筑使用寿命分值减少 0%，低质量的建筑减少 20%，平均质量的建筑使用寿命降低 10%。至今仍毋庸置疑的是，湘江新区裕湘纱厂虽建于1912年，但其建筑坚固，水准较高，只有一些结构进行过修复，其寿命减低分值为5%。

利用ARP模型对该数据进行计算，有效寿命（L_u）为61年[公式（1）]，根据公式（4）（$EL_b > EL_u$）确定其遗产活化利用潜力为41.6%（中等，逐渐降低）。根据该模型，裕湘纱厂在1993年达到了遗产活化利用的最佳潜力。这一结果有其片面性，因为L_p的选择值是保守的，在150年的使用年限中，ARP评分高达52.0%。对于现代建筑来说，通常实际使用年限小于100年的建筑。裕湘纱厂建筑的最大ARP评分可能是63.1%[使用公式（2），其中$x = EL_u = 61$年]。毫无疑问，长沙的其他项目可以超过这个分数，但这个项目的时机和它的遗产价值显然是引人注目的。

在长沙当前的环境下，考虑到地价普遍较高，纯粹从经济角度讲，最好的决定就是拆除湘江新区裕湘纱厂的地面建筑，另建一座高层大厦。幸运的是，由于目前的所有权和历史意义，这样的方案是不可行的，只能沿袭原有用途或翻改作他用。

最具经济效益的选择是发展实体消费或旅游业。其他如用作精品办公空间、住宿或博物馆等就无法产生同样水平的经济收益。然而，所有这些替代用途将提供强大的社会和环境效益。虽然作为店面和住宅的用途已不再适用，但该建筑可以保留用作实体消费或旅游活动的场所，如工艺品店、理疗馆以及餐馆。街道的实体消费空间与高层的餐厅空间（如传统茶室）相结合，更能表达和展示了作为建筑装饰的魅力。鉴于长沙市政府文物、规划管理部门尚未确定并批准一个明确的方案，我们假定这种遗产活化利用为解决方案，以资参考。

使用SINDEX，对前面描述的四个标准进行评估。根据所有标准的平衡组合，湘江新区裕湘纱厂的可持续发展指数为3.25分。该分数已超过1分，且所有标准基准均已达到，因此再开发提议可认为是一个明智的选择。当仅基于经济标准的决策时，可持续性指数上升至3.49分，当仅基于社会标准的决策时，可持续性指数下降至3.01分，表明在这两个维度的影响力都较显著。可持续发展指数在3分左右是一个可观的结果（超过5分的情况很少见）。

二、总结与讨论

遗产活化利用举措作为催化剂，为城市遗产增加价值，将其转化为旅游资源，这可以在经济乃至生态、社会和文化上为城市的可持续发展做出贡献，解决更广泛的可持续旅游战略目标。显然，现有的废弃工业建筑改造，为开发新的用途和功能提供了机会。此类项目通常需要结合当代公益文化艺术和商业主题，原因有三：第一，老工业建筑往往规模庞大；第二，为了确保项目的经济可持续性（与原因直接相关）；第三，通过深挖现有的形象、文化或历史价值实现地方认同。

旅游业，特别是文化遗产旅游业，作为近年来增长最快的行业之一，每年能够给城市带来可观的收入。因此，文化遗产受到城市规划者和旅游科学家的高度重视。具有历史价值或地标性质的城市工业建筑作为文化遗产的一部分，已逐步转化为重要的旅游产品，因此许多旅游目的地支持其再开发。对当前研究结果的解释强调了废弃工业建筑作为文化地标或旅游设施的现代化转型，即遗产的活化利用。在诠释这些建筑与空间的过程中，除了致力于对其结构进行修复、维护和保护外，更将遗产活化视为一种契机，将这类建筑打造成独具特色的旅游资源。这一转变的意义不仅远远超出了单纯的经济潜力挖掘、就业机会创造，以及投资增长等显性层面，而且振兴了废弃的城市建筑的文化价值，进而增强城市整体吸引力。此外，本研究进一步证实了罗纳德·史密斯（Ronald W.Smith）和瓦莱莉·布朗尼（Valerie Bugni）的符号互动社会学视角，该视角明确指出游客对建筑的印象、看法、情感及行为与房屋建筑之间存在密切的联系，必然与行动者网络理论有关。[①] 最后，这种建构主义方法揭示出一种独特的物体—符号方法，该方法超越了对物体结构单一层面的简单剖析，而是将物体视为一系列社会经济与心理世界特征的载体，塑造或影响着人类的行为模式与决策过程。在这方面，行动者网络理论为游客提供了一种独特的视角，用以解读建筑在物理层面与文化层面上的感知方式，以及它们如何在城市景观中被定义与凝视。据此，游客可以了解更多的历史，同时通过塑造独特的地方感，增强其真实性。总之，鉴于建筑和游客情感体验之间存在明显的相关性，本节建议将遗产活化利用视为推动社会变革、文化繁荣和城市美化的重要组成部分，这些方面共同构成了可持续旅游理念的核心要素。

---

① Ronald W. Smith, Valerie Bugni., "Symbolic Interaction Theory and Architecture", *Symbolic Interaction*, Vol.29, No.2, 2006.

第二节 小型文化遗产类景点的旅游潜力评估

引人入胜的地方才会产生旅游，文化遗产是符合引人入胜这个标准的。就像保罗·柯普雷（Paul Copley）和伊恩·罗布森（Ian Robson）说的那样：它们具有当地的独特气质，也可以带来一种大自然的体验，让我们了解到它独特的背景和风景。[①] 尽管市面上充斥着众多关于自然景观的书籍，但奇怪的是，关于旅游景点如何受人喜欢的书却少之又少。

地理位置、市场准入程度、市场辐射半径以及评估自身旅游优势的能力，都是取得成功的关键因素。然而最重要的就是评价自身旅游优势的能力，因为很多景点的相似度都很高。对于大多数的寺庙、历史古建筑来说，大型自建项目能够为游客提供多样化的旅游体验，因此备受青睐。相比之下，那些地处偏远、与世隔绝的旅游景点则往往鲜有游客光顾。此外，还需要注意的是景点的接待能力能否与日益增长的游客数量相匹配。比如香港有上百座寺庙，80多个开放的历史遗址和纪念碑，20多个大型博物馆，以及更多的小型博物馆，接待能力至关重要。

先前的一些研究表明，在考量人口数量、地理位置和专用设施的使用情况时，大型且专业的景点设施在设计时应当注重为消费者提供多元化的体验，以便让他们能够在适合自身水平的活动中参与进来，并创造更多的游玩机会。确实，特里·卡拉伊克（Terry Caraik）认为人文文化主题公园将比改造过的遗产结构在可持续吸引力方面表现得更好。一个区域具有吸引力的景点以及标志性的建筑，将更进一步吸引游客。[②]

相比之下，偏远和孤立的景点，特别是位于社会边缘地区的景点更难吸引游客。如果这个地区的吸引力等级较低，面临的挑战就会加剧。在这种情况下，便捷性就会扮演一个重要的角色。如果某项活动需要游客付出大量的时间和金钱，他们往往会选择其他活动。最近的一些研究表明，文化旅游产品对于所谓的文化游客来说仅构成次要吸引力。他们出游是为了娱乐消遣而不是出于深入了解目的地的文化遗产。博物馆馆长建议提供一种"寓教于乐"的体验而不是严格的教育体验，此举将会促进游览。同样地，公园顾问塞缪尔·琼斯（C. Samuel Jones）和戴

---

① Copley, P.; Robson, I., "Practitioner perspectives on arts tourism marketing", *Journal of Travel & Tourism Marketing*, Vol.10, No. 2-3, March 2001.

② Christopher M., Law, *Urban Tourism: Attracting Visitors to Large Cities*, London: Mansell Publishing Limited, 1993.

维·罗比内特（David Robinett）建议他们的历史主题公园为游客提供娱乐体验，这样就可以让文化的"药片"更容易咽下去。[1]

伊莲娜·杜克罗斯（Hélène B. Ducros）认为，在确保资产不受损害且无形价值得以保持的前提下，有必要考虑如何应对日益增长的游客量以及游客构成的变化。如果景点这两点都无法承受的话，那么其不可持续的旅游业就不应成为管理的主要选择。资产的内在价值或其蕴含的文化意义对当地社区而言具有重要意义。然而，作为旅游产品，游客可能更看重其外在的吸引力，这有可能在当地社区与利益相关者之间引发潜在的冲突。[2]

有趣的是，近年来关于吸引力失败的文献层出不穷，为我们提供了丰富的参考。这些文献揭示了在不考虑其他因素的情况下，致命缺陷在失败中所起的作用。学者指出，对于文化的滥用可能会与当地的利益冲突者之间产生矛盾，尤其当营销者对当地文化和历史材料进行不当的宣传时，这种矛盾会激化。她们在新加坡研究时还发现，过度的商品化会导致文化景点失去原有特色，最终提供令人失望的旅游体验。[3]威廉·弗罗斯特（William Frost）对于失败景点的研究也揭示了一些致命的缺陷，包含与其他景点隔离、地理位置差、与旅客流动线路有一定距离、无法克服区位劣势、缺乏互补性、游客预估不切实际等。这些问题导致设施建设超出实际需求，过于豪华，给业主带来了不可持续的债务负担。[4]

一、市场吸引力模型

杜克罗斯整合了上述的要素，创建了一个市场吸引力模型（图8-2）。该模型依据文化资产对游客的吸引力进行了分类。A资产具有中到高水平的市场吸引力和承载力，非常适合承载重要的旅游活动。[5]

---

[1] Clive B. Jones, John Robinett., "The Future of Theme Parks in International Tourism", *Economics Research Associates*, 1998.

[2] Hilary du Cros, *Conflicting Perspectives on Marketing Hong Kong's Cultural Heritage Tourism Attractions*, 2002.

[3] Peggy Teo, Brenda S. A. Yeoh, "Negotiating Global Tourism: Localism as Difference in Southeast Asian Theme Parks", *Interconnected Worlds*, 2001.

[4] Warwick Frost, Jennifer Laing, "Public–private partnerships for nature-based tourist attractions: the failure of Seal Rocks", *Journal of Sustainable Tourism*, Vol.26, No.6, January 2018.

[5] Hilary du Cros, "A New Model to Assist in Planning for Sustainable Cultural Heritage Tourism", *International Journal of Tourism Research*, Vol.3, March 2001.

B 资产有很强的市场吸引力但较为脆弱，旅游业可能会损害遗产的价值，因此必须严格管理规划。一旦评估认为其过于脆弱，采取积极的管理措施来限制旅游业的发展将是首选。C 资产承载力强但市场吸引力弱。D 资产市场吸引力与承载能力均显不足，难以吸引大规模游客流。

杜克罗斯的模型采用 3×3 矩阵，该矩阵的每个区间均被分为中高低三个区域。市场吸引力轴包含两个维度：一是氛围与环境的市场吸引力评估，二是认知水平和分辨能力考量。理想的活动应充分考虑和其他活动的互补性，在产品设计时考虑到景点的可进入性、其他景点间的距离，以及公共设施对公众的开放程度。承载力曲线还包含两个维度：其一，文化意义，审美衡量，历史教育和社会价值等内在品质；其二，承载力对脆弱性的响应，包括维护状态、管理规划和观赏率增加的可能影响。每个维度下均细化出具有多个变量的子标准，分别以 5 或者 6 分进行评估。最终将各维度得分汇总绘制成图表来对应到矩阵中的资产。

这个框架的优点在于其全面涵盖了评估可持续旅游潜力时不可或缺的四个关键领域因素。该评估体系不仅验证了其作为初步评估工具的有效性，还展现了为未来管理策略提供洞察力的能力。然而，采取定量框架的同时，不可避免地伴随着一些局限性。各项指标的主观性意味着评价结果往往依据评估者的主观感受而非客观标准。例如，矩阵中的某些元素如社会价值，其量化过程尤为复杂且充满不确定性。此外，测试结果倾向于在矩阵的中心区域或其附近聚集，这主要归因于各轴两端维度间的相互排斥性。究其原因，许多资产在产品设计与承载力等维度上得分相对较高，而在市场吸引力与文化意义等维度则相对较低，导致评估结果多集中于矩阵的中间区域，呈现出"中期趋势得分点"的结果。同时，该模型赋予所有指标相等或接近相等的权重。因此，对于审计人员可能会察觉到一个致命的缺陷，但在最终的评估中却不给予足够重视。

```
              评估氛围
    高          中         低
  ┌────────┬────────┬────────┐
  │   D1   │   C1   │   A1   │
  ├────────┼────────┼────────┤
  │   D2   │   C2   │   A2   │
  ├────────┼────────┼────────┤
  │   D3   │   B2   │   B1   │
  └────────┴────────┴────────┘
    高          中         低
              市场吸引力
```

图 8-2　遗产资源市场吸引力模型

二、潜力评估模式

杜克罗斯的研究方法以该文化遗产对游客的吸引力为依据，分为四个等级，吸引游客能力最高的为 A 档，最低为 D 档。杜克罗斯模型使用 3×3 的九宫格模型，每一列分为高等、中等和低等三档。本研究在杜克罗斯模型的基础上将其分解为自然价值、文化价值、产品价值和体验价值四个维度来分析。

研究者通过学生实践展开对香港小型文化遗产潜力评估的案例研究。本研究中，研究者将香港某校 33 名学生组成的班级分成四个小组，每个小组负责一个维度的探究。学生须在既定指导原则内，为每一项指标制定标准。例如，评估文化价值的小组必须确定如何识别文化价值和文化意义，以及确定受益者评估方案。评估自然价值的小组，需考量遗产的修复状况、场地的吸引力及整体环境布局。检测产品价值的小组，必须考虑资产的范围和规模、自然可达性（即距离旅游节点的距离）、市场准入条件（即邻近旅游节点的同类产品竞争情况）以及资产吸引与维持游客的能力等因素。在评估体验价值时需要制定标准以衡量故事讲述的生动性、如何建立与异地游客的情感联结，以及如何实现产品的消费体验转化。在四周的时间里，各组学生成功草拟了各自领域的评估指标体系。在第五周，原小组解散重组，通过选拔各小组内的代表成员，重新组成四个新的小组。新团队需要将先前四个独立维度的评估内容整合至一个统一的评估工具之中来识别重叠、差距和冗余，以及剔除非关键元素。最终作者将这四个草案汇总与优化以创建最终的评估框架，如表 8-1 所示。

在致力于开发简便易用又高效能的工具过程中，研究者面临着方法论与实践操作的挑战，旨在促进其广泛应用于各类文化遗产的保护与研究中（博物馆、古建筑、寺庙及其他文化遗产），不同的尺度上（从小建筑甚至到整个村庄上），不同的自然状态上（被保存和翻新的废弃的建筑再次利用）和不同区位的形式上（城市、郊区、农村和山区）。

定性框架被视为针对各维度进行综合评估最为适宜的方法论选择。该框架所确立的指标能够指导评估者如何系统考量各因素，但与杜克罗斯模型中的独立子元素评估模式不同，本研究未将指标作为独立的子元素进行评估，而是选择了等级分类评分系统。该系统通过设定"低""中等偏低""中等""中等偏高"和"高"五个等级类别，实现了对数据在相对规模或质量层面的有序排列。应用这种序列尺度，研究者能够直观感知某一项目相较于另一项目的优劣程度，尤其是在确认其达到最优状态时，而无需进行量化尝试以精确度量具体优势幅度。与区间尺度中数值间明确的倍数关系（如2是1的两倍）不同，序数尺度不预设评分间精确的量差（即评分"2"虽表明优于"1"，但并不量化这种优势的具体程度）。因此，我们在评分体系中采用"低"和"中等"等描述性术语，而非直接进行数字评级。最后，本框架也高度重视对潜在致命缺陷的识别与评估。

表8-1 文化旅游评价指标

价值维度	指标
文化价值	1. 利益相关者是否需要游客/旅游
	2. 资产能否在不损害其本身文化价值（有形和无形）的情况下经受住游客的游览
	3. 资产能否反映出其独特的文化传统（当今仍然存在或消失了的传统）
	4. 资产是否具有本地、区域或国际文化意义
	5. 一次到访是否能与游客建立起情感上的联系
	6. 作为社区精神代表的例子，该资产是否值得保存
自然价值	1. 能否访问所有的区域（如果不能，可以采取什么措施来改变）
	2. 位置是否呈现对访客构成潜在的危险（如果有，可以采取什么措施来改变）
	3. 修复前的自然状态是什么
	4. 修复后原真性是否会受到损害
	5. 从合法性和可行性考虑，是否可以活化利用
	6. 位置和环境能否吸引旅游者前来访问

续表

价值维度	指标
产品价值	1. 场地是否足够大到可以长期吸引并留住游客
	2. 是否游客们为了到此景点所付出的努力过于困难，以至于让他们感觉到参观物有所值（时间、成本、精力）
	3. 是否靠近其他景点（相似或不同类型）
	4. 该景点是否提供足够的信息（如杂志、网站等）
	5. 是否在旅游市场中具有吸引力
体验价值	1. 是否有潜力为游客提供有趣的体验
	2. 通过什么形式可以为旅游者提供具有参与性、吸引力和娱乐性的特殊旅游体验
	3. 是否可以满足不同旅游者的旅游期望
	4. 为一般旅游者提供的真实感有多少
	5. 目前是否有高质量的讲解服务与资料，如多语介绍、翻译服务

该研究采用了基于问题的学习（problem-based learning, PBL）框架。PBL 迫使学生在实践中学习。通过小组合作，激发学生的好奇心，进而主动学习，同时培养学生的批判性思维。详细的计划是确保预期的教学和学习成果得到满足的前提。在这种情况下，研究者设置了初始的总体任务和每周任务，并利用课间给学生提供个性化指导，并在每节课后跟踪学生的学习进度。项目启动前举行了两次简报会明确项目的宗旨与目标。考虑到学生并不是该领域的专家，其实践过程中出现误解或疏忽的风险相应增加。为此，研究者对项目进行了严密的管理，确保风险最小化。

三、评价体系的应用

该研究以香港 15 个较小的文化或文物景点为案例。学生在进行活动前，须先阅读有关旅游及文化遗产管理资料的背景文件，以便在他们进行探究之前熟悉有关的地点。除了东涌炮台只有一名学生评估外，每个地方都有至少两名学生评估。然后，他们撰写独立的报告，发表不同的观点。

表 8-2 总结了调查结果。结果显示，在文化和自然维度上，位置因素的得分相当高，而在产品吸引力和游客体验方面的得分则比较低。此

外，许多调研对象存在多个致命的缺陷。因此，整体而言，尽管其间也不乏个别表现突出的例外，但这些文化遗产类景点（包括博物馆、历史建筑及庙宇等）普遍的旅游发展潜力被认为是有限的。表8-2是博物馆、历史建筑和庙宇等文化遗产类景点的调查结果。

表8-2 文化遗产类景点简介

资产	文化价值	自然价值	产品价值	经验价值	全部评估	致命缺点
罗屋民俗馆	中高	低	低	低	低	规模小；偏远且地理位置差
李郑屋汉墓博物馆	高	中高	中	中	中	
三栋屋博物馆	高	高	高	中	中高	
上窑民俗文物馆	中	中	低	中低	低	规模小；偏远，难以进入
东涌炮台	中	低	低	低	低	偏远，位置不好；不完整
香港铁路博物馆	中	中高	中低	中	低	偏远；吸引力有限
元朗屏山邓氏宗祠	高	中	中	中高	中高	
九龙城寨	高	高	低	低	低	被城市公园取代
大澳村	高	中	高	高	高	
六径村	中	低	低	低	低	远程；原始
车公庙	高	高	中	低	中低	过度商业化
志莲净苑	高	中高	高	高	高	未解决利益相关者问题
万佛寺	中	高	中低	中	中高	
洪圣古庙	中	高	低	低	低	极度隔离，进入困难
天后庙	低	低	低	低	低	孤立；常见；无吸引力

（一）博物馆

上述每个博物馆都在公共的历史名胜景区中，以供游人参观学习。比如说香港铁路博物馆坐落在一个旧火车站。另外为了展现客家生活方式的三栋屋博物馆、上窑民俗文物馆等则在客家村庄里。因此，这些博物馆被评估为具有正宗的文化意义，可修缮供游人参观。

但是博物馆的旅游潜力是非常有限的。因为大多数博物馆都位于城市圈以外，还有一些甚至在偏远的公共屋村和工业园区。上窑民俗文物馆就是与世隔绝的极端例子。该博物馆坐落在一个偏远的乡村公园里，从市区出发要花至少三个小时，其间还要换两次地铁、两次公车还要走20分钟的山路。

博物馆由于规模小限制了游客来参观的人数，加之地处偏远的话就形成了无法吸引游客的致命缺陷。罗屋民俗馆是18世纪保存至今的客家农舍，内有五间小房子，仅有120平方米。而且为保护屋内的摆设用绳子将其围住，房间可用的面积就更小了。在屋内参观的用时不会超过五分钟，更糟的是开车一小时也未必能到达这里。且徒步指示牌的线路也非常不完善。香港铁路博物馆就没有那么孤立。但是评估结果显示，它位于大埔区的住宅区内，这对于游客来说是一个很大的障碍。罗屋民俗馆又被高楼和工业大厦包围，在入口处又停着卡车和小型建筑物遮挡。李郑屋汉墓博物馆也同样位于一个轻工业和公共屋村区域内毗邻一个公园。

李郑屋保存有一座历史超过1800年的汉墓，该古墓是在20世纪50年代中期为兴建屋苑而在平整山地时发现并挖掘的。陵墓的外部已经被加固和美化，以保持其密封性。游客可以通过入口处的玻璃看到墓室的内部。尽管宣传资料可向游客展示其为大型墓葬，但无疑玻璃的阻隔让游客不能近距离观览，难免感到不够尽兴。

而三栋屋博物馆则坐落在一个保存完整的用土墙造的村庄中。但该博物馆却有着较高的旅游潜力。因为三栋屋博物馆是香港最大的客家文化博物馆，占地2000平方米，配有各种可供游客参与的体验活动。比如说，在拍照区，游客可以穿着传统客家服饰拍照。这种商业化的活动给游客提供了一个了解当地正宗文化的机会。三栋屋博物馆之所以独具魅力，还因其完整保存了原有的建筑风貌与生活氛围，这种原真性在是众多已改建或围墙环绕的村落所没有的，在那些地方，原本的民宿已被西式别墅取代。

(二) 历史建筑

在香港，多数具有研究价值的历史建筑已被纳入法定古迹名录，但六径村和大澳村却是例外。这两个村庄不仅承载着深厚的文化价值，能够唤起公众对香港特别行政区人民在历史发展关键时期的现存文化传统的认识，更是当地居民生活与社区构建的物质载体。这些遗产在自然环境的考验下表现得足够坚固，足以承受游客的探访而不会损害其文化价值。

这些建筑的旅游与体验价值普遍被视为具有较低的吸引力。主要原因是它们地处偏远，交通可达性低，加之周边配套旅游设施的匮乏，共同构成了吸引游客的显著障碍。此外，这些地区的空间布局受到城市发展的影响，逐渐丧失了正宗历史的氛围。建筑的环境也经常受到现代化城市的影响，与真实的历史氛围有所出入。例如，邓氏宗祠这一传统建筑的代表被现代化村舍和轻工业设施包围，而在部分有围墙的村庄内部，又能发现现代化房屋的踪迹。东涌炮台始建于清代，于1832年左右建成，其初衷是保护珠江三角洲的西面航道安全。然而，随着填海造地工程的实施，炮台周边已演变为繁华的市区，其炮口竟直指高达40层的公寓楼。

已经不复存在的九龙城寨也是一个极具代表性的例子。九龙城寨本于1847年由清政府作为军事要塞城镇而建造，随着香港遭受英国侵占，此地在特殊的历史原因之下于20世纪上半叶逐渐成为一建筑密集、人口密度畸高、鱼龙混杂且法律监管薄弱的独特存在。1993年整座城寨被拆除，而后1995年在其原址上建造了一个城市公园，除了南部和东部大门的地基外，九龙城寨的其余一切均已不复存在。

六径村和大澳村的乡村景观大部分完好无损，并没有被商品化地用作旅游热点或进行市区重建。六径村由一系列废弃的村落与排屋组成，位于新界东北角，靠近内地边境。在这些建筑中仍能找到一些家庭手工制品和农具。遗憾的是关于该村历史或居民的资料鲜有记载。六径村并不是独一无二的。事实上，在过去40年里，它已成为众多步入衰退期的新界地区村庄的缩影。评估人员认为，六径村因地处偏远、面积较小、维护状况欠佳和缺乏必要的解说与翻译服务，制约了其旅游潜力。尽管如此，但对于追求原汁原味、渴望远离商业化的旅行者而言，六径村对他们仍有很强的吸引力，他们能在此体验到真实乡村生活，但是对于大多数游客而言，这里或许过于"原始"，难以满足其多样化的旅游需求。

相反，位于大屿山西隅，紧邻香港国际机场的大澳村，靠着高脚屋，盐田和虾酱在当地十分著名。该地区包括大澳村本身、一些寺庙和神社、一个殖民时期的警察局旧址、红树林沼泽、适宜徒步旅行的小路，更是毗邻珍稀粉红海豚的栖息水域。远离尘嚣的地理位置，正是其独一无二的竞争优势所在。由于政府的各项政策，大屿山整体开发程度较低，而且几乎没有车辆。虽然从香港市中心到这里要花大约两个小时，但评论家依然认为该地区丰富的自然与文化资源足以让这段旅程物超所值。

（三）寺庙

人们通常认为寺庙的旅游潜力较低。和其他的资产一样，寺庙在文化和物质价值方面得分很高，但普遍观点认为，存在众多规模更大、知名度更高且体验更为集中的地点，能够提供更优质的游览体验。因此，在旅游研究中涉及的往往是规模有限、地域性强以及缺乏充分的解说与标识寺庙。游客在缺乏对相关神灵背景了解的情况下，难以深刻体会寺庙所承载的文化意义与场所精神。鉴于寺庙与博物馆、历史建筑等文化遗产有相同的缺陷，则无需对每个寺庙进行详细的总结。

而万佛寺和志莲净苑却是例外。两者都十分雄伟，各具建筑特色，可以为游客提供别样的旅游体验。但两者相比而言，万佛寺更具潜力。万佛寺不仅被视为刺激香港旅游业发展的动力，更被寄厚望于提升佛祖在民众心中的地位。寺庙里有真人大小的青铜佛像，沿途陡峭山道两侧错落有致地摆放着形态各异的佛像雕塑，还有素食餐厅和算命服务。相比之下，志莲净苑却从未明确将旅游业纳入其愿景或整体规划之中，管理层也希望少有人来参观。然而，基于佛教"普度众生，无拒来者"的理念，该庵庙必然接待每一位访客。志莲净苑的魅力在于其庞大的规模（33000平方米）及独特的仿唐代建筑风格，殿堂的木构件，均以榫接方式结合，不须使用钉子。遗憾的是，庵内大部分区域并未对公众开放，且官方网站亦无相关旅游资料。尽管如此，许多旅行社依旧将其列入行程之中。

四、管理的影响

该框架以其显著的产品导向特性，尤其是针对潜在旅游审计设计的工具集，展现出了在主动与被动场景下的广泛适用性。本案例中，该框架被应用于评估地方旅游潜力的目的地营销组织中，有效促进了市场推广策略的制定。该框架同样能够服务于目的地的文化资产审计工作，识别并筛选出最具推广价值的文化资产。

单纯的文化意义不足以作为旅游产品推广文化遗产的依据。成功的关键在于，这些文化遗产场所必须能够像市场产品一样，具备吸引并满足游客需求的能力。在被研究的16家博物馆、遗产建筑和寺庙中，其中10家尽管在文化和物质价值评估上获得较高评分却出现了多重致命缺陷。规模、偏远度、与其他地区隔绝、与附近景点缺乏互补性、恶劣的环境，以及未妥善解决的利益相关者问题，在诸多案例中屡见不鲜，这些因素综合作用，严重削弱了这些文化遗产地的旅游吸引力。这些地方旅游产品或体验不足以吸引游客舍近求远，放弃那些规模更大、位置更近、知名度更高的旅游目的地而选择它们。只有少数几个地方被认为具有潜在的发展优势。这些地点展现出与先前热门旅游景点相类似的积极属性，然而，其潜力尚未得到充分的挖掘与实现。相比之下，那些规模大、易于接近，或是虽地理位置偏远但能够有效克服距离限制的文化遗产，通过为游客提供多层次、多维度的参与体验，成为优秀的旅游产品。

因此，在规划文化遗产旅游项目时，我们必须考虑那些无法轻易跨地区迁移的独特优势所能发挥的作用。对于众多规模较小的文化景点而言，仅凭营销手段往往难以克服其固有的根本性缺陷。相反，将有限的资源重新分配至那些已展现出明显潜力的景点，对于推动旅游业的整体发展更为有效。

尽管这四个维度在直接针对本问题的研究中未进行明确检验，但它们实际上构成了旅游潜力评估过程中不可或缺且逻辑有序的步骤。具体而言，在考量物质价值之前，文化价值维度应当作为首要满足的条件，确保文化遗产地的价值核心；自然价值维度则进一步增强了产品价值的相关性与吸引力。在满足了产品价值标准之后，才需评估体验价值，即游客在实地体验中可能获得的满足感与独特感受。任一阶段若出现疏漏或问题，都可能直接导致后续维度的评估失去必要性，直至相应问题得到有效解决。例如，在文化价值观评估阶段发现存在未解决的利益相关者问题，那么必须先解决这些问题，否则任何促进旅游业发展的努力都可能遭遇阻碍或产生内部冲突。与此同时，由于文化意义偏低也是一种致命的缺陷。即便某文化遗产地在其他方面表现出色，若其文化意义普遍认可度不高，也难以吸引游客前来体验。

许多时候，产品价值阶段因其潜藏致命缺陷的风险最高，故而显得尤为关键。如果旅游资产初始阶段就不具备吸引游客的属性，且无法长期保持对游客的吸引力，那将很难转化为可行产品。而体验价值阶段的问题往往是最容易解决的，因为该阶段主要聚焦于资产本身的优化，轻微的调整与改进就可有效增强游客体验。

第九章　文化遗产活化的治理模式

国外文化遗产治理起步较早，秉持可持续发展理念，形成了较为系统的文化遗产活化治理体系和机制。党的十八大以来，以习近平同志为核心的党中央对文物保护利用和文化遗产保护传承给予了高度重视，加强了顶层设计和规划部署，相关部门积极配合，各地通力合作，社会各界积极参与，使得"坚持保护第一"和让文化遗产"活"起来等理念深入人心。2018年，《关于加强文物保护利用改革的若干意见》提出了"健全社会参与机制"，这使得社会力量参与文化遗产管理成了不可或缺的一部分。社会力量在参与文化遗产管理的过程中，对于扩张文化遗产保护团队、加大教育功能作用强度、提升文化遗产的经济功能、盘活文化遗产中的部分存量资产效率等皆有着不可替代的巨大意义。然而，我国的市场化改革还未结束，参与到公益事业的社会力量介入机构还在改革当中。

第一节　国内的文化遗产活化治理模式

一、网络治理模式

网络治理概念最早由斯蒂芬·戈德史密斯（Stephen Goldsmith）和威廉·埃格斯（William D. Eggers）在其合著的《网络化治理：公共部门的新形态》一书中提出，网络治理是一种通过公共部门、私人部门、非营利性组织等多种主体广泛参与和提供公共服务的全新治理模式。[1] 现有文化遗产活化网络治理模式多存在于遗产地社区，即社区网络治理模式，主要针对遗产地社区的合作网络进行管理。它属于网络治理的一个环节，同时也是在现实中运用网络治理理论的尝试。社区网络治理模式的基本平台是社区，在运作机制与合约的制约下，基层政府部门和企业、非营

---

[1] 参见［美］斯蒂芬·戈德史密斯、［美］威廉·埃格斯《网络化治理：公共部门的新形态》，孙迎春译，北京大学出版社2008年版。

利性机构、社区村民和其他社会团体为实现公共利益最大化和区域资源优化配置而进行一系列活动,即当地社区中各个不同主体参与网络治理的过程。故而社区网络治理需要包含以下四个方面:其一,治理主体多元化,除了基层政府部门参与,还应鼓励各类企业、非营利性组织与当地社区居民参与到网络治理工作中来。其二,治理手段多样化,选用多种沟通方式和鼓励方法,摒弃传统的强迫性方式与硬性规范措施。其三,治理结构网络化,由传统的纵向垂直结构形式向新型的多主体一同进行的网络体系发展。其四,治理目标明确化,提升社区公共服务绩效与水准为基本要求,努力整合社区内多种资源,达到社区"善治"目的。

文化遗产型旅游社区是典型的多层次复合社区,是旅游社区的一个子集。文化遗产型旅游社区是由生活在特定旅游区域中的人们,也即在从事社会生产活动中结成的特定社会关系的若干群体所构成的社会生活共同体。文化遗产型旅游社区既是文化遗产的重要依托,也具备旅游社区的功能性,是一个能够使社区居民产生认同感与归属感的地域空间。因此,文化遗产型旅游社区要通过建立各主体共同参与的网络治理模式,以文化遗产的传承和保护为基础,满足各方的利益诉求,促进当地社会环境、经济、文化的可持续发展。

例如,云南元阳哈尼梯田世界文化遗产旅游社区的网络治理模式,其治理主体是由政府机构、景区开发管理企业、社区村民和游客构成,且治理主体之间形成一个多元、复杂的网络关系。由于社区网络主体间利益冲突的复杂性,各方的利益诉求得不到满足,严重影响了治理的效率与效益。但各主体有共同呵护、共谋发展的责任和义务,可以通过构建良好的网络治理机制,在发展中解决面临的困难和冲突。[1]

二、高质量管理模式

文化遗产管理是一个复杂、多层次、多维度、跨领域的开放式动态管理过程。高质量的文化遗产活化管理模式是一种能够满足人民日益增长的美好生活需要的管理模式,体现了新发展理念的指导。具体来说,文化遗产活化的高质量管理模式就是要以文化遗产的保护作为首要目的,且在系统性、整体性保护理念指导下,做好抢救性保护与预防性保护、本体保护与周边保护。单位保护与集群保护的关系的处理与协调,以期

---

[1] 参见晏雄、解长雯、闫昕、乔思琪《梯田型世界文化遗产旅游社区网络治理研究——以元阳哈尼梯田为例》,《中国文化产业评论》2021年第2期。

维护文化遗产的历史原真性、面貌完整性与文化延续性。与此同时,需促进文化遗产的有序利用,使它们重新焕发生机。与现代社会相结合,达到古为今用、以古鉴今的作用,推动资政育人。此外,在进行城乡建设的同时,不能忘记历史文化保护传承工作,各方联合推进文化遗产保护和区域发展的关系,充分保护各级各类历史文化遗产。将中华文化符号、中华民族特征和城乡建设充分融合,赋予历史建筑新的时代风貌。需将文物的意义与爱国主义教育、革命传统教育等相结合,例如,敦煌研究院的"价值完整性的平衡发展质量管理模式",就是建立在对莫高窟、麦积山石窟、炳灵寺石窟、榆林窟、西千佛洞、北石窟寺等文化遗产的综合性管理、研究的基础上形成的高质量管理模式。作为一个世界遗产的管理单位,敦煌研究院在文化遗产活化治理方面主要做了三件事,一是做好保护工作,因为文物的安全,文物的状况,如何减少自然和人为因素对文物所造成的各种各样的影响,是各项工作的基础;二是做好文物价值的发掘工作,一个文物单位要以研究为核心,保护、研究好了,就可以让敦煌艺术能够走进大众,让全世界了解咱们国家优秀的传统文化;三是弘扬中华优秀文化,研究院把研究工作的成果,通过旅游、洞窟参观、展览等方式进行宣传,以及通过新媒体等方式,拓展了敦煌文化传播的形式和传播的内容。

三、社会参与治理模式

社会力量的参与是文化遗产活化治理的必然趋势。除政府以外,参与者的力量也应该受到关注。参与者不仅能贡献力量,也能从中收获成就感和责任感。社会力量参与文化遗产保护和活化治理,一有政策支持,如《国务院关于进一步加强文物工作的指导意见》提出对社会力量自愿投入资金保护修缮市县级文物保护单位和尚未核定公布为文物保护单位的不可移动文物的,可依法依规在不改变所有权的前提下,给予一定期限的使用权。二有历史传承,中华民族自古以来就有助人为乐、慷慨好施的优秀传统,通过个人的财产修路造桥、建设庙宇被社会视为道义之举。三有实践基础,例如国家文物局评选出的社会群体参与文物保护的典型例子当中,有着众多普通的、来自各行各业、各个地区的人民群众的身影。四有国际惯例,发达国家的公众参与机制比较健全,群众与各色的社会组织具有参与文化遗产保护实践的习惯,使得遗产保护制度不断健全。例如,英国最大的遗产保护慈善组织英国国家信托推动了英国信托法的批准与修订,为英国大量古老庄园的保护与留存提供重要支撑与依据。

例如，中国文物保护基金会罗哲文基金管理委员会携手马可·波罗控股股份有限公司、九牧集团，为故宫博物院的公共卫生间改造升级工作提供了重要的支持和帮助，也为故宫承载的中华优秀传统文化的保护和传承做出了积极的贡献。专业的社会基金组织携手民族品牌企业参与文化遗产保护工作是社会力量参与文化遗产保护和活化的重要方式。

第二节　国外的文化遗产活化治理模式

在欧美许多城市，"公共物品"的概念成为城市议程的核心。市民们积极参与改造活化公共空间、城市绿地以及废弃建筑。受"城市再生"专家的推动，公共行政部门的角色正在发生变化，近年来这些部门建立了多种城市实验室和公共物品网络。协作是这一进程中的关键要素。在2018年欧洲文化遗产年上，强调了文化遗产参与性治理实践的重要性，为政策制定者提供了指导方针。在意大利，其宪法第118条鼓励公共行政部门与公民之间的合作，该条款强调了所谓的辅助性原则，旨在促进公民对公共物品的关注，并通过自下而上的城市重建过程支持以公民为主导的措施。

由公民实施的城市转型可视为一种文化实践，其中个人不仅是消费者，更是变革的推动者，这一身份界限的模糊化，可以扩展到文化遗产的活化项目中。集体行动重建改造某一文化遗产的物理空间的过程，有助于激发居民的创造力，提高其批判性思维、开放思维和规划能力，重建他们与他人以及与他们居住的环境和景观的关系。

关注提供身份认同感的需求实际上与填补文化空白的需求相吻合，这种文化空白逐渐使人们感到自身与原居住地越来越远。这就是物质层面和社会层面密切相关的原因。在物质层面上，社区拓宽了他们的社交面，社会凝聚力和价值观共享得到了加强。通过基于合作和分享的"关怀"行动，对一个地方进行物质再利用的过程既具有社会价值，也具有物质价值。因为它表达了重建社区认同感和归属感的意愿，使社区重建为一个"遗产社区"。在社会层面上，社会凝聚力和价值观的分享得到了更新。因此，建筑环境的恢复与活化似乎是实施新的合作管理模式的基础，作为克服公共和私人利益之间冲突的"第三条道路"。从知识阶段到设计阶段，直至实施和监测，建筑环境的恢复与活化是社区参与的关键环节，因为它是一个"提高个人或团体做出决定并将这些选择转化为所需行动和效果的能力"的过程。鉴于物理系统和社会系统之间的相互作用，有必要在创造新价值的能力和保护特定身份的能力之间重新建立平衡。

遗产在可持续发展中的关键作用成为激活当地社区积极参与、传播良性进程的原因之一。将保护遗产的责任扩大至所有社区成员，会引发一个更重要的问题，即每个行动者在这些过程中应该扮演的角色，强调了遗产的社会效用优于个人效用。人与地方之间的新关系使文化遗产被视为"共同利益"，因为它不再仅仅是一个文化享受的地方，而是社区的生活空间，也对当地社区起着"黏合剂"的作用。理解这一动态对于恢复退化景观的质量和身份，并促进社区与场地的新归属连接，具有重要意义。

从这个角度来看，对废弃文化遗产资产的适应性再利用可以被看作一个可再生的过程，它将废置景观变成了新的吸引人的地方。通过改造、可再生能源升级和"基于自然"的解决方案，改变了城市景观，产生了新的美学价值、社会价值、文化价值，以及环境再生价值。改造后的文化遗产资产所具有的新的吸引力通过新居民、商业活动、文化创意工作者和创新企业家的本地化选择也会产生积极的经济影响。在更新后的城市地区的"活力"及其与独特的文化遗产相关的特殊性的推动下，企业家们的充满活力的城市地区和其独特的特点与文化遗产相连接。

更好地利用被遗弃和未充分使用的文化遗产资产作为可持续城市发展的关键资源，可以解释为一种有效的"循环城市"战略。城市正在实施循环经济模式，以减少资源的浪费、原材料的开采、化石燃料能源和淡水的消耗，使用基于自然的解决方案，使城市更加绿色、宜居和健康。然而，在成为需要以更有效的方式工作的城市系统之前，城市首先是市民的"文化项目"。因此，以物质和非物质文化遗产为表现形式的城市文化资本，应该成为循环城市再生模式的核心要素。文化、社会、环境和人力资本在以"以人为本"的城市战略中是相互联系的。

循环型城市需要一个"循环治理"，其基础是负责任的采购，但也是利益相关者和公民的有效参与，以向可持续的城市未来过渡。

本节旨在研究在城市中如何解释和实施"循环治理"，将被遗弃的文化遗产和景观再生实现"以人为本"发展战略的关键资源，通过意大利和欧美其他案例研究，探讨了公民主导的倡议在文化遗产适应性再利用中的作用，以确定有助于起草循环治理定义的共同要素，并为决策者提供参考。

一、制度治理模式

（一）意大利的《公共物品共享管理条例》和"合作协议"

《公共物品共享管理条例》已在意大利多个城市得到采纳，许多行政部门也已启动审批程序。该条例体现了市政府承诺的一种新型"混合"监管机制，使公民能够"照管"作为"共同物品"的公共与私人空间，确保这些区域在居民自发的努力下保持清洁、维护得当且宜居舒适，从而克服了地方公共管理部门资源不足的问题。从市级层面开始，《公共物品共享管理条例》的应用范围正在扩大，为基于城市联盟或更广泛行政区域的合作实验开辟了新的道路。

而这份《公共物品共享管理条例》的起草者就Labsus这一活跃于意大利的民间团体。Labsus，成立于2005年创立，是一个致力于推广"辅助性原则"的组织，其名称就来自意大利语"辅助性实验室"（Laboratorio per la Sussidiarietà）的缩写。如今，"辅助性原则"已被载入意大利宪法"艺术章"的第118条。

Labsus最重要的举措之一是与博洛尼亚市政府合作起草了名为《公民与行政部门合作保护和改造城市公共物品条例》的市政条例。2014年2月22日，该条例首先在博洛尼亚获得批准，并随后向意大利其他城市推广了适应本地情况的版本。至今已有超过200个城市通过或正在采用该条例，累计覆盖约80万人口。

除了这一重要的"遗产实验"外，Labsus还提供了其他在意大利各个城市和地区实践的参与、合作和共同生产公共决策的具体经验，包括传播参与式预算、邻里研讨会、公民和集体使用的实验、共同设计的途径和社会创新。由于与各类公共机构（志愿服务中心、众多公司、政府机构）建立了密集的合作网络，Labsus能够出色地传递信息并能在更大的领域范围内使其具体化：2019年9月，米兰通过《城市之间关于公民想象和共同关心公共物品的协议》并于2019年12月启动，这是第一个通过实践和技能交流，鼓励政府和公民之间的合作的国家级网络。

Labsus倡议的核心思想是将人们视为需求的承载者，同时也是能力的提供者，以实现普遍利益。因此，Labsus提倡一种辅助性的理念，将公共行政部门和公民的角色重新解释为"盟友"，两者都是基于相互信任和资源及责任共享的合作关系中的主角，这无疑提升了文化遗产活化过程中公众的话语权。Labsus推动实施的《公共物品共享管理条例》等条例破除了只有机构才能处理公共物品的信念，将"公域"一词的含义与社区联系起来，即公民、企业和公共行政部门共同生活的整个社区。

尽管《公共物品共享管理条例》提供了规范框架，规定了对共同物品进行保护与管理的干预形式，"合作协议"作为一种技术法律手段，使宪法规定的辅助性原则在社会较微观的领域中得以落实。这种合作关系被视为"非权威性的行政行为"，可以看作是"法规的引擎"。这些相关法规条例不仅促成了公民与行政部门之间的合作，调动了公民的能力转化为保护和管理公共文化遗产的力量，更以法律的精神明确了各方的权责，保障了这种合作的实践与持续。

此外，《公共物品共享管理条例》也提供了各方交流的平台。对共同物品的照管成为文化交流的机会，促进了相互学习的过程，不仅代表了一种干预公共空间的方式，也是一种构建社区的方式。在此过程中，归属感、公民态度和社会凝聚力得到加强，这些都是构成"遗产社区"的关键要素。"遗产社区"这一概念强调了社区共享价值的重要性。在合作过程中，"记忆的价值"有两层含义：一是尊重过去的一切表达（无论是物质的还是非物质的），并将其保存和传承给后代；二是通过记忆连接所有价值，作为构建社区认同的意识基础。公民积极参与公共物品的照管，创造社区，这是该条例的重要附加价值。这一愿景拓宽了"共同利益"的概念，使其不再局限于物理维度，而是在"共同行动"的实践中找到其深层次的意义。以上条例协议都属于社会、文化和行政创新的强大因素，促成了行政资源与民众中的积极力量之间新的互动方式。

在此意义上，这种契约代表了有关各方之间的协调，不是消极意义上的妥协，而是作为"交汇点"，促成一个"循环"过程，其中每个参与者都能在不同的层面上获益：首先，在缺乏财政资源来维护和管理被遗弃或闲置的遗产的情况下，公共管理部门有机会恢复那些如果未得到妥善维护、状况注定恶化的建筑遗产；其次，投资于共同物品的生产、照管和再生，可以激发了当地人在新生产视角下的创造力，促进经济增长。

民众参与这些过程也意味着重拾某些身份的自我认同，这种身份往往存在于地方记忆中，这对于提振"地方精神"、加强社区的凝聚力起到极大作用。

与国家立法的方式相比，这些地方市政法规条例代表了一种真正的创新，原因如下：它们涉及所谓的"共同物品"，在法律上介于公共物品和私人物品之间，难免导致法律专家们漫长时间的争讼；而条例规章的灵活性提供了诸多优势，包括能使施行的"标准"适应现实中各种不同的应用环境。此外，与其他类型的法规相比，市政法规易于调整，允许在实验期内进行测试并验证结果。然而，需要注意的是，应当追求简化而非增加复杂性和混乱度。滥用合作协议可能导致原本的非正式关系变得官僚化，甚至可能让管理回归到老的行政路子上去。欧洲的挑战是以民众参与和文化的社会创新为导向，同时扩大选择、信息和服务的共享。从专业人员、人力、财政和经济资源的角度来看，对物理系统的干预是非常复杂的，这意味着要仔细控制对建筑环境的干扰。这种复杂性不仅涉及项目的组织，还包括相关用户或者说社区的多种需求，影响他们的行动策略。

因此，再利用和回收项目可以被定义为一个多学科的信息和决策过程。这一过程能够重新激活人与地方之间的循环过程，激发创造力并加强它们之间的联系。这就是不同参与者技能、知识、需求、价值观和愿景的整合，进一步产生经济、社会和环境的影响，反过来又能使人、社区和地方之间的关系循环起来。参与遗产活化利用的过程即一个批判性知识和意识的过程，它构建和分享了价值观和目标，以满足普遍的利益。在这个过程中，社会资本会增加，因为对共同利益的认可有助于克服特殊性，并巩固横向（同类行为者之间）和纵向（不同层次行为者之间）的社会关系，增加了社会凝聚力。这意味着既要增加作为人力资本核心的社会关系，又要培养对未来和机构的信心。文化生产源于创造过程，影响着知识的传播，决定着文化、社会、环境和经济系统之间的重要联系。这些系统紧密相连，每个系统在一个连续的良性循环中对其他系统产生影响。在这个网络中，一些参与者参与到获得共同能力的过程中，伴随着社区获得共同的文化遗产是保护、管理和发展城市和人类环境的决定性因素的意识。

在公共物品的照管过程中，"专家知识"在当地社区参与中的作用正越来越接近多文化和多学科团队的促进者，并正在成为社区"赋权"过程中的基础。观察发现，"自下而上"和"自上而下"的方法都存在脆弱性，因此有必要概述一种"混合"方法，其中，专家知识支持当地社区重新获得与该地相关的物质文化，并重新激活环境和文化的协同作用。

（二）辅助性原则：走向循环福利

意大利的宪法有许多关于文化遗产的内容：第155/2006号法令的第2条第1款表明，针对公用设施，意大利有《加强文化遗产保护根据文化遗产和景观法典》。在同一条款中，第6段、第3段指出，国家赞成支持私人主体、个人或组织参与文化遗产的稳定化。第112条第8段指出，有关的公众人士也可以与文化或志愿协会签订特别协议，开展文化遗产知识的活动。在意大利，文化的重要性被庄严载入其宪法第 9 条。

在监管层面，辅助性原则是加强文化遗产的合作治理的基础。它的完整表述在意大利宪法艺术章第 118 条最后一段。2001 年 3 月，《宪法第二部分第五篇修正案》，宣布各州、地区、大城市、省和市支持公民、个人和组织的自主倡议，以开展具有一般利益的活动。这就是"横向辅助性"，它涉及公共行政和公民之间的关系，赋予后者执行公共职能的能力。

辅助性原则已正式载入《欧洲联盟条约》，并将其纳入建立欧洲共同体的条约。"单一欧洲法"已经在环境领域引入了辅助性原则，并从严格的法律角度进行了解释。

1992 年，"爱丁堡欧洲理事会"宣布，欧洲联盟以辅助性原则为基础，正如《欧洲联盟条约》所表示的那样，它有助于尊重和保护成员国的身份权利。目的是确保在欧洲联盟内部的成员作出的决定尽可能接近同一公民权利水准。欧洲共同体一审法院（第一分庭）在其 1995 年 2 月 21 日的判决中作出了裁决，在《欧洲联盟条约》将其加入之前，辅助性原则并不构成一项一般法律原则。因此，它并不代表审查共同体行为的合法性的一个司法因素。在不改变《欧洲联盟条约》第 5 条第 2 款中所提及的辅助性原则措辞情况下，根据《欧洲联盟条约》《阿姆斯特丹条约》，在其基础上附加了一份"关于适用辅助性和比例性原则的议定书"，通过该议定书，这些原则具有了法律约束力和可控性。

《里斯本条约》明确提到了辅助性原则的区域和地方层面，主要创新涉及各国议会在监测符合辅助性原则方面的作用。

辅助性原则的一般意义和目的在于承认隶属于上级权威的某种独立性，特别是下级权威与中央权威有关的地方权威。因此，这是一个划分各阶层权力的问题，权力关系是各级权力之间的一种原则，它形成了制度基础。

在意大利立法中，使宪法一级公共行政的理论模式合法化的第一步是国家宪法第 118 条最后一段对辅助性原则的定义。

"辅助"一词的拉丁词源包括两个互补的含义："准备好行动"和"支持行动"。两者都符合意大利宪法精神，即关注积极公民的行动主义，认为他们是一种真正的资源，特别重视他们的自愿行动。从这个角度来看，追求一般利益并不是公共机构的专属权限，同样是涉及公民、个人和同事，他们的行为是法律的生产者。因此，国家实现其公共目标，支持公民组织实现其倡导，帮助他们自我表达。通过这种方式，辅助性代表了一种新的人民主权行使形式，引入了新的公共决策参与模式。换句话说，横向辅助性意味着，公共职能在可能和方便的情况下，允许公民自己直接开展活动，特别是通过其社会结构，并得到公共行政部门的充分支持。

为了一般利益而分享公共和私人资源是由互惠原则驱动的，这为实现"循环辅助性"提供了可能，在循环辅助性原则中，行动者，特别是国家、市场和公民社会，被要求协同行动。循环辅助性原则是在市场、国家和公民社会之间发展新的合作模式的起点。

因此，循环辅助性原则是一个宪法平台，这个平台建立一个自治、负责任和支持的公民社会，他们与公共行政部门结盟，共同管理和关心共同利益。

（三）意大利城市市政府部门与公众的合作过程

许多意大利城市都参与了市政府部门与公众的合作过程，随着人们对这个主题的兴趣，参与到其中的城市数量也在增加。

都灵是参与首届"城市更新计划"（UIA）的350多个欧洲城市中脱颖而出的18个获奖城市之一。这次成功主要归功于"共建城市"项目，该项目由都灵政府、都灵大学、ANCI和卡斯卡纳·罗卡弗兰卡基金会发起。这个项目的出发点是批准新的公共物品规例，其目的是规定合作协议，重新开发已发生退化的房地产和公共空间，把它们托付给公民，鼓励公众积极参与管理。因此，公地成为消除贫困和在城市最困难地区寻求社区意识的新发展道路的中心要素。

博洛尼亚是一个历史上颇为关注公民参与问题的城市，它是第一批着手广泛实施公共物品管理规则的城市之一。2014年5月，市政府批准了《公共物品共享管理条例》，此后，市政府与普通公民、企业和其他利益相关者签署了许多"合作协定"。

萨莱诺省的巴蒂帕利亚是一个不断锐意实验的地方。这里，在LabGov（"公地治理实验室"）组织与罗马的LUISS大学的共同治理理念之中，通过涉及治理的五个核心要素的包容性、参与共同设计过程，与意大利建筑师伦佐·皮亚诺（Renzo Piano）的G124组合作，为应对郊区的问题，几方通过合作实验来构建新市政城市规划的指导方针。

罗马正积极推行一系列创新举措，以活化公共空间。在这个过程中，对公地的关注不仅是国家层面政策传播的关键，也是地方具体执行的基础。在这里，Labsus跟欧洲合作与社会企业研究所及特伦托大学共同创立了"SIBEC"这一意大利首个关于公地共享管理的国家级培训教育机构。LabGov 在社区层面协助当地居民共同管理和维护公园等公共区域，不仅促进了重要的公共利益，还提供了科学和实用的支持，帮助实现具体的、有益的结果。这些措施体现了罗马在促进公民参与、改善公共空间管理方面所做出的努力和创新。

锡耶纳是意大利第二个批准了《公共物品共享管理条例》的自治市，紧随博洛尼亚之后，这得益于与 Labsus 的合作。

这些只是市政部门与公众积极合作进行城市活化的良性案例中的数例，这种合作在意大利的城市活化政策中越来越举足轻重。管理公共物品的方法是动态的，探寻如何妥当地利用这种协作，在不久的将来可以成为文化遗产管理真正的创新关键。

（四）由《法鲁公约》推进的遗产社区的作用

数十年来，欧洲已经发展出许多保护文化遗产的工具和方案；于 2005 年在葡萄牙法鲁签订，并于 2011 年生效的《法鲁公约》，无疑是最具远见的文化遗产国际公约之一，它引起了重要的转变。关于文化遗产的观点的主要变化与地方社区在保护行动中的地位有关。《法鲁公约》的"解释性报告"认为，文化遗产保护不仅是一个目标本身，更要考虑到其对可持续发展的直接贡献，包括在文化、社会、环境和经济方面的益处。从这一角度看，欧洲委员会强调，文化遗产教育应该是每个公民，包括我们子孙后代的一项权利。根据《法鲁公约》，文化遗产是欧洲社区独特性的来源，它能够促进跨文化对话、融合、民主并且防止冲突。这表明文物价值的评估也应与当地社区所赋予的意义和价值相联系（有时相互矛盾的）。受人、地互动影响的遗产具有社会价值，可以在全球化不断深入的背景下增强人们对社区的归属感和建设感。由此可以推断，遗产应被视为一种公共利益，因此，遗产应该被当作一类公共物品，不能单一地使用自上向下的方法或自下向上的激活。然而，尽管正在出现的趋势鼓励在评估文化遗产价值时采用自下而上的方法进行活化利用，并鼓励共同参与式设计的适应性再利用和改造的解决方案，文化遗产也具有不同程度的特殊文化历史价值，这是欧洲的遗产专家和当局认可的，为了当代和未来几代人的公共利益，文化遗产应该被加以保护。因此，无论是为了保护文化遗产，还是为了再利用和加强文化遗产，采用自上而下（基于社区）和自下而上的混合（以专家为基础的）方法是必要的。以分担责任为特点的公私伙伴关系新形式因此得以促进形成，这种形式鼓励民间力量积极参与，以补充政府和遗产保护专家的作用。

《法鲁公约》的要点是发挥"遗产社区"的积极作用，即遗产管理和决策的共同责任。遗产社区被定义为一群人——不一定是由通常的共性参数聚集在一起，而是由利益和目标团结在一起——他们共同保护具体的文化遗产，并和现在以及后代一起共享文化遗产带来的身份认同感。

二、社区托管模式

许多研究为欧洲及其他地方的治理过程提供了有价值的见解和丰富信息，但其并未专门调查文化遗产的适应性再利用的治理过程。特别是，这些研究涉及调查适应性再利用过程（这往往是线性的）和循环治理过程间的关系。在欧盟"地平线2020"（Horizon 2020）的研究和资助的CLIC（"利用对文化遗产的适应性再利用进行投资的循环模型"）项目里，循环治理方法被定义为"一种以价值观为基础、有原则的方法，它能够稳定、保护和维持文化遗产资产，鼓励高质量的适应性再利用文化遗产项目以利于社会共同利益"。

将循环治理方法应用于文化遗产适应性再利用项目，不仅减少了原材料和能源消耗，还重复利用人的知识与技术，保留有形和无形遗产元素（如传统建筑方法、材料构件），获得更广泛的社区支持，确保更高质量的干预措施，并促进新的协同业务、金融和治理伙伴关系模式。CLIC报告《文化遗产适应性再利用循环治理模式》的主要议题是如何在选定的城市和地区使用适应性再利用文化遗产的循环治理方法，哪些合作模式和工具可以最好地帮助社区不断地恢复或改造文化遗产的功用，哪些方法可以帮助我们朝循环模型发展。

该研究的出发点是一个基本假设，即"循环治理是文化遗产可持续利用的必要前提"，循环治理原则可以为此新的沟通手段和社会创新过程提供框架，在尊重世界文化遗产相关文件和章程的同时，通过自上而下和自下而上的倡议，识别和促进新的文化遗产管理、商业、融资和治理模式。在制定该方法时考虑了以上原则，主要是基于对欧洲16个国际城市的文化遗产适应性再利用项目现有共享治理安排的说明性案例研究分析。

为了更好地理解和分析来自16个案例研究的各种信息，该研究开发了一种类型聚类分析，以厘析利益相关者的角色和关系，确定流程模式，并按案例之间的治理相似性对案例进行分类。案例研究分析揭示了在公共、第三部门（即公民社会组织）和私人行为者之间的所有权的关系。这些案例是按"托管人"即所有权管理结构和关系进行分类和组织的，这界定了负责遗产资产及其长期物质、经济和文化可持续性的实体。

几乎所有的案例研究例子都涉及公有的遗产资产，其中许多案例使用了各种多参与者治理模型来实现该项目。大多数案例属于三种自定义的托管人管理模式之一："公共托管人"模式、"社区托管人"模式及"公共利益的私人托管人"模式。

这些案例研究进一步说明社区主导治理模式的多样性，以及如何整合循环治理的原则，帮助文化遗产资产及其相关机构、遗产社区在长期发展中更具弹性和可持续性。

（一）阿尔巴尼亚地拉那"新集市"

阿尔巴尼亚地拉那的"新集市"项目（2017）是一个获奖的11000平方米的步行公共区，它在地拉那市中心，有两个新重建的永久性市场大厅。该集市最初建于1931年，在1959年旧集市被拆毁后成为地拉那的中心市场。尽管当地居民每天都在使用它，这个地方却被长期忽视，从来没有采取过现代化规划方法。以前这个地方处于非正式管理，有时作为贩鱼贩肉临时市场为当地提供鱼和肉。今天的新集市是一个现代化的中心区域新鲜杂货和多功能24小时公共空间，反映了地拉那市的民主现代化，支撑了当地商业发展和旅游，展现了该地区丰富的文化遗产。

新集市的改造重生项目是阿尔巴尼亚地拉那市文化和城市发展部门和阿尔巴尼亚裔美国人发展基金会（AADF）共同创办和资助的。除了来自这些机构的550万美元资金外，AADF估计来自企业和业主的私人投资也超过400万美元。在该项目期间，大约有15处文化遗产被修复。

新集市采用了一个旅游—商业改善区（T/BID）的形式作为治理和融资机制，以帮助确保场地的长期可持续性和获得利润。虽然T/BID在英国、美国和加拿大是一种相对常见的次市政治理工具，但在英国外欧洲各国还很少实施；新集市是地拉那的第一个T/BID，也是阿尔巴尼亚的第八个T/BID。时间证明了新集市T/BID模式的有效性，它以资助和维持重建投资，促进地区发展，并继续吸引新的投资，从而在不发生根本变化的情况下改变社区的性质。

阿尔巴尼亚动荡的政治历史、经济孤立以及接踵而至的各种挑战导致了其公民和政府间的不信任，这使得实施T/BID治理模式特别具有挑战性。然而，这段历史也为新集市的T/BID建设提供了整合循环治理模式的组成部分的有利条件，特别是在公众参与T/BID过程、建立信任和合作网络，并提升文化遗产在该地区的作用，以加强文化遗产社区的长期支持。

（二）加拿大蒙特利尔"青年项目"

"青年项目"是加拿大一个多方角色参与的建筑试点项目，旨在通过临时改造蒙特利尔空置或未充分利用的建筑，创造民众可进入和负担得起的"创新空间"。与传统的合作办公或弹出式空间不同，"青年项目"是一个社会创新项目，意在为面向社区的用户提供广泛的临时空间。虽然"青年项目"本身并不能明确展示如何文化遗产建筑或网站可以适应性再利用（因为涉及改造的建筑设施并不在文化遗产之列，且最终将被拆除），但是这个当代发展项目说明了一个创新的多参与者治理过程可以作为一个重新利用文化遗产，特别是那些在城市地区过剩的空置建筑的模式。这种被称为"过渡性城市主义"的模式，也是"2017—2022年蒙特利尔文化遗产行动计划"的灵感来源和基础。

"过渡性城市主义"的根源在欧洲，它被定义为在开发发生之前对空置土地或建筑提出的旨在振兴当地生活的任何措施。这是一种多参与者的治理模式，使各种举措能够合法地占有空置房地产，为当地需求创造低于市场利率的机会。"过渡性城市主义"项目的利益相关者通常包括业主、地方当局和临时居住者。近年来，第四个利益相关者（促进者）已经开始发挥关键作用，在更广泛的利益相关者社区中积极工作（比如融资人/资助者、城市企业家、制造者、社会组织等），他们主动连接其他三方行动者并催化项目。

在"青年项目"案例中，主持人的角色是由蒙特利尔的中介机构（Entremise）担任的，它引入了一个可以扩大规模的社会项目。"过渡实验室"是蒙特利尔市、"麦康奈尔城市基金"项目、"创新社会之院（MIS）"和中介机构之间的多参与者、公私慈善合作项目，"过渡实验室"项目宣布打算实现三个至少六个月的试点项目。"MIS"和中介机构也从魁北克政府的大都市基金获得支持。在"过渡实验室"这个框架之中，城市和其他的合作伙伴可以测试"过渡性城市主义"如何在蒙特利尔实施。

蒙特利尔市从事"青年项目"的地方政府和业主，简化了流程，但也强调了一些机构在使用一个开放且"横向"的方法规划时面临的挑战：难以打破专业壁垒、信息共享不畅，以及在大型机构中组织变革进程缓慢。这一进程也很容易受到政治行政变革的影响，因为它没有被市政当局制度化，限制了执行该计划的工作人员和资源。

"青年项目"是一项正在进行的实验性工作，但主要的利益相关者（包括蒙特利尔市当局）已经采用了"过渡性城市主义"的治理模式，这种模式可以帮助保护和振兴受到威胁的城市建筑遗产。即使"过渡性城市主义"关注的是临时性用途，但它的治理模式并不一定是临时性的。将循环治理原则应用于"过渡性城市主义"框架可以帮助永久振兴文化遗产遗址或其他地区，因为各种遗产社区的行动者与其他利益相关者一起，为被遗忘的空间带来新的用途和能源。

（三）英国曼彻斯特维多利亚浴场

维多利亚浴场，曾经是英国曼彻斯特市著名的公共浴场，是位于市中心的一个新兴的艺术和文化中心。虽然游泳池和浴室目前无法使用，但其目标是修复该综合体，使其能够再次用作多功能社区空间，包括其本来作为现代游泳池和土耳其式浴场的功能。当这座建筑在1906年开放时，它被描述为"全国最辉煌的市政洗浴机构"和"每个曼彻斯特公民都可以自豪的水宫殿"。尽管它被忽视了，但这个综合体仍然被广泛认为是英国最完整和最特殊的城市游泳池建筑之一。在20世纪80年代之前，它一直是曼彻斯特最受欢迎的旅游目的地之一，但当时它的运营和维护成本已经超过了城市充分维护综合体的能力；浴场最终在1993年被关闭。

同年，当地的支持者聚集在一起，成立了"维多利亚浴场之友"组织和"维多利亚浴场信托"（下文简称"信托"）来拯救这座建筑，并重新开放了土耳其式浴场和至少一个游泳池。2001年，曼彻斯特市议会与信托基金签订了正式的管理协议，以改善现场安全并筹集维修资金。在英国等普通法国家，该信托涉及资产的创建和保护，这些资产通常由一方为另一方的利益而持有。利用信托的框架，委员会授予"维多利亚浴场之友"管理权力，后者当时负责管理遗产资产并为修复筹集资金。该信托是一种有用的机制，可以征求和接受独立于理事会的资金，而理事会可能没有与受托人一样的获得外部资金的能力。该信托基金通过其"朋友"计划获得资金，即个人或团体获得与年度财政捐款相关的独家会员福利，并通过在该综合体举办特殊筹款活动。与类似的慈善组织一样，该信托基金也依赖于志愿劳工和来自其遗产社区的实物捐赠。

"维多利亚浴场信托"是一个合伙模式的极佳例子，在这种模式中，公共当局和所有者（曼彻斯特市）不需要是遗产资产的唯一托管人。遗产社区（"维多利亚浴场信托"和"维多利亚浴场之友"）愿意作为一个伙伴平等地管理和操作资产，高度自主并自给自足，同时委员会提供支持、方向和专家建议，以确保历史建筑都得以保留和使用。"维多利亚浴场信托基金"为许多人长期参与修复过程提供了一个框架，并成功地阻止了该建筑被拆除或被改造为商业地产。

（四）由社区托管向循环治理的过渡

根据前文，欧洲"地平线2020"CLIC的研究定义了循环治理方法。这种方法建立的原则包括："物品管理的五个原则"、联合国教科文组织治理文化遗产定义、"ICOMOS的质量原则"，以及"再利用、保护和循环的循环经济原则"。

治理方法的定义为：在如何共同创建文化遗产适应性再利用项目、适当设计和开发以及持续时间，以及它们如何使遗产社区参与项目过程。

以下价值观和原则贯彻了CLIC循环治理方法：

1.参与：这个过程对社会成员开放以便他们可以合法地发声。这种参与使社区成员能够参与到他们感兴趣的所有空间（物理和虚拟）和场所的有关文化遗产的公开对话中。

2.包容性：各类公共和私人成员带着不同的经验和专业知识参与进来，而不仅仅是那些从事文化遗产领域的人。

3.透明度：治理过程和决策过程应该是透明的，以便它们更容易被外界理解，可以被追究责任，并使新的行动者能够更好地参与长期工作。

4.责任性：该过程对公众（包括未来的子孙后代）负责，须向社会传达清晰、简明和充分的决策信息，并对其行为承担责任。与透明度一起，这些原则为提供高质量的、真实的适应性再利用项目提供了基础，并促进了相互信任和长期的组织弹性。

5.协作：该过程鼓励不同行动者之间的伙伴关系，通过协作构思、开发、执行、评估和管理来分享过程、项目和项目的"所有权"，同时加强遗产社区的概念。

6.循环（集中和迭代）：其重点是通过一个包含过程实现的具体的、基于知识的目标，包括设想、设计开发、长期目标设定和内置的反馈循环，如五年计划更新、质量控制监控或年度绩效报告。治理过程需要在处于充满挑战的现代社会中不断发展的需求下，平衡各种长期目标。

7.公平与公正：这一原则旨在消除历史遗留的不平衡，并站在未来一代的角度为边缘化或无声的实体提供机会，使其在文化遗产适应性重用过程中被关注。

因此在CLIC研究结论中，关注社区托管人的治理模式是非常重要的。它建立在拥有遗产资产的公共实体与一个或多个负责管理并取得长期成功的遗产社区参与者之间的密切合作之上。这种多参与者的治理安排主要是由所有者与管理者的关系以及给予遗产社区行为体的自主权和支持（财务和行政）的程度决定的。因此，社区托管人治理模式是一个频谱，其轴线上排列着许多可能发生的治理变化。举例来说，在光谱的一端，有社区托管模式，其中公共实体扮演着非常突出的背景角色，它具有强大的财政、行政和治理支持，而面向公众的遗产社区行动者则像决策力量中的个人组织一样具有有限的自主权；与此相反的是信托托管模式，在这种模式下，公众是遗产的"票据所有人"，在治理安排中几乎没有作用；遗产社区行为者通过合同协议、合伙关系、法律优先权或其他手段对遗产负全部责任（例如曼彻斯特维多利亚浴场的案例）。

治理差异取决于社区托管人的身份，这可以造成相当大的差异，它们可以以各种方式表现出来。然而，社区托管模式的主要假设是，公共实体拥有该资产，并在共享的多角色治理安排中继续发挥一些角色——无论有多小。

三、循环治理模式

在欧盟"地平线2020"CLIC项目的框架内，意大利南部的萨莱诺市于2018年启动了一个参与性进程，在循环经济和循环城市模式的视角下，为文化遗产的适应性再利用制订"地方行动计划"。50多个民间社会组织、企业、公共机构和活动家参与了一系列活动，旨在绘制城市相关文化遗产的地图，包括统计废弃和重新使用的状态，并确定目标和可行的战略，以适应性地重新利用被遗弃和未充分使用的遗产资产。

"地方行动计划"代表了战略规划文件，它确定了区域内可持续的目标，以及公共和私营参与者为实现共同目标而承诺实施的各自行动（短期、中期和长期）。

由市政府推动的"遗产创新伙伴关系"和"地方行动计划"，是创建和活化遗产社区的两种方式。在"地方行动计划"，两个行动被确定为在短期内更具相关性和更具可行性：制定"文化遗产共同管理的条例"；根据《法鲁公约》试点实验中其他欧洲城市的经验，组织"遗产漫步"。以下是萨莱诺市的遗产社区参与的文化遗产适应性再利用的可持续循环治理实验。

（一）萨莱诺关于《文化遗产共享管理条例》的实验

意大利"遗产创新伙伴关系"尝试制定一项公共物品管理条例，作为"地方行动计划"中所预见的行动之一。

该条例规定了一种工具，以指导使行动成为"地方行动计划"的目标，提供了一个具体的机会，以确保共享管理的透明度和公正性，将建筑环境的适应性再利用作为一个恢复、再生和可持续的保护形式,延长我们珍视的遗产的生命,激发公民自豪感和责任感,并为子孙后代保护文化价值。它引发了一些干预措施,以便在居民、企业和文化旅游中恢复和改造废弃、退化、未充分利用的文化遗产,使它们成为一个重要的和有吸引力的地方。

通过该条例的灵活工具,萨莱诺根据不同的复杂程度确定了城市公共物品的护理活动、共享管理和再生活动,并根据公共物品的不同性质确定适当的干预方法。

首先是对萨莱诺文化遗产进行分类,分类的步骤如下。

1. 文化遗产制图初步阶段,区分重复利用、未充分利用和废弃的文化遗产。

2. 识别遗产的具体清单。

3. 分析利益相关者。

4. 城市规划工具和规划的制图(战略方向文件、市政城市规划、欧洲结构发展基金干预措施、可持续能源行动计划等)。

根据这一概述,市政当局确定了三种类型的资产,它们需要采取不同的程序:1. 小型城市"公地"(小广场、城市花园、小空间等);2. 具有潜在社会影响高、市场吸引力低的中型资产;3. 具有较高市场吸引力的大型文化遗产资产,这些遗产的重利用往往需要较大的金融和技术能力。

在"地方行动计划"的一般框架内,该条例在理论和规范参考方面以及在实现共同行政的操作工具方面都造成了具体的结果。

它确保集体使用未列入市政维护计划的公共空间或建筑,并提供了一个加强社会多元化和增加社会财富的机会。

(二)通过遗产步道构成的遗产社区

通过对《法鲁公约》试点城市马赛的实地案例研究,可以很明显地看出,激活自下而上的行动,可以加强社会凝聚力和社区责任感,是改善区域内空间环境的方法,也是保证对公共管理行动的支持的方法。此外,还出现了一些有效落实公约的方法,包括"遗产漫步",这也被复制到另一个试点地区威尼斯。遗产漫步活动推广了有关地方精神的知识,并致力于通过互动和探索重新发现城市中受游客影响较小的区域,与在该地区留下痕迹的部分社区(如工匠、艺术家等)建立联系。这个项目通过三个基本要素来实现社区活化:主题、当地人和地方。在这样的行程中,强调旅游线路中那些通常不向公众开放、仍被遗弃和未被开发的地区的伟大遗产，以便使其重新融入知识、再利用和改进的过程，也使其从一个"拒绝"转而得到一个机会。通常，这样的遗产漫步并不需要专业的向导，而那些住在这个地方并拥有它的历史记忆的人的介绍往往更好。遗产因此成为一种聚集、知识、分享和文化参与的工具，它通过价值观和情感的传递来刺激和丰富遗产的价值。

从这个角度来看，《法鲁公约》强调了遗产的价值和潜力。在一个不断发展的社会中，遗产是促进可持续发展和提高生活质量的一种资源。在这个社会中，社区是文化和经济进程的主角，为此，遗产也作为一个生产要素被重新启动。

作为 CLIC 项目的一部分，在萨莱诺市启动了一个参与性进程，以加强遗产社区。除了用于激活参与式进程的方法和工具——历史城市景观方法外，"遗产创新伙伴关系"会议和工作会议以及由 CNR-IRISS 研究中心和市政府共同发起的"常设实验室"，其具体目标是在城市历史景观方面进行合作。

为了实现这一目标，已确定的行动包括文化动画、文化遗产价值的知识和传播，以响应实现一个"以人为本的城市"的宏观目标。

提高意识的行动包括在《法鲁公约》下进行的遗产漫步。"遗产漫步"将是该地首创性的实验，以促进提高认识，加强遗产社区建设，并建立必要的市场需求，从而确保将实施的适应性再利用项目在经济上具备可持续性。

在与当地协会和公司的合作下，第一个"遗产漫步"将作为萨莱诺市"艺术家灯光节 2019/2020"（Luci d'Artista 2019/2020）活动的一部分，这个活动由公民主导；"Re.LIGHT|灯光下的遗产文化"（Re.LIGHT | Patrimonio Culturale in Luce）活动为重新发现萨莱诺的历史文化场所提供了机会，这些场所长期以来一直被忽视。这条路线还包括一些处于再利用状态的地方，以突出适应性再利用（通常是自下而上的）的良性经验，并加强有形和无形的文化。这些经验导致了"文化主导"的城市复兴进程。该倡议旨在加强对领土的了解，特别是公民，在"遗产之路"中，通过当地城市文化的见证者传递知识比导游的专业性更重要；这个过程中的首选逻辑是游览者与居民相遇、分享情感、经验和共同的故事。这种方法能够重新发现退化的和被遗弃的历史遗产，并发现导致它们被遗弃的关键问题，以及它们在城市复兴的背景下的良好潜力，如圣马西莫宫或圣玛丽亚－德－阿利蒙多教堂。

其中，有些泛泛为之的再利用案例反而被作为当地的"最佳实践"

来研究，如密涅瓦花园、圣玛丽亚－迪拉马什、爱维格拉缇亚普丽娜酒店以及萨莱诺的亡者山教堂进行的社区参与活动。强调适应性再利用的经验，才是参与性治理的关键。

在 Re.LIGHT 会议将讲述有关历史文化价值观、成功的经历和正在进行的项目的信息，它们将废弃的地方变成萨莱诺市新的文化和社会生活的活跃中心。

为了支持遗产漫步，并进一步向社区传播这一倡议，有关组织已经起草了通知，并贴在行程中的每一处房产上。报告的信息涉及本地化、建设时间、管理机构、现有所有者、使用状态、管理过程和文化遗产类型（宗教、市政建筑等）。

四、讨论

"地平线 2020" CLIC 项目推广了"遗产创新伙伴关系"，以实现公民和利益相关者在文化遗产价值化、欣赏和适应性再利用方面的进一步参与。在萨莱诺的经验展示了参与式治理是如何在合适的方法和反馈下激活可转让遗产资产的再生过程，同时对于其他被遗弃和未充分利用的文化遗产来说，这次经验也展示了循环经济视角下，文化遗产再利用对遗产社区的激励作用；同时，在"循环"的过程中，社区又反过来强化其在文化遗产保护过程中的作用。

这些过程所产生的影响为当地可持续发展创造了先决条件，当地可持续发展是基于当地社区的参与及其基于对环境系统所采取的行动的生产和创新能力。事实上，合作和协作工作的经验提高了人们的幸福感，因为它也与意义的归因和身份需求的满足有关。与此同时，这些行动发展了一种尊重和关怀的态度，延伸到建筑环境中，因为在"一起做"的过程中，人们发展了一种共同的归属感，为重建一个"遗产社区"开辟了道路。因此，个体之间接近的重要性显现出来：属于一个共享和交换知识的社区的意识创造了一个良性循环，在这个良性循环中，一个个体的文化背景对另一个个体的文化背景产生影响、刺激进步。通过这种方式，生产系统受到积极影响，因为这种改善不仅涉及在同一部门工作的个人，还涉及来自不同的、有时明显遥远的部门的个人，这决定了交叉影响过程。这些方法有助于运作创造力、创新和地方发展之间的联系，通过改善景观质量和提高人们的创造力，在一个单一的再生过程中。

本章中阐述了文化遗产活化"循环治理"的基本内涵，以不同的城市为例分析不同的经验,并介绍"社区托管"等治理模式。目前在意大利萨莱诺进行的实践,旨在寻求遗产活化治理的基本原则,并应用这些成功的方法以及在成功案例中观察到的工具,对当地环境进行适当的调整。在萨莱诺试验的"遗产漫步"与《法鲁公约》的初衷是一致的,并可以在项目的下一次实施中再次提出,更具体地参考适应性再利用干预措施的设计和评估维度,并像在其他欧洲城市中(马赛、威尼斯)那样,让当地社区更积极地参与进来。

有关在萨莱诺参与进程的最后结论可能要到后续阶段才能得出,但是可以观察到,这个项目在萨莱诺有很高的参与率,还有当地利益相关者的参与程度和承诺,这些是由文化遗产激发的"情感"价值所驱动的,因为遗产资产被视为个人身份的一部分。

欧洲"地平线 2020"CLIC 项目探索的"循环治理"模式遗产活化路径颇具亮点。循环融资研究方案和商业模式应被运用到完成循环"以人为本"的文化遗产活化框架中,使循环治理具有适应性和可操作性,并通过进一步的研究和创新在不同的环境下进行升级。这为我国研究文化遗产活化治理与制订文化遗产活化的治理方案提供了重要参考。

第十章　文化遗产活化的未来构想

第一节　遗产的"未来"简史

一、"未来"以来的历史检视

"遗产未来"（heritage futures）是本章的核心概念之一，指通过对遗产（heritage）与废物（waste）的辨析，阐明今人将把什么带入或不带入我们的未来。"未来一代"这个概念通常与一种信念紧密联系，这种信念源于集体和个体对未来一代的责任感，这一信念历史悠久、错综复杂，并且常与捍卫文化哲学的考量结合。早在19世纪，由约翰·罗斯金所著的《建筑的七盏明灯》这一19世纪末、20世纪初的建筑和历史保护运动的经典著作，依据对未来一代的道德责任，为真正的建筑构造了论据：

> 为了后代而自我克制，为了还未出现的债务人而优化目前的消费情况，为了让我们的后代拥有阴凉而去种植森林，或者为了民族未来的居住水平而建造城市，这种行为方式我想从来没有在公开承认的劳动机制中被有效地施行过。然而，这也无法成为减轻我们责任的理由，除非我们和后继的朝圣者有意共同去施行这项义务，否则后来者也不适合维系这块土地。上帝为了维系我们的生命提供了这块土地，这是一个巨大的恩惠。但这块土地不仅属于我们，同时还属于我们的后来者，他们的名字也已经写在了创世之书当中，我们没有权力因为任何行为的疏忽对他们产生一系列不好的影响，或者剥夺我们可以遗赠给他们益处的力量。更何况人类劳动的一个指定条件是，只有播种和收获的时间成正比才会有丰盛的收获。一般来说，我们将目标定得越远，我们就越不想见证我们的劳动带来的收获，通过这种思考来衡量我们成功的尺度就会相应地更加宽广和丰富。我们无法像造福后代一样可以使同时期的人获得同样的收益，在所有可以为我们发声的布道台中，只有坟墓中的声音传播得

最远。①

在欧美国家，遗产这一观念已经形成了较完备的体系，它作为一种观念产生，是文化、社会和实践关系历史性重组的结果，是现代化"体验"中不可或缺的元素。遗产历史学家认为，遗产的概念与一些哲学思想同源，在启蒙运动后期及随后的18—19世纪，随着民族国家的崛起，这些哲学思想作为支撑起西方文化和自然遗产的保护与管理方法的理论依据，尤为显著地推动了国家公园运动的兴起，同时对后来纳入各类遗产名录的文物景观的管理产生了深远影响。凯文·沃尔什（Kevin Walsh）认为正是因为现代社会与其过去发生对比，才使得遗产成为决定现代社会如何完善自我的一个重要因素。②彼得·奥斯本（Peter Osborne）指出，现代社会的"时间"并不是单一的，因为它包含了复杂的并线——它定义自己既是"新的"又是"当代的"。在这一过程中，现代社会不断将当下塑造为"当代的过去"，并在现实中映射出其预见性的未来。换言之，现代社会创造了它自己的过去和未来，这些过去和未来被视为其所固有的，而且在当下即将来临。这种过去和未来的同时性是现代社会被视为快速发展、技术与社会不断变革的原因。在这种背景下出现的、作为物质实践的遗产或多或少预测了遥远的未来。通过编撰记录、名单、手册等方式将某些元素留存给未来，它们如同濒危对象的百科全书式快照，作为这个世界的微观表征。③正如伊丽莎白·爱德华兹（Elizabeth Edwards）在其对于英国业余摄影测量运动的研究中所提到的：这些通过记录来抢救历史遗迹的努力共同创建了一个档案，通过这个档案，在未来我们或许可以访问过去，而支撑这些努力的是一种对未来的道德责任感，特别是对将会生活在未来的那一代人的责任感。④

正如人类学家玛格丽特·米德（Margaret Mead）所言，"我们必须像对待胎儿一样对待未来，它非常珍贵且脆弱，就像一个装满稀有美酒的水晶碗，我们必须非常小心，确保没有什么掉进去搅扰它的清澈。因为未来已然降临，它不是稍后将要发生的事情，而是切实存在于此刻。它

---

① ［英］约翰·罗斯金《建筑的七盏明灯》，石琪琪译，陕西师范大学出版总社有限公司2022年版，第270页。
② Walsh, K., *The Representation of the Past: Museums and Heritage in the Post-Modern World*, London: Routledge, 1992.
③ 参见［英］彼得·奥斯本《时间的政治》，王志宏译，商务印书馆2004年版。
④ Edwards, E., *Photography: A Very Short Introduction*, Oxford: Oxford University Press, 2006.

藏于我们自身，也寄托于我们的后代；它在世界各个角落——在空气中、在土壤中、在水中、在树木中、在鸟类中、在鱼类中、在天空中、在星星中、在未来中。如果我们现在不为它做准备，如果我们现在不保护它，如果我们现在不滋养它，那就太迟了。年轻人说未来就是现在，他们是对的"①。

二、遗产"未来"的理论简史

遗产的保护（反修复）理论在早期占据着遗产活化理论的绝对话语权。其中的典型代表人物是英国约翰·罗斯金。罗斯金强调，对于我们自己建造的东西，我们可以随意地拆毁；但是别人用力量、财富以及生命去完成的东西，他们对此的权利不会随着他们的死亡而消失，减少的只是他们赋予我们使用的权力。这些事物属于所有继承者，因而今人无权以修复为名义改变前人的遗产。罗斯金曾经表示，用保护替代修复，依靠日常维护来避免衰败，去修筑一面围墙，或填补一个墙洞，或去抵抗来自装饰物的干扰，这些显然都是支撑或者修饰的手段，对其他艺术也是如此。如果在当下不方便使用了，那就去修建新的而不是选择或扩张旧的建筑。总而言之，对待我们的古建筑要像对待一个过去艺术的纪念碑一样，这座纪念碑由过去的方式创造，除非摧毁它，否则现代艺术无法干预。反修复的主张跃然纸上。②

费尔南多·维达尔（Fernando Vidal）和奈利亚·迪亚斯（Nélia Dias）指出，保护的道德权威还与情感反应相关。③ "后代"这一概念中或许还包含代际差异，家庭内的这种差异被扩大到更广泛的社会群体中，即产生了"代沟"这一概念。玛格丽特·米德在《文化与承诺：一项有关代沟问题的研究》一书中研究了代沟，她假定不同社会之间学习的方式存在根本性差异，从而解释她提到的新学习方式的出现，这种学习方式与未来有关，并在她写作时得到发展。她的核心观点是，基于全球比较人类学的分析，可以区分出三种不同的跨代社会学习模式：在后喻文化中，社会学习主要通过传统来实现，父母和长辈是社会知识的主要来源；在并喻文化中，社会学习主要通过同辈学习来实现，即父母、长辈、

---

① Mead, M., *Culture and Commitment: A Study of the Generation Gap*, Columbia University Press, 1970.
② 参见［英］约翰·罗斯金《建筑的七盏明灯》，石琪琪译，陕西师范大学出版总社有限公司 2022 年版。
③ Vidal, F., & Dias, N. *Endangerment, Biodiversity, and Culture*, New York: Routledge, 2016.

年轻人都在同辈之间彼此学习；在前喻文化中，成人主要向孩子学习，表明"我们现在进入了一个历史上的新时期，年轻人凭借他们对于未知的未来前瞻性的理解，掌握着一种新的权威"。①当然，这种理论化的行为既是对关于特定历史和文化背景下特定情感的反思，也促使某种特定情感的产生。在这本书的结论部分，米德似乎比联合国的《布伦特兰报告》更早地提出了对未来采取行动的呼吁。在这样的想象中，孩子往往构成了未来的象征形象。然而莎拉·梅（Sarah May）指出，这种"幼儿化"的未来往往伴随着一种高高在上的论调，即认为下一代人将无法像当前这一代人一样，自主决定自己的需求与价值。②在有关美国地方历史协会的著作和口号中，德克·H·R·斯彭曼（Dirk H. R. Spennemann）对"未来"这一日益占据主导地位的概念作出了类似的评价，他表示对未来的呼吁，再次强调了当地遗产组织能够准确预测未来社会价值和品位这一假设。③乔纳森·埃德尔曼（Jonathan Edelmann）指出，这些所谓的"未来孩子"并不会被当作真实存在的孩子，而是作为一种工具，用来描述政治话语改变的极限。这种表述与其说是为了预见未来潜在的巨大变化，不如说是在巩固现有的规范。④霍格伯格（Hogberg）及其同事曾对当代考古学家和遗产专家进行研究，这一研究基于对67位至少在8个国家（主要是瑞典和英国）之间工作的人员的采访。该研究表明，许多遗产管理者在今天已经无法轻易表达他们是如何想象未来的，或者未来什么时候会到来，又或者他们认为自己的工作将如何影响未来。⑤这些遗产专家在采访中所讨论的未来往往隐含在他们日常工作中，但仍是对当前现实的即时反映。这些观察已经在这个项目中以不同方式得到证实，在后文中将继续讨论。

  本部分，关于"后代"这个话题，讨论的最后一方面就是它的经济基础，这特别表现在代际平等这个观念上。当今针对全球经济危机的讨论往往将原因归咎于"婴儿潮"。戴维·威利茨（David Willett）所著的《困境：婴儿潮一代如何夺走他们孩子的未来以及他们为何应该把未来还给孩子们》(*The Pinch: How the Baby Boomers Took Their Children's*

---

① Mead, M., *Culture and Commitment: A Study of the Generation Gap*, Columbia: Columbia University Press, 1970.
② May, S., *Power, Knowledge and the Academy: The Institutional is Political*, London: Palgrave Macmillan, 1993.
③ Spennemann, D. H. R., *The History of the Concept of Tourism*, 2002.
④ Edelmann, J., *Futures for Sale: Capitalizing on Prediction*, 2019.
⑤ Hogberg, H., et al., *Archaeologists and the Future: Heritage Studies in Sweden*, 2017.

Future-and Why They Should Give it Back）一书正是这种思想趋势的典型代表，该思想认为过去一代制造了未来债务。但如果我们认为未来背负着债务，那么这些债务要如何偿还呢？在英国威尔士，由威尔士议会于2015年发起的"后代的幸福运动"组织成立了一个后代委员会，其职责是"像一个后代的守卫者一样行动"和"鼓励大众去思考其行为的长期影响"。以往那种将自然和文化遗产视为特殊形态资本的"节约"观念已不复存在，取而代之的是将它们视为构成多样自然与文化资源的观念。这一观念在20世纪后半叶的遗产管理中得到了广泛认同。在《布伦特兰报告》中，对于环境的价值的评估以及它比经济更重要的讨论也反映了把遗产看作一种可量化资金的特殊形态的趋势。近年来关于自然遗产及其延伸概念的讨论更是印证了这些发展。

1903年，由阿洛伊斯·李格尔（Alois Reiegl）所著的《对文物的现代膜拜：其特点与起源》一书问世，这本书的主要理念是著名的当代与历史价值分类法。自此，自然的遗产价值成为文化遗产研究的主题。过去的几十年中，文化遗产的价值持续受到学术界、政策制定者及实践者等多方面的关注。然而，我们可以认为，他们的工作大多聚焦于描述遗产中被公认的固有价值，而不关注这些价值形成的过程。此外，一个不容忽视的问题是，大部分的价值分类往往局限于经济价值模型，这可能导致对其他形态价值的忽视。人类学领域的相关研究揭示了遗产价值形成过程中的重要发现，即探究不同价值产生过程中所涉及的维护与关怀活动。

三、遗产"未来"的制度简史

（一）遗产"未来"的制度化实践

制度化的遗产保护实践始于19世纪的英国，盛于20世纪的美国。罗斯金的理念对19世纪末期出现的由组织和政府主导的保护行动产生了深远影响。比如，罗斯金和一些哥特复兴运动者的保护（即反修复）的主张深刻影响了1877年在英国成立的古建筑保护协会（SPAB）的创始人威廉·莫里斯及其他创立者。莫里斯将他的观点应用于维多利亚时代古建筑遭受的盲目修复问题上，他提出：唯有如此，我们才能避免被无知所束缚的耻辱；也唯有如此，我们才能守护好这些古建筑，并将它们庄严地传承给我们的子孙后代。

后来，拉尔夫·沃尔多·爱默生（Ralph Waldo Emerson）及其追随者亨利·戴维·梭罗（Henry David Thoreau）关于自然的超验主义著作，成为美国国家公园运动初期的重要哲学基础,从而确立了对于国家未来一代的关注,并逐渐扩展至国际层面的后代关怀与自然保护。他们的思想对约翰·缪尔（John Muir）产生了深远影响。1892 年,缪尔在旧金山创立了保护主义组织——塞拉俱乐部（Sierra Club）,该俱乐部在推动美国首批国家公园的建立中发挥了关键作用,其中包括约塞米蒂国家公园。它以 1872 年 3 月 1 日国会通过的一项法案批准设立的黄石国家公园为蓝本,成为美国联邦政府首个以保护自然、供民众娱乐为目的而划定的野外区域,并被公认为是世界上第一个专为保护和娱乐目的而特别设立的自然保护区。

在英国,一些组织关于公共区域和其他开放区域保护权的争辩,掩盖了塞拉俱乐部的努力。这些组织包括公共保护协会（成立于 1866 年）、自然保护协会（成立于 1844 年）,它们对 1894 年成立的国家历史建筑与自然景色保护信托基金（后依据 1907 年国民信托法运作）产生了深远影响。该基金的使命是出于国家利益永久性地保护土地与建筑。相关法令也强调了自然保护在保障未来资源方面的重要性,并促成了美国国家公园管理局的成立,这一决定源自国家公园管理局组织法案。该法案明确了国家公园管理局的职责：推广并管理国家公园、纪念馆等区域,旨在保护其风景、自然生态、历史遗迹及野生动植物,确保它们完好无损地传承给后世。

制度化遗产实践的发展带来的另一重大影响是,19 世纪晚期和 20 世纪出现了某种国家机构,它们的作用是缓和贵族和其他经济精英日益增长的继承和遗产税。在英国,国民信托组织（又称国民托管组织）在 20 世纪中期获得了许多既有资产和土地的所有权,其原因包括贵族在政治权利上的衰退,他们从这些资产中获得的收入减少。假定这些建筑和土地的所有权,它们无论如何都会直接传递给以前所有者的"下一代",这一转变为理解推动集体性国民遗产保护的活动提供了范例。通过国家继承法,创造某一类特定的合法不可剥夺的物品和场所,并将它们从私有转为公有（或者转为慈善信托）,将有助于实现这一目标。后来,许多国家的立法开始为计划修建房屋的私人业主提供税收减免,或者通过对经过认证的历史建筑提供税收抵免来激励其活化利用。遗产和继承这一概念的纠缠,在很大程度上造成了它的象征性修辞,通过向一群被模糊定义的未来的集体受益者投射其工作的道德和政治正当性,使其活动普遍化。

第十章　文化遗产活化的未来构想

（二）遗产"未来"的制度设计

对于遗产"未来"的制度性保护文件主要有两个，一是联合国教科文组织颁布的《保护世界文化和自然遗产公约》，二是世界环境与发展委员会颁布的《我们共同的未来》。

"二战"后提出的一系列倡议进一步巩固了遗产在为未来提供资源方面的作用，这些倡议催生了一系列国际协定和协议来保护自然和文化遗产，这些遗产因其普遍价值而日益受到认可，其保护工作关乎后世的福祉。众多学者已从历史视角对这些条约进行了详尽讨论，本部分不拟全面展开探讨。其中，著名的1972年《保护世界文化和自然遗产公约》就是这方面的例证：本公约受各缔约国承认，确保第一、二条中所述的以及位于其领土上的文化和自然遗产的鉴定、保护、保存、呈现和传递给后代的责任主要属于该国。为达到这个目标，各国需尽最大努力，并在适当的情况下，积极进行与国外的交流。

随着20世纪和21世纪早期文化遗产保护领域的发展，"后代"的概念也越来越多地隐含着代际责任的概念。在这方面，被频繁引用的一个经典案例是1987年联合国大会中世界环境与发展委员格罗·哈莱姆·布伦特兰所作的报告《我们共同的未来》。这份报告对未来可能的景象提出了不同的看法。一方面，未来可能会比现在"更好"——更繁荣、公正和安全。《我们共同的未来》并非在资源骤减、环境恶化的背景下对未来可能出现的环境衰退、贫穷和困难进行预测。相反，该报告指出了新时代经济增长的重要方向，即以维护和扩大环境资源为基石，为区域发展奠定坚实基础。我们相信，这种增长对于缓解许多发展中国家日益加剧的严重贫困问题是必要的。

然而，这份报告也指出了一系列相关联的危机，它表示在处理当代经济不平衡时，必须考虑当前行为对未来的影响。为了这样做，《我们共同的未来》提出，有必要提高对可持续发展形式的理解，在这种形式中，我们应该带着保护未来环境的观点，来寻求经济发展和当代全球平等的平衡："委员会对未来的希望取决于现在就开始管理环境资源，以保证可持续的人类进步和人类生存的决定性的政治行动。我们不是在预测未来，我们是在发布警告——一个立足于最新和最好科学证据的紧急警告：现在是采取保证使今世和后代得以持续生存的决策的时候了。我们没有提出一些行动的详细蓝图，而是指出一条道路，根据这条道路，世界人民可以扩大他们合作的领域。"

艾瑞斯·波洛维（Iris Borowy）展示了该报告通过的可持续发展理

念如何通过坚持其所提倡的普遍未来利益来避免政治差异问题："地球只有一个，但世界却不是。我们大家都依赖着唯一的生物圈来维持我们的生命。但每个社会，每个国家为了自己的生存和繁荣而奋斗，很少考虑对其他国家的影响。有些国家消耗地球上资源的速度，将给后代留下很少的资源。而为数多得多的其他一些国家消耗量远远不足，它们的前景是饥饿、贫困、疾病和夭折。"①

这份报告对于可持续发展的定义与后代之间搭建起了联系，而这种联系是通过将当下存在于某些国家的贫穷现状和不可持续发展可能带来的潜在的未来全球性贫困进行对比而形成的："我们需要纠正的失败，一方面是源于我们在追求繁荣中的那些近视的方法。世界许多地区处于恶性循环之中：穷人为了每日的生存而被迫过度使用自然资源，而环境的恶化使他们进一步贫困化，使他们的生存更加困难和无保障。世界某些地区取得的繁荣往往是不稳定的，因为它是通过只能在短期内获得利润和发展的农业、林业和工业方式取得的。"

《我们共同的未来》也清楚地表明，未来是脆弱的，是受威胁的且处于危机之中的。报告的第一章的标题是"受威胁的未来"，随后在"贫困""增长""生存"和"经济危机"中阐明了这种威胁的症状和原因："我们现在刚开始认识到，我们必须寻找一种新的方式来代替我们那种根深蒂固加害于后代的行为。这种行为来自我们错误地认为在经济和环境间只有一种选择。但这种选择，从长远来看是一种对人类有可怕影响的错误观念。"

在这种情况下，《我们共同的未来》呼吁更广泛的"危害敏感性"，诠释了另一种有关当代遗产的比喻。在第一章中曾简单地提到过这一概念，但我想在这里进一步讨论，费尔南多·维达尔（Fernando Vidal）和内莉亚·迪亚斯（Nélia Dias）是这样定义它的：这一观点处于一系列概念、价值观和实践行为的核心，带着旨在保护目标物的技术，来处理被认为受到灭绝和破坏威胁的物体。一个事物被认定为濒危，体现在它被收录进各种记录媒介中，如档案、目录、数据库、清单和地图集。这些媒介将价值实体化，激发了人们追求永恒的欲望。然而，他们是通过选择记录的具体对象与信息，以及采用的技术手段来实现这一目的的……

---

① Borowy, I. Sustainable development in Brundtland and beyond: How (not) to reconcile material wealth, environmental limits, and just distribution. In E. Vaz, A. Melo, & C. Joanaz de Melo (Eds.), *Environmental history in the making* (Vol. 1, pp. 91-108). Springer, 2017.

濒危，不仅反映了世界的一种状态，同时也被用作命名个人或集体资源的标签，从而在符号层面上理解世界。[1]

第二节 文化遗产活化的"未来"构建

一、什么是文化遗产活化的"未来"

如果说"未来"一词始终与文化遗产的保护紧密相连，那么关于"未来"这一话题本身，一个早已深植于公众和科学界想象中的概念，还有什么可多言呢？未来究竟是什么？它又是如何被理论化和概念化的？当下的一些行动又是如何产生、如何被意识到，又是如何创造不同未来的呢？这些哲学问题与不同时代的观念和政治息息相关。

德国社会学家尼古拉斯·卢曼（Niklas Luhmann）的作品为解答这些问题提供了有益的思路。他并不认同普遍接受的时代因素观念，而是认为社会制度同样具有时效性，即不同的社会形态因其组织架构的差异而采取不同的举措。因此，在不同社会中，过去与未来的关系也会呈现出不同的特点。此外，不同的社会有着对未来不同的预测，这也是区分他们行为的重要方式。为了完善这些观念，他对比了"现在的未来"和"未来的现在"。现在的未来是对可能出现的未来的短期评价，话语和工具共同构成了对未来的描绘。另外，未来的现在是指将一种具体的操作或结果与另一种捆绑起来的关系，是动作和事件序列的一部分。借鉴德国历史学家赖因哈特·科泽勒克（Reinhart Koselleck）对于"经验空间"和"期待视域"的区分，以及美国哲学家马歇尔·伯曼（Marshall Berman）的作品，卢曼认为现代社会因其对"新"的定位不同而独特：古人从宇宙学和神学的角度出发，概括当时的世界，并不考虑未来的事情，而是考虑即将发生的事情和否定的可能性，而我们却习惯于把将来看作未来。

因此，对卢曼而言，现代化与对未来强烈的未来化联系在一起。当下成为尚未决定的未来和不再需要决定的过去之间的潜在转折点。过去和未来并不能自动对齐，它们通过"当下"实现对接。也就是说，社会的差异不仅在于其对未来的开放程度，还在于过去和未来之间的关联方

---

[1] Vidal, F., & Dias, N. (Eds.), *Endangerment, Biodiversity and Culture*, New York: Routledge, 2016.

式。他认为现代社会的特征是，现代产物由过去和未来模糊的联系构成，这些联系在当代不受束缚，以一种更强烈的不确定性或有"风险"的方式存在。[1]

一套旨在平衡未来导向与去未来导向的社会论述，或者一种既追求未来的开放性又试图对其施加合理限制的论述，构成了一套珍贵的实践方案，为自然和文化遗产的保护树立了典范。按照卢曼的观点保护实践可以被视为工具或"技术"。

另外，他们正努力使自己适应当下的未来性。他们把这些当下转换成一系列预想中的当下。假设和预测未来事件之间的因果或随机联系，以便将它们纳入当下。这意味着两种重要的复杂性的程度有所下降。第一种是将独立偶发性质的事件性质转化成决定过程的载体功能。第二种是减弱连续模式，即一连串相互关联的事物；该模式通过干扰过程进行不同程度的抽象化，以使复杂性顺序化。[2]

本部分已经讨论了维达尔和迪亚斯对于危害敏感性的定义，并始终认为"遗产"，无论是"自然遗产"还是"文化遗产"都是由一些隐性或显性的威胁定义的，这些威胁针对的是具有集体感知价值的物品、物种、风景或者实践。[3]这些威胁的存在，与对未来或多或少不确定性的信念有关。现代社会中，一种应对这种由隐性或显性危机感所带来的危机和不确定性的方式，就是增强对"专家"的信任，或者从部分知识形态中抽象出"专家系统"。[4]在福柯的现代化理论中，风险功能是政府监督权力的一种策略，旨在监控和管理人口及个人。[5]风险是由一系列"专家"来计算和定义的，他们通过提供统计数据使风险量化，从而便于管理。有学者探讨了文化遗产的专业化和官僚化之间的联系，这种联系正是保护和管理遗产"风险"的"现代化"策略，他们明确了自然、文化遗产保护实践与危害敏感性的诞生存在的联系是"风险社会"独有的敏感性。研究表明，这些实践不仅可以从历史角度进行研究，也可以从人种学角度研究，以阐明他们制定和产生离散（通常是完全不一样的）未来的特定方式。

---

[1] Luhmann, N., *Risk: A Sociological Theory*, AldineTransaction, New York: Routledge, 1993.
[2] Luhmann, N., *Risk: A Sociological Theory*, AldineTransaction, New York: Routledge, 1993.
[3] Lowenthal, D., *The Past Is a Foreign Country*, Cambrigde: Cambridge University Press, 1985.
[4] Giddens, A., *The Consequences of Modernity*, Stanford: Stanford University Press, 1991.
[5] Luhmann, N., *Risk: A Sociological Theory*, AldineTransaction, New York: Routledge, 1993.

人类学家保罗·拉比诺（Paul Rabinow）在其著作《原地踏步：关于当下人类学》(*Marking Time：On the Anthroplogy of the Contemporary*)一书中对卢曼的工作进行了思考，有助于明晰这种现代的时间秩序，它既催生了自然和文化实践，又依靠这些实践维持自身：在我们这个时代，过去到未来的连续性从未像现在这样被打破。然而，我们知道的一件事情是，未来的现实取决于当下的决定。现在就做出决定吧！但是，让事情更加复杂的是，我们没有任何人能真正做出决定。[①]

这就产生了一种普遍的本体论危机：必须在当下做出决定的急迫性，会使遗产保护工作陷入瘫痪，这些决定中被定义为不正确的部分，为未来不同的可能性打开了大门。在当下，我们所做的决定必须既能维持当下又能管理未来的开放性，也就是说，它存在于一种模棱两可的状态中，在这种状态中，它平衡了未来化和去未来化。因此，正如约翰·厄里（John Urry）在他最近的未来研究综合评论中所指出的那样，特定的未来往往是由为计划和预测未来而建立的预测系统所产生的。[②]这不仅是因为推动某种未来实现的力量分布不均，或者某些权威参与者和机构的未来的优先性，还因为具体的规划和管理系统本身既能制定和产生具体的未来，也能采取行动来组织这些未来的实现。

二、如何构建文化遗产活化的"未来"

用复数形式来谈论"未来"，似乎与把未来作为一种"现实"，即物质和社会体验中一个特定的时间和空间区域的理念相矛盾。在这里，我们遇到的核心问题不仅是卢曼的观念及其相关的未来研究，还涉及当代社会科学中的一个重要议题：我们怎样同时将一个事物形容为"真实的"和"建构的"？我们如何探讨多重真实并存的现象？米歇尔·卡隆（Michel Callon）和法比安·穆涅萨（Fabien Muniesa）的作品，直接回答了这个问题。正如穆涅萨所指出：现实确实是被构建起来的，但在工程师眼里，科学事实就像桥梁稳固地矗立于水面之上一样，客观地存在于实验室里，也就是说它经历了一个艰难的组装过程。但是这并不是一个普通的观点。如果说建构主义意味着现实主义，那么它首先要从社会科学中常见的"社会建构"观念中解放出来。这种观念认为，现实不存

---

① Rabinow, P. "Biopower Today", in *Thoughts on the Concept of Biopower Today*, edited by Paul Rabinow and Nikolas Rose, Duke University Press, 2008, pp. 1-19.
② Urry, John. *What Is the Future?*, Polity Press, 2016.

在于事物之中，而是存在于我们对事物的认知之中。要使现实主义代表建构主义，就必须避免这样一种误解，即认为现实是自然而然地存在，不会引发任何麻烦。[1]

在过去的几十年里，从自然和社会科学的历史与社会学研究领域最重要的发现之一，也许是观察本身就是一种干预形式。[2]这里引用经济的例子并非随意之举——正是在这种环境下，"未来"被用作交易、组装以及生产。正如我们前面章节（比如第五章、第六章）中讨论过的经济现象一样，遗产是由其管理实践来定义的，这些实践旨在控制遗产的不确定性，并识别、定义及确保未来遗产的存在。因此，这些实践介入其中并直接促成特定未来世界的组合。

这引发了一个问题，即不同形式的遗产实践产生特定种类未来的能力，或者我们可以称之为"未来性"。借鉴亨利·柏格森（Henri Bergson）的思想，意大利马克思主义理论家弗兰科·贝拉尔迪（Franco Berardi）使用这个术语来描述"一层可能发展成现实也可能不成为现实的可能性"。他认为未来性可以进一步分解为一系列变量：可能性、效力和权力。"可能性是内容，效力是能力，权力是形式。"[3]可能性有多种，而效力是一种能力，通过这种能力，未来的可能得以实现。权力是对特定未来的选择和执行，它排除了其他形式未来的实现。任何一组实践未来性的一方面都可以从它们带来希望的能力中找到。沃尔夫冈·克莱斯特（Wolfgang Kleist）和斯特凡·延森（Stefan Jansen）在讨论人类学中他们称之为近期的"希望热潮"时指出，目前对于这一话题日益高涨的兴趣，反映了全国日益增长的危机、不安全性和不确定性。更重要的是，他们注意到，希望产生并且创造了对未来的特定倾向——希望的特定形式构成了时序推理的离散形式。[4]同样，阿琼·阿帕杜莱（Arjun Appadurai）表示，希望的政治是未来人类学的基础。[5]但加桑·哈吉（Ghassan Hage）认为，希望也是政府权力的一部分，在此意义上，希

---

[1] Muniesa, M. *The Provoked Economy: Economic Reality and the Performative Turn*, 2014.

[2] Barad, K. *Meeting the Universe Halfway: Quantum Physics and the Entanglement of Matter and Meaning*, 2007.
Daston, L., & Galison, P. *Objectivity*, 2010.
Latour, B. *An Inquiry Into Modes of Existence: An Anthropology of the Moderns*, 2013.

[3] Berardi, F. *The Soul at Work: From Alienation to Autonomy*，2017.

[4] Kleist, W., & Jansen, S. C. *The Anthropology of Hope: A New Perspective on the Future*, 2016.

[5] Appadurai, A., *The Future as Cultural Fact: Essays on the Global Condition*, 2013.

望是不均衡分布的，而国家分配希望的能力阐明了生物政治的具体形式。① 本部分的工作基于一个更广泛的、与未来密切相关的人类学利益范围——通过研究科学性或制度性② 或是非技术领域的实践③，这些实践直接与塑造未来相关，确实也是一种预测未来的积极形式④。

第三节　文化遗产活化的"未来"设计

一、遗产：组装、建造和设计未来世界

本部分不仅探索某些形式的文化遗产保护实践的未来性，将其与关注、实现特定的未来相联系。同时，将遗产研究作为一个重要领域，并尝试推动其发展。本部分的主要贡献在于：理解"官方"和"非官方"的文化遗产保护实践的具体方法，及其在构建社会中的重要性，以及在遗产研究中比较观点的价值。这种方法不应被视为遗产本质与其知识/权利效应之间冲突的体现，相反，它从不同角度考虑了近期在世界遗产的政治影响研究上的最新进展，以及遗产与世界主义、神圣化与世俗化进程的关系。

本部分整合了一系列近期批判性遗产研究中重要的理论观点。包括体现在纽尔·德兰达（Manuel delanda）和其他学者作品中的"代表团状"组合语言，这有助于关注一系列异质元素——物品、人物、地点、时间、声明、官僚机构等，这些元素共同构成了诸如博物馆、遗址等"遗产集合"，并揭示了这些元素各自不同的运作机制；此外，还涉及一些后来被证实是米歇尔·福柯（Michel Foucault）晚期著作的书籍，特别是《生命政治学的诞生》和《安全、领土与人口》，这些书籍阐述了文化遗产治理的概念及其运作机制。

这些著作均不同程度地采用了集群理论和行动者网络方法，旨在展现将遗产视为一系列富有战略意义的社会技术和/或生命政治集合的价值，这些集合由不同的人、机构、组织及其相互关系组成。此视角不仅为我们提供了一种探究遗产如何在物质层面和社会关系层面同时运作的

---

① Hage, G., *Against Paranoid Nationalism: Searching for Hope in a Shrinking Society*, 2003.
② Rabinow, P., *French DNA: Trouble in Purgatory*, 1999.
　Rabinow, P., & Dan-Cohen, T., *A Machine to Make a Future: Biotech Chronicles*, 2005.
③ Zeitlyn, D., *Anthropological Futures: The Next Phase*, 2012.
④ Salazar, A., *Anthropology and Futures: Research and Practice*, 2017.

方法，还促使我们关注遗产所带来的权力或知识影响的特定层面，即遗产与政府治理之间的关系，该领域则更加关注遗产研究中的话语分析。简·本内特（Jane bennett）对于集群理论的讨论指出，人类和非人类组织无法仅凭其组织方式和参与的各种社会技术性集合的功能可见性来区分。[1]把遗产看作一个集合意味着不能只关注个人或集体，以及他们传播或拒绝的话语，还要关注古代和现代的物质、装备、文本和技术的特定组合，遗产正是在它们的保护下被创造出来的。这些物质材料的特定组合可能不仅包括一个文化遗产遗址自身的历史建筑、各式的手工制品、反映其历史遗迹权威性的"伤痕"，同时也包括将其作为一个遗址"可视化"的旅游和展览的各种技术。部分学者将政府能力看作这些不同的社会技术性成分，共同构成了遗产集合。

拉比诺展示了福柯是怎么将一个组织定义为一个设备或一种技术，它可以指定（或进一步创造）一个可由自身控制、分配或管理的物品。吉奥乔·阿甘本（Giorgio Agamben）进一步将一个组织定义为"任何在某一维度上具备支配、决定、组织、塑造、控制或界定人类姿态、行为、观点或语言（乃至它们之间关系）能力的实体"。[2]以历史文化遗址为例，政府的多种现代性和历史性干预手段均可作为佐证——包括保护策略、仪器及管理设施、与遗址运营息息相关的基础设施、与物质材料功能可见性相关的各种工具，以及那些为赋予自身权威性从而在特定方面控制行为的文本和话语。

那么什么是遗产的全球性工作呢？已有学者解释了为什么遗产名录和其他不同形式的名单可能被视为一个在"遥远的距离"指导和约束物质和非物质文化遗产的管理。比如，文化遗产实践的一个重要成果，就是赋予那些废弃、多余的物品和地方以"第二次生命"，使它们经历一次实质性的转变。相似地，通过指定保护区域，部分土地也被转化成自然保护区或者原生环境保护区。但这些转变并不是随意的。遗产的转化工作并不只是保护其本身的物品（例如，通过保护流程，某些物品可能被选定为遗产），同时也包括它们所在地的风景。现在有一种趋势，就是将遗产视为一种优先存在，或是乡村或城镇风景设计的一部分。然而将早已存在的荒凉区域保护并整合为风景区，再贴上遗产标签的决定，是一种独特的物质世界转化方式。我的意思是，一个决定在"附近之内""上

---

[1] Bennett, J., *Vibrant Matter: A Political Ecology of Things*, 2010.
[2] Agamben, G., *What is an Apparatus? And Other Essays*., Stanford University Press, 2009.

方"或"下方"建造某物，同时也是一个决定与某些事物"共存"——如一处遗址、危楼的一部分、一座旧工厂、一片自然保护区。这同样是从碎片中创造新事物的过程。从物质层面来看，保护行为不仅构建了未来的世界，还为其提供了资源。正如雅克·德里达（Jacques Derrida）所说，没有外部世界就没有档案——档案既是对外部世界的反映，又因其反映而组织和改变所反映的世界。①

二、走进遗产实践中的生态学

如果我们把各种形式的遗产实践看作技术、物质、价值观和空间以特殊方式不断重组，那么以复数形式出现的"未来""现实"和"世界"又意味着什么呢？

这就产生了被很多学者称之为迈向实践生态学的第一步，即要求任何实践都不能被定义为"像其他实践"，就像任何一个物种都不能被定义为等同于其他物种。开始一项实践意味着在其发生偏移时着手应对，也就是去感受它的边界，去试验实践者可能认为相关的问题，即使这些问题并不是本次实践特有的问题，而不是提出侮辱性的问题迫使他们动员起来，把边界变成抵御外部势力的防线。②

基于伊莎贝尔·斯蒂格（Isabelle Stengers）关于生态实践的观点，很多学者开始关注遗产实践不同领域的相对自治性，每个领域都有特定的保护对象和相应特定的管理方法。这些领域包括生物多样性的保护、遗址的修建以及濒危语言的保护等，每个领域都确定了一个特定的风险（分别是生物多样性丧失、文化遗产消失、语言和文化消亡）和一个濒危的对象（生物多样性、建筑遗产、语言多样性）。每一个这样的领域都运用独有的技术识别、收集、保护和管理濒危对象，并管理可能威胁到它的因素。在探讨这些领域之间如何相互联系又相互区分彼此的问题上，德国哲学家彼得·斯洛特戴克（Peter Sloterdijk）的观点极具影响力，他将当代社会描述成一个由人类占据的、既碎片化又连续不断的全球空间。③ 关于遗产则通常是负责保护未来可能濒危的对象，而每一个领域

---

① Derrida, J. *Archive Fever: A Freudian Impression*. Translated by Eric Prenowitz, University of Chicago Press, 1998.
② Stengers, I. "Learning after progress? Isabelle Stengers, artificial learning, and the future as problem." *Journal of Philosophy of Education*, vol. 57, Dec. 2023.
③ Sloterdijk, P., *Spheres: Volume I: Bubbles: Microspherology*, translated by Wieland Hoban, Semiotext(e), 2011.

都有各自保护的目标，这些目标既作为认识的目标，又作为干预的领域。这些离散又相邻的遗产领域，积极参与到未来世界的组建和关怀工作中。尽管这些实践领域有时候可能会相互联系，并可能依靠他人的言论来维持，但它们往往是在相对独立的状况下运作。核心在于遗产本体论的多元概念——不同形式的遗产实践具有创造世界、构建未来的能力，且不同的遗产实践可能被视为产生不同的现实，因而构建出完全不同的未来。

在遗产实践中，需要对"过程"和"实践"进行区分。在这里，"过程"指的是抽象的流动或行动，依据角色网络理论，可以理解为有助于解释特定社会网络如何相互联结的描述。而"实践"是指人类和非人类行动者实际进行的活动。重要的是去区分作为保护过程的操作网络的抽象描述与保护实践中的特定人种描述。总之，通过比较，可以建立对此类过程的一般性描述。后者可以用于理解前者，但二者本质是完全不一样的。

三、比较与遗产的概念性含义

通过比较的方法我们可以理解遗产保护工作的本质及其行动要义。比较之所以具有价值，原因有很多。比较可以帮助我们识别遗产实践中的异同，从而加深对模型过程的理解，转而又有助于解释遗产如何发挥作用，不同类型的遗产实践是怎样既相互联系又彼此区别的。但也许更重要的是，比较方法还可以帮助产生分析概念，并提供一种思考自身概念框架的机制。这些比较方法本身并非不可或缺，也并非仅仅旨在探寻与遗产实践和机制相关的类比与相似之处，但它们可以包含对保护实践与保护机构为何存在差异及其原因的探索。阐明保护实践中的差异，并展现这些差异所蕴含的价值，构成了一种遗产的政策性和政府性能力，这种能力通常呼吁普遍价值和最优化的行动来倡导保护其濒危对象的具体方法。范德维尔（Peter Van der veer）表示，人类学的比较项目依然重要，原因在于其能够提供文化间的可译性差异。我们认为这些比较方法对于处理遗产研究中的关键点，以及展示其承担的社会、政治、物质和文化工作是极其重要的。[1]

这种比较方法通过特定遗产实践的概念自解释性和它们保护的对象，产生了一种理解现在和未来关系的新方式。在使用术语"概念的自解释

---

[1] Van der Veer, P., *The Modern Spirit of Asia: The Spiritual and the Secular in China and India*, Princeton: Princeton University Press, 2013.

性"时，我们关注到马丁·霍尔布雷德（Martin Holbraad）和莫滕·阿克塞尔·佩德森（Morten Axel Pederson）对于"概念性事物"的讨论，他们认为，人类学分析应当兼顾事物的物质属性，以及它们作为分析性思维特定形式的潜力。[1]遗产实践的概念中，有时可以把保护看作"关怀"。正如玛丽亚·普伊格·德拉贝拉卡萨（Maria puig de la bellacasa）所说，关怀作为一个概念，是有争议的，带有政治色彩的，甚至是带有霸权主义的。它可以构成一种责任或是一种负担。[2]但对于一个概念进行思辨也同样有其价值，因为它为我们探索人类世界以外道德共存的可能性开辟了新视野。是什么将本书中讨论的各种实践联系起来？无论是濒危语言的保护、考古遗址的管理、深空信息的留存、核废料的处理、保护区的管理、博物馆的运营，还是在民众家中进行的保护与处置非正式实践，以及生物银行、农业生物多样性对话，乃至更广泛的自然与文化遗产保护——这些概念无不或多或少地将自身定位为关怀未来的实践。这些实践往往针对濒危对象的需求，采取细致且持久的行动；它们建立在对话关系的基础上，在这种对话关系中，那些濒危的主体不是被动的，而是主动的参与者。正如安玛丽·摩尔（Anne Mariel's Mol）在其关于医疗保健和患者选择的研究中所指出的，关怀不应被视作一种固定的类别，为了理解"基本原理"或"关怀的逻辑"，我们应该研究关怀是如何在日常实践中体现的。[3]我们打算探讨关怀未来的不同方式，以及它们在不同文化和地缘政治背景下如何实现，关于人类世界之外的自然关怀、关于实现特定未来的实践关怀，以及关于决定这些实践如何部署的政治关怀。

四、遗赠品：遗产和废品

遗产与其他事物是长期存在的，无论是物质性的还是非物质性的，而保护"遗产"常常被负面地视为"浪费"，甚至有人斥之与废物同类。然而，地理学家马库斯·布瑟（Marcos Buser）撰写了一本名为《有毒废物的遗产》的书，以引起人们对于有毒化学品和放射性废物的持续影响的关注。众多学者从物质文化研究或考古学的视角，探讨了核能发电与

---

[1] Holbraad, M., & Pedersen, M. A., *The Ontological Turn: An Anthropological Exposition* Cambridge: Cambridge University Press, 2017.

[2] Puig de la Bellacasa, M., *Matters of care: speculative ethics in more than human worlds*, Twin Cities: University of Minnesota Press, 2017.

[3] Mol, A. M., *The logic of care: Health and the problem of patient choice*, New York: Routledge, 2008.

废物处理对未来物质传承的影响。尽管这种比较的原理或许并不一目了然,但它作为本书探讨各案例研究的背景值得深入思考与探讨。

本部分将遗产与废品视为两个相关联的概念,并探讨了管理冗余资源的不同策略。如前所述,"遗产"这一概念,不仅表明了一件物品、一个地方、一次实践是有价值的,还标识出它们处于某种受威胁状态。相反,废品显然带有负面含义,它指的是累赘的物件或是其他过程中产生的无用副产品,既无价值也不处于濒危状态(尽管它可能对其他事物构成威胁)。然而,遗产与废品都可能源自相同的冗余过程,这两个术语都指向那些对于其原始生产目的已不再有用的多余之物。博物馆和垃圾堆可能被视为这些多余物品的两个潜在安置点。或许这并非终点,而更像是消费与再利用循环的一个环节,或是空间与散乱布局分类的一种方式。

凯文·哈瑟林顿(Kevin Hetherington)认为,垃圾处理不仅仅是关乎一般意义上垃圾的问题,而是广泛涉及社会关系中空缺处理的方式。"废品"这一概念实际上涉及社会关系的管理,以及围绕运动、转变、确认与回归等主题的社会关系的展现。他指出,"处置物品是一种持续的实践,是在物品缺席的情况下对其进行创造与保管的过程"。哈瑟林顿的关注点在于更广泛的消费实践,他关注的是维持空缺的工作,在遗产和浪费中找到了一个共同点,那就是两者都被定义为维护和遏制。通过行动来保护非物质遗产,通过修复和管理生态系统来管理自然和生物多样性,濒危语言被记录和存档,濒临消失的文化元素可能被重新发现和复活。但关键在于,遗产和废物都占据了一系列"其他"空间,它们在日常生活之外,彼此分离,有时候隐匿在博物馆、档案室、银行等各种储藏室中。[1]

为了进一步讨论这些概念,首先简单地介绍其中两个具有代表性的"其他地方"。一个是瑞典福什马克镇的长期核废料储存库,由瑞典核燃料与废料管理公司(SKB)建造。另一个是斯瓦尔巴全球种子库,它是目前世界上最大的种子储存工厂,坐落于挪威斯瓦尔巴特群岛朗伊尔城附近的斯匹次卑尔根岛,距离北极约1300公里。遗产和废物这两类物品都被指定为需要人类关注的东西。但是如果生物种子库和核废料储存库告诉我们,在这些"其他地方",遗产和废品在处置上有一些相似点,那么当这些物质从储存库中泄漏到周围环境会发生什么?

---

[1] Hetherington, K., "Secondhandedness: consumption, disposal, and absent presence. Environment and Planning D", *Society and Space*, Vol. 22(1), 2004.

第十章　文化遗产活化的未来构想

借鉴雅克·德里达《马克思的幽灵》一书中提出的"文化和历史债务"的主题，哈瑟林顿表示城市景观中的幽灵代表着未完成或未经管理的处理的痕迹。人们可能会想到遗产的保护通常关注碎片的维护。例如，阿富汗巴米扬大佛在 2001 年被塔利班摧毁后，人们近乎迷信地试图保护那些空洞的壁龛，这就是一个明显的例证。[1] 同样，21 世纪初弥漫着各种"幽灵"——大片塑料垃圾覆盖海洋，但更为棘手、更令人难以忘怀的是那些无形的人工废物，如农业和工业过程中的一氧化碳、水道内残留的化学毒性废物、地球内部的放射性核素——核能生产和战争留下的痕迹。这些污染物之所以如此令人困扰，不仅因为它们构成了"不合时宜"的物质，也因为它们揭露了这些储存库通过收集和排序实践，创造了新现实。

核能和其他形式的危险废品的管理带来的一个复杂问题是，这些材料会随着时间的推移而实现自我转变。马库斯·布瑟指出，一些有机污染物通过细菌或化学分解转化为所谓的"代谢物"，这样形成的新物质往往比它们的母体物质毒性更强。[2] 同理，我们大多数人可能都知道核物质的半衰期以及它们衰变的方式。另一方面，衰败对于遗产的审美价值既有积极的一面，也有消极的方面。[3] 遗产的影响力，无论是积极的，还是消极的，都处在变化中，有时可能不可预测，但仍在持续发生。保护和遗产工作被定义为减缓或管理这种变化和衰减的过程。

显然，有些遗产的毒性会因其社会、物质、政治、经济或生态环境的变化而变化。作为"非物质遗产"而被保护的东西也有可能成为识别少数族群的模板，从而使他们沦为被驱逐、暴力和屠杀的对象。阿尔君·阿帕杜莱（Arjun Appadurai）在《少数人的恐惧》一书中表示，全球化和极端文化动机所驱动的种族暴力之间的联系早在 20 世纪 90 年代的东欧、卢旺达和印度等地就已显现，随后在 21 世纪初的所谓"反恐战争"中再次出现。这些情况都表明，少数民族之间"无形"的文化差异成了暴力行为中识别特定群体的焦点。[4]

---

[1] Harrison, R., *Heritage: Critical Approaches*, Routledge, 2013.

[2] Buser, M., *Rubbish Theory: The Heritage of Toxic Waste (Reinwardt Memorial Lecture)*, 2015, (https://www.reinwardt.ahk.nl/media/rwa/docs/Publicaties/2016_Marcos_Buser_Rubbish.pdf).

[3] DeSilvey, C., *Curated Decay: Heritage beyond Saving*, University of Minnesota Press, 2017.

[4] Appadurai, A., *Fear of small numbers: Essays in the aftermath of colonialism,* Chicago: University of Chicago Press, 2017.

在另一个领域，废物研究也与遗产相关。那就是将废物和遗产都考虑在隔离区内，并由隔离区定义，这里引用科学历史家彼得·伽里森（Peter Galison）的观点，他在研究中发现了废品和荒野之间的共性。遗产和废品都是人类维护边界和选择性排除行为的结果；核废料处理和荒野管理就是二者相似之处的例证。事实上，荒野的准确定义即指未受人类活动影响之地，而边界正是为了排除这些人类影响而设立的。国际自然保护联盟（IUCN）1b级"荒野地区"定义为"这些区域一般情况下都未做修整，或仅做了少数修整，保持了其自然属性和影响，不存在永久地或大量地人类定居的痕迹，故而需要保护和管理起来，以维持其自然条件"，此类区域应该限制人类访问。但在其他许多不那么极端的方式中，遗产的定义是受控制的进出和人为干预的限制。例如，博物馆中无处不在的玻璃柜是将游客挡在乡间别墅外的屏障，或是挪威斯瓦尔巴特群岛上的全球种子库的极端隔离。

这种物理上和话语上的距离也导致了沟通上的问题，这在废品管理和遗产管理中引起了共鸣。我们已经习惯于接受这样一种观念，即作为自然和文化遗产来管理的物品、场所和实践的价值对于"普通公众"来说不一定是清楚的。这些价值往往通过解说标识、服装指南、地图和计划以及音频指南来展示。与遗产管理一样，核废料管理的主要问题是，如何将埋在地下的核废料的危险传递给未来数十万年后将要继承这一人类遗产的生命形式。

过度积累的问题同时困扰着遗产和废品领域。我们已经生产出各种具体形态的设备来识别和管理面临危机的遗产，比如形成一个濒危物种和生态系统的表格，世界遗产名录等，但这些手段通常不包括这些对象可能被除名的过程。不堪重负的博物馆储存室和凌乱的家庭阁楼成为遗产过度积累的象征。同样，物品的过度积累、塑料垃圾的持久性与填埋场中惊人的数量、数字对象管理的难题、电子垃圾、噪声与光污染，以及人口的快速增长，都共同传递出对过度积累现象的深切忧虑。

对于记忆实践的痴迷也贯穿了这些领域。核语义学研究的核心是跨代记忆实践研究。安德烈亚斯·胡伊森（Andreas Huyssen）指出，记忆的出现及其通过纪念馆、博物馆和其他文化机构的物化是21世纪晚期现代化进程中主要的文化和政治现象。[①] 杰弗里·鲍克（Geoffrey Bowker）

[①] Huyssen, A., *Twilight memories: Marking time in a culture of amnesia,* New York: Routledge, 1995.

提出了"记忆实践"这个词,他研究的是档案和其他跨自然科学的分类系统的扩散。[1] 雅克·德里达在《档案热》(*Archive Fever: A Freudian Impression*)一书中揭示了这种记忆实践在众多不同领域中过度重复的现象。[2] 在这里,档案与未来有着复杂的关系。它在洞见现实的过程中创造了新的世界。

然而,这些记载、保存和解释的行为,既是记忆行为的一部分,也是遗忘行为的一部分,正如档案是经过积极挑选、有选择性保留和公正解释的一样。这些选择性的记忆行为,本质上也是一种分级的评价行为。

本章考虑了遗产活化和未来的关系,它们都代表着文化遗产将被保护和管理这一目标,同时也代表着在当下,将在遗产保护过程以外被积极建设的元素。第一章已经指出,遗产实践可以被广泛定义为一系列主要步骤:分类、组织、保护和交流。对这些通用过程的认识,使遗产研究的经验框架向同样关注这类问题的其他领域开放。虽然废品通常被描述为遗产的对立面,但其作为一种物质性、无序的遗物,废品管理和遗产管理一样,都面向特定现实和未来建设的想象。

---

[1] Bowker, G. C., *Memory practices in the sciences*, Cambridge: MIT Press, 2006.

[2] Derrida, J., *Archive fever: A Freudian impression* (E. Prenowitz, Trans.), Chicago: University of Chicago Press, 1998.

中文文献

1. 胡惠林:《文化经济学》(第2版),清华大学出版社 2014 年版。
2. 阮仪三:《城市遗产保护论》,上海科学技术出版社 2005 年版。
3. 张环宙:《河兮,斯水——基于杭州案例群的大运河遗产价值分析和旅游规划研究》,中华书局 2010 年版。
4. 顾江编著:《文化遗产经济学》,南京大学出版社 2009 年版。
5. 姚伟钧主编:《文化资源到文化产业——历史文化资源的保护与开发》,华中师范大学出版社 2012 版。
6. 《中华人民共和国非物质文化遗产法》,中国法制出版社 2011 年版。
7. 马晓、周学鹰:《兼收并蓄融贯中西——活化的历史文化遗产之一·翁丁村大寨与白川村荻町》,《建筑与文化》2013 年第 12 期。
8. 马银戌、许艺凡:《基于熵值法的休闲农业发展潜力指标体系构建与赋权——以河北省为例》,《统计与管理》2018 年第 9 期。
9. 王元:《文化产业视角下民族文化遗产的活化保护与发展——基于海南黎族地区的探讨》,《中华文化论坛》2013 年第 6 期。
10. 王亚磊:《"健康中国"背景下西藏体育旅游资源开发策略》,《内江科技》2020 年第 12 期。
11. 王伟:《公共资源类旅游景区绩效评价指标体系构建》,《企业经济》2014 年第 6 期。
12. 王芳、黄远水、吴必虎:《传统技艺文化遗产旅游活化路径的模型构建研究》,《旅游学刊》2021 年第 2 期。
13. 王秀宏、杨璞:《非物质文化遗产的品牌活化路径研究》,《标准科学》2013 年第 6 期。
14. 王纯阳、屈海林:《村落遗产地社区居民旅游发展态度的影响因素》,《地理学报》2014 年第 2 期。
15. 王杰文:《"遗产化"与后现代生活世界——基于民俗学立场的批判与反思》,《民俗研究》2016 年第 4 期。
16. 王承慧、刘思佳:《社区参与居住型历史地段保护的在地性:基于社会资本分析框架》，《上海城市规划》2021年第5期。
17. 王婧、吴承照：《遗产旅游原真性理论研究综述：一个新的整体框架》，《华中建筑》2012年第7期。
18. 王新荣：《古迹"活化"，让静态文化遗产"枯木逢春"——说说香港近年来文化遗产保护的新举措》，《中国艺术报》2012年6月29日。
19. 尹华光、邱久杰、姚云贵等：《武陵山片区文化产业与旅游产业融合发展效益评价研究》，《北京联合大学学报（人文社会科学版）》2016年第1期。
20. 尹华光、彭小舟、于洁：《非物质文化遗产旅游开发潜力评估指标体系的构建》，《湖南大学学报（社会科学版）》2009年第6期。
21. 巴莫曲布嫫、张玲：《联合国教科文组织：〈保护非物质文化遗产伦理原则〉》，《民族文学研究》2016年第3期。
22. 邓啸骢、侯凌超：《现代商业开发模式对凤凰古城保护的影响》，《遗产与保护研究》2016年第5期。
23. 龙先琼：《关于非物质文化遗产的内涵、特征及其保护原则的理论思考》，《湖北民族学院学报（哲学社会科学版）》2006年第5期。
24. 龙江智、段浩然、张方馨：《地方依恋对游客忠诚度的影响研究——基于凤凰古城的实证研究》，《北京师范大学学报（自然科学版）》2020年第1期。
25. 龙茂兴、龙珍付：《旅游开发中历史文化遗产活化问题研究——以大唐芙蓉园为例》，《旅游纵览（下半月）》2013年第6期。
26. 叶春生：《活化民俗遗产　使其永保于民间》，《民间文化论坛》2004年第5期。
27. 吕瑞花、覃兆刿：《基于"活化"理论的科技名人档案开发研究》，《档案学研究》2015年第4期。
28. 朱莹、张向宁：《进化的遗产——东北地区工业遗产群落活化研究》，《城市建筑》2013年第5期。
29. 朱晓芳、徐敏：《镇江历史文化街区传统建筑可持续利用研究》，《城市观察》2019年第6期。
30. 刘宇、张辰：《城市更新理论推动下的资源型城市矿业遗产活化利用研究》，《青海社会科学》2017年第1期。
31. 刘纬华：《关于社区参与旅游发展的若干理论思考》，《旅游学刊》2000年第1期。
32. 刘雪丽、李泽新、杨琬铮等：《论聚落交通遗产的活化利用——以茶马古道历史古镇上里为例》,《城市发展研究》2018 年第 11 期。

33. 刘敬华、王辉、魏斌：《旅游体验视角下遗产活化路径探析——以红山文化遗址为例》,《环渤海经济瞭望》2016 年第 11 期。

34. 衣传华、黄常州：《旅游地居民对主题景区旅游影响的感知与态度——以常州环球恐龙城为例》,《地理研究》2013 年第 6 期。

35. 江娟丽、杨庆媛、张忠训等：《重庆市非物质文化遗产的空间格局及旅游开发模式》,《经济地理》2019 年第 6 期。

36. 阮仪三、肖建莉：《寻求遗产保护和旅游发展的"双赢"之路》,《城市规划》2003 年第 6 期。

37. 孙小龙、郜捷：《少数民族村寨过度商业化个案研究——以贵州西江千户苗寨为例》,《热带地理》2016 年第 2 期。

38. 孙琳、邓爱民、张洪昌：《民族传统村落旅游活化的困境与纾解——以黔东南州雷山县为例》,《贵州民族研究》2019 年第 6 期。

39. 苏卉、王丹：《基于数字技术的大遗址区文化资源的活化策略研究》,《资源开发与市场》2016 年第 2 期。

40. 苏卉：《文化遗产资源"活化"的动因及策略研究》,《资源开发与市场》2018 年第 1 期。

41. 李文龙：《基于遗产活化的古村落开发方法与原则探讨》,《佳木斯大学社会科学学报》2017 年第 1 期。

42. 李文兵：《基于游客感知价值的古村落旅游主题定位与策划模式研究——以岳阳张谷英村为例》,《地理与地理信息科学》2010 年第 1 期。

43. 李伟清：《长三角旅游产业的集群显著性及绩效水平评价》,《商业时代》2013 年第 19 期。

44. 李宏松：《当下中国文化遗产保护原则面临的挑战及对策之刍议》,《中国文化遗产》2016 年第 1 期。

45. 李美军、李婷：《张谷英村："天下第一村"的风姿永不消失》,《岳阳日报》2019 年 10 月 30 日。

46. 李祯：《我国历史文化街区保护研究综述》,《建筑与文化》2016 年第 9 期。

47. 李琦：《河北区域旅游产业集聚绩效评价及竞争态势分析》,《中国商贸》2014 年第 3 期。

48. 杨文华、谢晓曼：《对凤凰古城旅游发展现状及发展对策的思考》,《旅游纵览（下半月）》2015 年第 1 期。

49. 杨姗姗、黄碧宁、凌亚萍：《海洋强区建设背景下广西海洋非物质文化遗产活化利用模式研究》,《广西社会科学》2018年第12期。

50. 杨艳:《云南:特色小镇文化旅游开发策略》,《区域治理》2019年第50期。

51. 杨振之、谢辉基:《"修旧如旧""修新如旧"与层摞的文化遗产》,《旅游学刊》2018年第9期。

52. 肖星、姚若颖、罗聪玲:《北方7市西洋近代建筑保护性旅游开发研究》,《旅游科学》2020年第2期。

53. 肖洪未、罗燕:《香港九龙土瓜湾牛棚后部地段活化及其影响评估方法研究》,《中国园林》2018年第9期。

54. 时少华:《基于社会网络分析的历史文化街区保护中的利益网络治理研究——以北京南锣鼓巷街区为例》,《现代城市研究》2018年第7期。

55. 吴必虎、王梦婷:《遗产活化、原址价值与呈现方式》,《旅游学刊》2018年第9期。

56. 佘凯旋:《面向可持续发展的湘西凤凰古城文化资源保护研究》,《贵州民族研究》2017年第1期。

57. 邹玉瑛、何欣、赵一慧等:《新时代女书文化的传播现状和策略研究》,《传播力研究》2019年第30期。

58. 宋俊华、孔庆夫:《评骘、思辨与个案分析——"非物质文化遗产保护伦理问题国际学术研讨会"述评》,《文化遗产》2018年第1期。

59. 张云涛:《基于层次分析与模糊决策的旅游供应链绩效评价研究》,《物流技术》2015年第1期。

60. 张永奇:《当前中国文化产业发展中的伦理风险及其化解策略》,《云南社会科学》2017年第4期。

61. 张希月、虞虎、陈田等:《非物质文化遗产资源旅游开发价值评价体系与应用——以苏州市为例》,《地理科学进展》2016年第8期。

62. 张补宏、闫艳芳:《旅游景区网站绩效评估体系及应用研究——以广州长隆旅游度假区网站为例》,《地理与地理信息科学》2014年第5期。

63. 张杰:《乡村振兴下乡村文化遗产保护的"固旧"与"维新"——兼论改革开放40年乡村发展制度解读》,《规划师》2018年第10期。

64. 张建忠、孙根年:《遗址公园:文化遗产体验旅游开发的新业态——以西安三大遗址公园为例》,《人文地理》2012年第1期。

65. 张映秋、李静文:《基于遗产活化对丽江古城的剖析》,《旅游纵览

（下半月）》2014 年第 11 期。

66. 张胜冰、李文凤：《"申遗"热背后的产业冲动与经济伦理问题——以中国遗产资源为例》，《福建论坛（人文社会科学版）》2014 年第 4 期。

67. 张洪昌、舒伯阳、孙琳：《民族旅游地区乡村振兴的"西江模式"：生成逻辑、演进机制与价值表征》，《贵州民族研究》2018 年第 9 期。

68. 张捷、苏明明、孙业红等：《遗产旅游研究的问题与方法——"重新认识遗产旅游"系列对话连载（二）》，《旅游论坛》2021 年第 2 期。

69. 张朝枝、刘诗夏：《城市更新与遗产活化利用：旅游的角色与功能》，《城市观察》2016 年第 5 期。

70. 张瑜、姬雄华、乔乐天：《层次分析法在旅游网络营销绩效评估指标中的应用研究》，《企业导报》2013 年第 8 期。

71. 张颖：《耕读传家：论乡村振兴战略中农业遗产保护活化的文化逻辑》，《贵州社会科学》2019 年第 5 期。

72. 陈炜、高翔：《民族地区体育非物质文化遗产活态传承绩效评价指标体系及模型构建》，《青海民族研究》2016 年第 4 期。

73. 陈勇：《遗产旅游与遗产原真性——概念分析与理论引介》，《桂林旅游高等专科学校学报》2005 年第 4 期。

74. 武文杰、孙业红、王英等：《农业文化遗产社区角色认同对旅游参与的影响研究——以浙江省青田县龙现村为例》，《地域研究与开发》2021 年第 1 期。

75. 林淞：《植入、融合与统一：文化遗产活化中的价值选择》，《华中科技大学学报（社会科学版）》2017 年第 2 期。

76. 林德荣、郭晓琳：《让遗产回归生活：新时代文化遗产旅游活化之路》，《旅游学刊》2018 年第 9 期。

77. 罗文斌、雷洁琼：《基于 IPA 方法的乡村旅游景观质量评价研究——以长沙市为例》，《湖南社会科学》2020 年第 4 期。

78. 金元浦：《国际文化创意产业伦理问题研究的内容与路径——文化创意产业伦理研究之一》，《山东社会科学》2015 年第 2 期。

79. 周春发：《再生产视角下非物质文化遗产的旅游开发——以晓起龙灯节为例》，《山西财经大学学报》2012 年第 A3 期。

80. 周福岩：《非物质文化遗产保护与后现代伦理意识》，《民族文学研究》2017 年第 6 期。
81. 胡峰、吴荣华、王建军等：《古村活化概念模型及其规划应用》，《规划师》2016 年第 A2 期。
82. 钟行明、李常生：《名人故居遗产活化——台北市蒋经国故居案例分析》，《建筑与文化》2010 年第 5 期。
83. 保继刚、孙九霞：《社区参与旅游发展的中西差异》，《地理学报》2006 年第 4 期。
84. 俞立平、祝建波：《整体与个体视角下非线性学术评价伪权重研究——以加权 TOPSIS 法为例》，《情报理论与实践》2022 年第 4 期。
85. 贺学君：《关于非物质文化遗产保护的理论思考》，《江西社会科学》2005 年第 2 期。
86. 桂榕：《文化旅游背景下民族文化遗产的可持续保护利用》，《今日民族》2015 年第 4 期。
87. 顿明明、曹洁：《大都市边缘区乡村遗产价值认知与维育——以上海市青浦区为例》，《城乡规划》2018 年第 1 期。
88. 柴冬冬：《文化产业视域下自媒体传播的伦理维度》，《甘肃社会科学》2017 年第 5 期。
89. 徐进亮：《基于经济学思维的建筑遗产活化利用的探讨》，《东南文化》2020 年第 2 期。
90. 高爽、余文慧、鱼文英：《凤凰古城旅游开发现状及对策》，《旅游纵览（下半月）》2017 年第 8 期。
91. 宰娟：《基于活化理念的传统村落保护发展研究——以常州市杨桥传统村落为例》，《城市建设理论研究（电子版）》2018 年第 5 期。
92. 黄宇：《海南红色文化资源旅游开发探析》，《商业经济》2021 年第 2 期。
93. 萧清碧、林岚、谢婉莹等：《历史文化街区旅游商业业态分类及开发实证研究》，《福建师范大学学报（自然科学版）》2017 年第 4 期。
94. 曹开军、杨良健：《社区旅游参与能力、旅游感知与自然保护意识间的互动关系研究——以新疆博格达自然遗产地为例》，《新疆大学学报（哲学·人文社会科学版）》2020 年第 6 期。
95. 曹望华：《文化产业的伦理意蕴——以文化产业的属性与功能为视角》，《中外企业家》2016 年第 19 期。
96. 崔春雨、李东：《南疆旅游扶贫民生效应评价体系构建及实证研究》，《乌鲁木齐职业大学学报》2020 年第 1 期。

97. 梁学成：《城市化进程中历史文化街区的旅游开发模式》，《社会科学家》2020年第5期。

98. 蒋婷、张朝枝：《侨乡建筑文化遗产流散产权三维关系的形成与特征——以开平碉楼为例》，《南京社会科学》2021年第2期。

99. 蒋蓉华、焦俊刚、刘曲华：《基于绩效棱柱和模糊综合评价法的西部旅游地区游客满意度评价模型的构建——以云南丽江为例》，《安徽农业科学》2010年第13期。

100. 喻学才：《遗产活化：保护与利用的双赢之路》，《建筑与文化》2010年第5期。

101. 喻学才：《遗产活化论》，《旅游学刊》2010年第4期。

102. 谢冶凤、郭彦丹、张玉钧：《论旅游导向型古村落活化途径》，《建筑与文化》2015年第8期。

103. 潘植强、梁保尔：《基于模糊综合评价的目的地旅游标识牌解说效度研究——以上海历史街区为例》，《资源科学》2015年第9期。

104. 戴林琳、李东、唐辉栋：《传统村落遗产保护及其发展对策研究——以北京郊区韭园村为例》，《中外建筑》2016年第2期。

105. 魏明：《河南旅游文化产品开发策略与体系发展研究》，《今古文创》2021年第2期。

106. 许晓亮：《大阳古镇旅游开发中文化遗产资源活化研究》，硕士学位论文，山西大学，2019年。

107. 谢维全：《景区依托型村落活化路径研究——以旧州古镇周边村落为例》，硕士学位论文，广西大学，2019年。

108. 肖曾艳：《非物质文化遗产保护与旅游开发的互动研究》，硕士学位论文，湖南师范大学，2006年。

109. 彭思婷：《游客感知视角下芙蓉镇非物质文化遗产旅游活化效果评价研究》，硕士学位论文，湘潭大学，2020年。

110. 郝昭香：《基于游客参与的文化遗产活化研究——以曲阜为例》，硕士学位论文，东北财经大学，2019年。

111. 吕屏：《传统民艺的文化再生产——靖西旧州壮族绣球的传承研究》，博士学位论文，中央民族大学，2009年。

112. 刘美燕：《社区居民旅游影响感知和态度研究——以婺源古村落群为例》，硕士学位论文，江西师范大学，2017年。

外文文献

1. Alavedra, I., (ed.), *Converted Churches*, Antwerp: Tectum Publishers, 2007.
2. Bordage F. & Faure, F., *The Factories. Conversions for Urban Culture*, Basel: TransEuropeHalles, Birkhäuser–Publishers for Architecture, 2002.
3. Cantacuzino, S., *New uses for old buildings*, London: Architectural Press, 1975.
4. Cantacuzino, S., *Re/Architecture: Old Buildings/New Uses*, London: Thames and Hudson, 1989.
5. CHCFE Consortium, *Cultural Heritage Counts for Europe*, Krakow: International Cultural Centre, 2015.
6. Cramer, J. & Breitling, S., *Architecture in Existing Fabric*, Berlin: Birkhäuser, 2007.
7. Cunnington, P., *Change of Use: the Conversion of Old Buildings*, London: Alpha Books, 1988.
8. Douglas, J., *Building Adaptation*, 2 ed., Oxford: Elsevier, 2006.
9. European Commission, *Circular Economy Action Plan: For a Cleaner and More Competitive Europe*, Luxembourg: Publications Offifice of the EU, 2020.
10. European Investment Bank, *The EIB Circular Economy Guide: Supporting the Circular Transition*, Luxembourg: European Investment Bank, 2019.
11. European Union, UN–Habitat, *The State of European Cities 2016: Cities leading the way to a better future*, Luxembourg: Publications Office of the European Union, 2016.
12. Eurostat, *Cultural Statistics*, Luxembourg: Offifice for Offifficial Publications of the European Communities, 2007.
13. Brooker, G. & Stone, S., *Re-readings. Interior Architecture and the*

Design Principles of Remodelling Existing Buildings, London: RIBA Enterprises, 2004.

14. English Heritage, *New Work in Historic Places of Worship*, London: English Heritage, 2003.

15. English Heritage, *The Future of Historic School Buildings*, London: English Heritage, 2005.

16. Giebeler, G., Definitions, *Refurbishment Manual: Maintenance, Conversions, Extensions*, J. Liese (ed.), Basel, Boston & Berlin: Birkenhauser, 2009.

17. Hair J & W C Black & B J Babin, et al., *Multivariate Data Analysis: A global perspective*, New Jersey: Pearson, 2010.

18. Giebeler, G., Fisch, R., Krause, H., Musso, F., Petzinka, K., & Rudolphi, A., *Refurbishment Manual: Maintenance, Conversions, Extensions*, Basel, Boston & Berlin: Birkenhauser, 2009.

19. Gorse, C. & Highfield, D., *Refurbishment and Upgrading of Buildings*, London & New York: Spon Press (Taylor and Francis), 2009.

20. Henehan, D., Woodson, D., & Culbert, S., *Building Change-of-Use. Renovation, Adapting, and Altering Comercial, Institutional, and Industrial Properties*, New York: The McGraw-Hill Companies, 2004.

21. Highfield, D., *The Rehabilitation and Re-use of Old Buildings*, London & New York: Spon Press (Taylor and Francis), 1987.

22. Highfield, D., *The Construction of New Buildings behind Historic Façades*, London & New York: Spon Press (Taylor and Francis), 1991.

23. Highfield, D., *Refurbishment and Upgrading of Existing Buildings*, London & New York: Spon Press (Taylor and Francis), 2000.

24. ICOMOS, *The Nara Document on Authenticity in Relation to the World Heritage Convention*, Nara: ICOMOS, 1994.

25. Ishizaka, A.; Nemery, P., "Multi-Criteria Decision Analysis: Methods and Software", Chichester: Wiley, 2013.

26. Jäger, F. (ed.), *Old & New. design Manual for Revitalizing Existing Buildings*, Basel: Birkhäuser, 2010.

27. Jessen, J. & Schneider, J., *Conversions – The New Normal, Building in Existing Fabric – Refurbishment Extensions New Design*, Basel: Birkhäuser, 2003.

28. Jokilehto, J., *History of Architectural Conservation*, London: Routledge, 2007.

29. Kincaid, D., *Adapting Buildings for Changing Uses: Guidelines for Change of Use Refurbishment*, New York: Spon, 2002.

30. Latham, D., *Creative Re-use of Buildings* vol. 1&2, Shaftesbury: Donhead, 2000.

31. Maccannell, D., *Ο Τουρίίστας: Ανάλυση της σύγχρονης κοινωνίας*, E Theodoropoulou (ed. & trans.), Athens: Parisianou Publications, 2015.

32. MacKeith, M., *The History and Conservation of Shopping Arcades*, London and New York: Mansell Publishing Limited, 1986.

33. Markus, T., *Building Conversion and Rehabilitation*, London: Butterworth, 1979.

34. Mimoso, J., *Cesare Brandi's Theory of Restoration and Azulejos*, Lisboa: Laboratório Nacional de Engenharia Civil (LNEC), 2009.

35. Morisset, L., Noppen, L. & Coomans, T. (eds.), *Quel avenir pour quelles églises? / What future for which churches?*, Québec: Presses de l'université du Québec, 2005.

36. National Trust for Historic Preservation, Ed., *Old & New Architecture: Design Relationships*, Washington D.C.: The Preservation Press, 1980.

37. Niglio, O., *John Ruskin: The Conservation of the Cultural Heritage*, Kyoto: Kyoto University:, 2013.

38. Pérez de Arce, R., *Urban Transformations and the Architecture of Additions*, London & New York : Routledge, 2015.

39. Powell K., *Architecture Reborn: Converting old buildings for new uses*, New York: Rizzoli International Publications inc., 1999.

40. Rabun, J. & Kelso, R., *Building Evaluation for Adaptive Reuse and Preservation*, New Jersey: Wiley-Blackwell: Hoboken, 2009.

41. Riegl, A., *Der Moderne Denkmalkultus: Sein Wesen und seine Entstehung, Gesammelte Aufsätze*, ed Dr. Benno Filser Verlag: Augsburg-Wien, 1928 [1903].

42. Robert, P., *Adaptations. New Uses for Old Buildings*, Paris: Editions du Moniteur, 1989.

43. Ruskin, J., *The Seven Lamps of Architecture*, London: Smith, Elder, 1849.

44. Schittich, C. (ed.), *Creative Conversions, Building in Existing Fabric – Refurbishment Extensions New Design*, Basel: Birkhäuser, 2003.
45. Scott, F., *On Altering Architecture*, London: Routledge, 2008.
46. Venice Charter, R., *International Charter for the Conservation and Restoration of Monuments and Sites; (Adopted by in ICOMOS 1965)*; Venice,: ICOMOS, 1964.
47. Viollet–le–Duc, E., *The Foundations of Architecture. Selections from the Dictionnaire raisonné*, New York: George Braziller, 1990 [1854].
48. Smith, L., *The Uses of Heritage*, London: Routledge, 2006.
49. Stone, P. (ed.), *Cultural Heritage, Ethics and the Military*, Woodbridge: Boydell and Brewer, 2011.
50. Stratton, M. (ed.), *Industrial Buildings Conservation and Regeneration*, London: Taylor and Francis, 2000.
51. Wong, L., *Adaptive Reuse: Extending the Lives of Buildings*, Basel: Birkhäuser, 2016.
52. Zeleny M., *Multiple Criteria Decision Making*, New York: McGraw Hill,1982.
53. Θεοδωροπουλου Ντορα, ΦΙΞ FIX 120+Years of Architecture: Takis Zenetos, Margaritis Apostolidis: A Turning Point in the History of the Fix Building, Athens: Epikentro Publishers, 2020.
54. Brown R. "Cultural Reproduction and Social Reproduction", in *Knowledge, Education, and Cultural Change*, London: Tavistock, 1971.
55. Ost, C., "Inclusive Economic Development in the Urban Heritage Context", in *World Heritage and Sustainable Development. New Directions in World Heritage Management*; Larsen, P.B., Longa, W., Eds.; Oxon & New York: Routledge, 2018.
56. Geraedts, R.P.; van der Voordt, T.; Remøy, H., "Conversion Potential Assessment Tools", in *Building Resilience in Urban Settlements through Sustainable Change of Use*, Remøy, H., Wilkinson, S.J. (eds.), New Jersey: Wiley–Blackwell: Hoboken, 2018.
57. Girard, L.F.; Cerrata, M.; de Toro, P.; Fabiana, F., "The Human Sustainable City, Values, Approaches and Evaluative Tool", in *Sustainable Urban Development. The Environmental Assessment Methods. V.2*, Deakin, M., Mitchell, G., Nijkamp, P., Vreeker, R.(eds.),

London: Routledge, 2007.
58. Georgitsoyanni, E., Sardianou, E., Lappa, A., & Mylona, E., "Prospects for Local Development Based on Cultural Assets/Heritage: The Residents' Perspective", in *Greece's Horizons. The Konstantinos Karamanlis Institute for Democracy Series on European and International Affairs*, P. Sklias & N. Tzifakis (eds.), 2013.
59. Klamer, A., "The values of cultural heritage", in *Handbook on the Economics of Cultural Heritage*, Rizzo, I., Mignosa, A. (eds.), Cheltenham: Edward Elgar, 2013.
60. Baker H., Moncaster A., Al-Tabbaa A., "Decision-making for the demolition or adaptation of buildings", *Proceedings of the Institution of Civil Engineers: Forensic Engineering*, Vol. 170, 2017.
61. Bertacchini E., "Introduction: Culture, sustainable development and social quality: A paradigm shift in the economic analysis of cultural production and heritage conservation", *City, Culture and Society*, Vol. 7, 2016.
62. Bryan, B.A.; Grandgirard, A.; Ward, J.R., "Quantifying and Exploring Strategic Regional Priorities for Managing Natural Capital and Ecosystem Services Given Multiple Stakeholder Perspectives", *Ecosystems*, Vol 13, 2010.
63. Bullen P. & Love, P., "The rhetoric of adaptive reuse or reality of demolishion: Views from the field", *Cities*, 27 (4), 2010.
64. Bullen P.A., Love P.E.D., "Adaptive reuse of heritage buildings", *Structural Survey*, Vol. 29, 2011.
65. Celadyn, M., "Interior Architectural Design for Adaptive Reuse in Application of Environmental Sustainability Principles", *Sustainability*, Vol. 11, 2019.
66. Cho Mibye, Shin Sunghee, "onservation or economization?Industrial heritage conservation in Incheon, Korea", *Habitat International*, Vol. 41, 2014.
67. Dubois, M., "Hergebruik van gebouwen in Europees perspectief", *Kunsttijdschrift Vlaanderen*, Jrg. 47, 1998.
68. Elsorady, D., "The economic value of heritage properties in Alexandria, Egypt", *International Journal of Heritage Studies*, Vol. 20(2), 2014.

69. Ferguson L., "Tourism development and the restructuring of social reproduction in Central America", *Review of International Political Economy*, Vol. 17(5), 2010.
70. Ferretti, V.; Bottero, M.; Mondini, G., "Decision Making and Cultural Heritage: An application of the Multi-Attribute Value Theory for the reuse of historical buildings", *Journal of Cultural Heritage*, Vol. 15, 2014.
71. Francesco Massara, Fabio Severino, "Psychological Distance in the Heritage Experience", *Annals of Tourism Research*, Vol. 42, 2013.
72. Fuentes, J.M., "Methodological Bases for Documenting and Reusing Vernacular Farm Architecture", *Journal of Cultural Heritage*, Vol. 11, 2010.
73. Fusco Girard, L.; Gravagnuolo, A., "Circular Economy and Cultural Heritage/Landscape Regeneration. Circular Business, Financing and Governance Models for a Competitive Europe", *BDC*, Vol. 17, 2017cd.
74. Geissdoerfer M., Savageta P., Bockenab N. M. P., JanHultinkb E., "The Circular Economy-A new sustainability paradigm?", *Journal of Cleaner Production*, Vol. 143, 2017.
75. Gholitabar, S., Alipour, H., & Costa, C., "An Empirical Investigation of Architectural Heritage Management Implications for Tourism: The Case of Portugal", *Sustainability*, Vol. 10(1), 2018.
76. Giove, S.; Rosato, P.; Breil, M., "An application of Multicriteria Decision Making to built heritage. The redevelopment of Venice Arsenale", *Journal of Multi-Criteria Decision Analysis*, Vol. 17, 2011.
77. Gravagnuolo, A.; Angrisano, M.; Girard, L.F., "Circular Economy Strategies in Eight Historic Port Cities: Criteria and Indicators Towards a Circular City Assessment Framework", *Sustainability*, Vol. 11(13), 2019.
78. Gravagnuolo, A.; Girard, L.F.; Ost, C.; Saleh, R., "Evaluation Criteria for A Circular Adaptive Reuse of Cultural Heritage", *BDC*, Vol. 17, 2017.
79. Gravagnuolo, A.; Saleh, R.; Ost, C.; Girard, L.F., "Towards an evaluation framework to assess Cultural Heritage Adaptive Reuse impacts in the perspective of the Circular Economy", *Urbanistica Informazioni*, Vol. 278 s.i.,2018.

80. Hamadouche, M.A.; Mederbal, K.; Kouri, L.; Regagba, Z.; Fekir, Y.; Anteur, D., "GIS-based multicriteria analysis: An approach to select priority areas for preservation in the Ahaggar National Park, Algeria", *Arab J. Geosci*. Vol. 7, 2014.

81. Hassanpour, M.; Pamucar, D., "Evaluation of Iranian household appliance industries using MCDM models", *Operational Research in Engineering Sciences: Theory and Applications*, Vol.2, 2019.

82. Hélène B. Ducros, "Confronting sustainable development in two rural heritage valorization models", *Journal of Sustainable Tourism*, Vol. 25(3), 2016.

83. Hosagrahar J., Soule J., Fusco Girard L., Potts A., "Cultural Heritage, the UN Sustainable Development Goals, and the New Urban Agenda", *BDC*, Vol. 16(1), 2016.

84. Kostakis, I., & Theodoropoulou, E., "Spatial analysis of the nexus between tourism - human capital - economic growth: Evidence for the period 2000 - 2014 among NUTS II Southern European regions", *Tourism Economics*, Vol. 23(7), 2017.

85. Lamprakos, M., 'Riegl's "Modern Cult of Monuments" and The Problem of Value', *Change Over Time*, Vol. 4, 2014.

86. Machado, R., "Old buildings as palimpsest: Towards a theory of remodeling", *Progressive Architecture*, Vol. 57, 1976.

87. Marcello Carrozzino &Alessandra Scucces &Rosario Leonardi& Chiara Evangelista& Massimo Bergamasco, "Virtually preserving the intangible heritage of artistic handicraft", *Journal of Cultural Heritage*,Vol. 12(1), 2010.

88. Michael Hughes & Jack Carlsen, "The business of culturalheritage tourism: critical success factors", *Journal of Heritage Tourism*, Vol. 25,2010.

89. Mısırlısoy, D. & Günçe, K., "Adaptive reuse strategies for heritage buildings: A holistic approach", *Sustainable Cities and Society*, Vol 26, 2016.

90. Mitoula, R., Theodoropoulou, E., & Karaki, B., "Sustainable development in the City of Volos through reuse of industrial buildings", *Sustainable Development, Culture, Traditions Journal*, Vol 2(B), 2013.

91. Prasenjit Chatterjee, Željko Stević, "A Two-phase Fuzzy AHP-fuzzy TOPSIS Model for Supplier Evaluation in Manufacturing Environment", *Operational Research in Engineering Sciences: Theory and Applications*, Vol. 2, 2019.

92. Roy A., "What is urban about critical urban theory?", *Urban Geography*, Vol. 37, N.6, 2016.

93. Montgomery, J., "Cultural Quarters as Mechanisms for Urban Regeneration. Part 1: Conceptualising Cultural Quarters", *Planning Practice & Research*, Vol. 18, 2003.

94. Pinto, M.R.; De Medici, S.; Senia, C.; Fabbricatti, K.; De Toro, P., "Building reuse: multi-criteria assessment for compatible design", *International Journal of Design Sciences and Technology*, Vol. 22, 2017.

95. Robert K. Yin., "Case Study Research: Design and Methods", *Canadian Journal of Program Evaluation*, Vol. 30, 2014.

96. Shackel PA, Palus M., "Remenbering an Industrial Landscape", *International Journal of Historical Archaeology*, Vol. 10, 2006.

97. Shen, L., & Langston, C., "Adaptive reuse potential: An examination of differences between urban and non-urban projects", *Facilities*, Vol. 28, 2010.

98. Simons, R.A.; Choi, E., "Adaptive Reuse of Religious Buildings and Schools in the US: Determinants of Project Outcomes", *International Real Estate Review*, Vol. 13, 2010.

99. So, S. I. A., & Morrison, A. M., "Internet Marketing in Tourism in Asia: An Evaluation of the Performance of East Asian National Tourism Organization Websites", *Journal of Hospitality & Leisure Marketing*, Vol. 11, 2004.

100. Smith, R. W., & Bugni, V., "Symbolic Interaction Theory and Architecture", Symbolic Interaction, Vol. 29, 2006.

101. Theodoropoulou, Eleni, Vamvakari, M., & Mitoula, R., "Sustainable Regional Development", *Journal of Social Sciences*, Vol. 5, 2009a.

102. Thórhallsdóttir, T.E., "Environment and energy in Iceland: A comparative analysis of values and impacts", *Environmental Impact Assessment Review*, Vol. 27, 2007.

103. Unai Bastida & T.C. Huan., "Performance evaluation of tourism

websites' information quality of four global destination brands: Beijing, Hong Kong, Shanghai, and Taipei", *Journal of Business Research*, Vol. 67, 2014.

104. Wang, H.; Zeng, Z., "A Multi-objective Decision-making Process for Reuse Selection of Historic Buildings", *Expert Systems with Applications*, Vol. 37, 2010.

105. Weng L & Z Liang & J Bao., "The effect of tour interpretation on perceived heritage values: A comparison of tourists with and without tour guiding interpretation at a heritage destination", *Journal of Destination Marketing & Management*, Vol. 16, 2020.

106. Wood B., "The role of existing buildings in the sustainability agenda", *Facilities*, Vol. 24, 2006.

107. A. Woodside, M. Sakai, "Meta-Evaluations of Performance Audits of Government Tourism-Marketing Programs", *Journal of Travel Research*, Vol. 39, 2001.

108. Yung E & E Chan., "Implementation challenges to the adaptive reuse of heritage buildings: Towards the goals of sustainable, low carbon cities", *Habitat International*,Vol.36, 2012.

109. Zeleny, M., "Autopoiesis and self-sustainability in economic systems", *Human Systems Management*, Vol. 16, 1997.

110. Brito N. S., da Silva M.C.G., de Almeida A.T., Fonseca P. (2012), "City centre existing buildings pgrade as contexts for fail-safe innovation", in Proceedings of EEMSW201, Energy Eficiency for a More Sustainable World, Ponta Delgada, Azores, Portugal.

111. Brooker, G., "Infected Interiors: Remodelling Contaminated Buildings", in Proceedings of the Living in the Past: Histories, Heritage and the Interior. 6th Modern Interiors Research Centre Conference, 14 & 15 May Kingston University London, 2009.

112. Falser, M.; Lipp, W.; Tomaszewski, A. *Conservation and preservation, interactions between theory and practice in memoriam Alois Riegl (1858–1905)*, in Proceedings of the International Conference of the ICOMOS International Scientifific Committee for the Theory and the Philosophy of Conservation and Restoration, Vienna, Austria, 23–27 April 2008.

113. Mitoula, R., Theodoropoulou, E., Georgitsoyanni, E., & Gratsani, A. "The Attitude of Residents towards the Financial Impact of Cultural Tourism in the City of Tricala, Greece", in Proceedings of the 9th Eurasia Business and Economics Society Conference. Rome, Italy. 2013.

114. Plevoets, B.; Van Cleempoel, K., "Adaptive Reuse as a Strategy towards Conservation of Cultural Heritage: A Survey of 19th and 20th Century Theories", in Proceedings of the Reinventing Architecture and Interiors: The past, the present and the future, Greenwich, UK, 29–30 March 2012.

115. Raymundo, H.; Reis, J.G.M., "Passenger Transport Drawbacks: An Analysis of Its 'Disutilities' Applying the AHP Approach in a Case Study in Tokyo, Japan", in Proceedings of the IFIP International Conference on Advances in Production Management Systems, Riga, Latvia, 17–20 October 2018.

116. Rouhi, J., "Development of the Theories of Cultural Heritage Conservation in Europe: A Survey of 19th and 20th Century Theories", in Proceedings of the 4th International Congress on Civil Engineering, Architecture & Urban Development, Tehran, Iran, 27–29 December 2016.

117. Van Hooydonck, E., "Soft Values of Seaports. A Plea for Soft Values Management by Port Authorities", in Proceedings of the European Sea Ports Organisation's Annual Conference, Stockholm, 2006.

118. Vardopoulos, I., & Theodoropoulou, E. (2018), "Does the new 'FIX' fit? Adaptive building reuse affecting local sustainable development: preliminary results", in Proceedings of the International Academic Forum (IAFOR) Conference on Heritage and the City (HCNY2018), New York, USA, 7–9 November 2018.

119. Brundlandt G., *Our Common Future*, Report of the World Commission on Sustainable Development, 1987.

120. Circle Economy, *The Circularity Gap Report: An Analysis of the Circular State of the Global Economy*, 2018.

121. Council of Europe, *Framework Convention on the Value of Cultural Heritage for Society* (Faro Convention), 2005. www.conventions.coe.int.

122. European Commission Communication from the Commission to the European Parliament, the Council, the European Economic and Social

Committee and the Committee of the Regions COM (2007), on a European Agenda for Culture in a Globalizing World. https://eur-lex.europa.eu/LexUriServ/LexUriServ.do?uri=COM:2007:0242:FIN:EN:PDF

123. European Commission Communication from the Commission to the European Parliament, the Council, the European Economic and Social Committee and the Committee of the Regions COM (2012), Promoting Cultural and Creative Sectors for Growth and Jobs. https://www.europarl.europa.eu/registre/docs_autres_institutions/commission_europeenne/com/ 2012/0537/COM_COM%282012%290537_EN.pdf

124. European Commission Communication from the Commission to the European Parliament, the Council, the European Economic and Social Committee and the Committee of the Regions. Closing the Loop: An Ambitious EU Circular Economy Package. https://eur-lex.europa.eu/resource.html?uri=cellar:8a8ef5e8-99a0-11e5-b3b7-01aa75ed71a1.0012.02/DOC_ 1&format=PDF

125. The Ellen MacArthur Foundation, McKinsey & Company, *Towards the Circular Economy: Accelerating the scale-up across global supply chains*, on World Economic Forum, 2013.

126. Historic England (2016a), *HERITAGE COUNTS*, Heritage and Society 2016.

127. Historic England (2016b), *HERITAGE COUNTS*, Heritage and the Economy 2016.

128. Davies J., Clayton L., *Heritage Counts 2010 England*, 2010. www.content.historicengland.org.uk.

129. Parpas, D., & Savvides, A., "Sustainable-driven adaptive reuse: evaluation of criteria in a multi-attribute framework", *WIT Transactions on Ecology and the Environment*, 2018.

130. Partnership Circular Economy, *Urban Agenda Partnership on Circular Economy*, 2017.

131. Report from the Commission to the European Parliament, the Council, the European Economic and Social Committee and the Committee of the Regions on the implementation of the Circular Economy Action Plan. COM 2019. https://ec.europa.eu/info/sites/info/fifiles/report_implementation_circular_economy_action_plan.pdf

132. UNEP, *Resource Efficiency as Key Issue in the New Urban Agenda*, 2009. www.unep.org
133. UNEP, *City-Level Decoupling: Urban resource flows and the governance of infrastructure transitions*, 2013. www.unep.org
134. UNESCO, *The Hangzhou Declaration Placing Culture at the Heart of Sustainable Development Policies*, 2013. www.unesco.org/new/fileadmin/MULTIMEDIA/HQ/CLT/images/FinalHangzhouDecla ration20130517.pdf
135. UNESCO, *Culture urban future : global report on culture for sustainable urban development*, 2016. www.unesdoc.unesco.org/images/0024/002462/246291E.pdf
136. United Nations, *World Urbanization Prospects: The 2014 Revision*, Highlights, 2014. www.compassion.com/multimedia/world-urbanization-prospects.pdf
137. United Nations, *Habitat III Issue Papers 4 - Urban Culture and Heritage*, 2015a. www.europa.eu/capacity4dev/
138. United Nations, *Transforming our World: the 2030 Agenda for Sustainable Development*, 2015b. www.sustainabledevelopment.un.org/post2015/transformingourworld
139. United Nations, *HABITAT III Draft New Urban Agenda*, 2016. www.habitat3.org/the new-urban-agenda/
140. United Nations, *World Population Prospects The 2017 Revision Key Findings and Advance Tables*, 2017. www.un.org/development/desa/publications/world-population prospects-the-2017-revision.html